KB266748

주식투자의 길 1

철학과 전략

김태일 투자전략가 지음

대 한 민 국 100%를 위 한
1% 만 의 투 자 정 보

주식투자의 길 1

철학과 전략

김태일 투자전략가 지음

Contents

투자철학, 전략 그리고 이념

1장 투자 철학에 대한 고민

2장 투자전략이란 무엇인가?

Contents

투자의 세계, 그 현상과 이면

이 책은 다른 원고를 탈고한 후 조금이나마 여유가 있을 때 처음으로 기획했습니다. 처음에는 한 권의 책을 우선 출간한 후 시간을 두고 다른 책으로 독자 여러분을 찾으려고 했습니다. 즉 『주식투자의 길』과 『증시해체』로 각각 만들 생각이었지요. 하지만 동시에 출간을 해야 독자 여러분들게 다양한 정보를 드릴 수 있을 것으로 확신하고 책 제목을 『주식투자의 길』 상·하권으로 통일했습니다. 상권에서는 투자철학과 전략을 고민했으며 하권에서는 이를 바탕으로 한국증시를 해체했습니다.

자료를 찾고 골격을 갖추다 보니 어느덧 2008년 여름은 지나고 스산한 가을이 인사를 하더군요. 당시는 글로벌 경제위기가 실체를 들어내면서 증시는 흔들리고 외환시장은 바짝 얼어붙던 때였습니다. 풍요로운 가을보다

매서운 겨울이 먼저 찾아온 듯 했습니다. 대공황도 심심찮게 언급되고 시장에는 수많은 설設이 난무했습니다. 투자철학이 없다면 현상 자체에 압도될 형국이었지요. 또한 현상은 곳곳에 있는데 그 배경과 이면을 쉽게 들여다볼 수 없었습니다.

현상과 이면은 별개의 개체가 아니라 하나의 몸이라고 생각합니다. 우리는 현상에 너무 몰입한 나머지 본질을 간과할 수 있고, 본질에 집착한 나머지 현상이 본질을 표현한 것이라는 사실을 과소평가할 수 있습니다. 저는 현상과 이면을 함께 직시할 철학적 사고를 떠올리게 되었고, 그 결과물이 바로 본 서書입니다. 관점 자체가 저자의 철학일 수도 아님 단순한 의견일 수도 있습니다. 종교적 절대성을 추구하는 것이 아니기에 감각적 경험, 편협한 사고, 불확실한 추리, 부족한 이성의 혼합물이 되었을 수도 있습니다.

저자가 생각하는 투자의 길은 이런데, 독자 여러분들은 어떻게 생각하는지? 그리고 각자의 길을 한번 고민해 보고 스스로의 투자철학을 구축해 보는 것은 어떠한지? 그런 의견과 생각을 두서없이 나열한 것에 불과합니다. 사실 원고가 손을 떠나면 저자인 저 자신에게도 낯설고 불명확하며 이해하기 힘든 부분이 생길 것입니다. 그 사이에 현상이 변하고 저자의 관점이 달라지기 때문이지요.

세상을 관통하는 깊은 깨달음을 얻은 자가 아니라면 절대성은 쉽게 언급될 용어가 아닙니다. 상황에 맞게 수정하면서 최선을 모색하는 것이 일반 투자자의 도리라고 생각합니다. 모든 것을 의심하고 비판하고 분석하시길 바랍니다. 마우스 클릭 한번, 그 찰나에 돈이 움직이며 수익이 결정된다고 그 판단의 밑바탕 역시 순간일 수는 없습니다. 증시에 돌아다니는 갖가지 유형의 투자이론, 격언, 법칙들을 일반투자자는 똑같이 진실이라고 생각하고 대가들은 똑같이 거짓이라고 생각하며 기관 투자자들은 똑같이 쓸모가 있다고 여기는 것 같습니다.

투자인생이 인생의 전부일 수는 없으며 인생 전체가 투자에 먹히지 않도록 우리는 언제나 경계하여야 합니다. 가끔 증시에 의식이 있다면 투자자가 아닌 자신의 자유의지로 움직이는 것이 아닌가 생각해 봅니다. 증시를 움직이는 힘과 증시와의 관계는 증시의 무게, 속도 그리고 회귀본능 등 증시 본연의 내적 상태와 관련이 있을 것입니다. 만약 증시가 이것을 인식한다면 그것은 투자자가 투자의지를 표출하듯이 증시도 그 자체로 삶의 의지가 있다고 판단할 수 있을 것입니다. 투자자가 증시를 움직이는 것이 아닌 증시가 투자자를 움직일 수도 있겠지요.

상권이 철학이라는 테제를 들고 자칫 무의미할 수 있는 내용과 관념적

서술로 독자 여러분을 괴롭힌다면 하권은 논문을 보는 듯한 딱딱함과 난해한 개념으로 당혹해 할 수도 있습니다. 하권은 증시 해체적 관점에서 한국증시를 분해하고 있습니다. 상권에서 도출된 일부 개념과 결론을 실증적으로 검증하면서 투자실무도 염두에 두었습니다. 주식투자의 길 상권이 현실주의에 방점을 찍었다면 하권은 해체주의 관점을 제기하고 있습니다.

펼쳐 보일 수 있는 한도에 특별한 제한을 두지 않고 한국증시를 해부해 보았습니다. 지레 짐작으로 독자들에게 일정한 선을 긋고 다가서지는 않았습니다. 간혹 전문용어와 개념들을 실무에 최대한 접목시켜 풀이했으며 그것이 무엇을 의미하고 투자판단과 수익에 어떤 영향을 미칠 수 있는지도 고민했습니다.

이 책에서는 뚜렷한 방향과 길을 제시하지 않습니다. 그건 독자의 몫이니까요. 펼쳐진 현상과 이면 속에서 무엇을 얻고 무엇을 버리고 어떻게 해석하고 어떤 결론을 내리는 가에 관하여는 저자의 영역이 아닙니다. 불친절하고 무책임한 접근일 수도 있습니다. 하지만 친절함이 자칫 독선과 왜곡으로 다가올 수 있음을 경계한 저자의 고뇌임을 이해 바랍니다. 또한 저자의 철학과 시각에만 종속될 뿐 그 외 어떠한 이해관계에서도 독립적임을 밝혀 둡니다.

돌이켜보면 의미의 명확성을 위하여 이분법과 보편론을 과도하게 도입한 면도 있고 일부를 전체로 몰고 가는 우愚를 범하였을 수도 있습니다. 이런 점들 충분히 감안하시고 탐독하시길 바랍니다. 개인적으로는 아쉬운 부문도 많고 글을 적는 과정 속에서 나름대로 배운 점도 적지 않습니다. 부족한 부문은 독자 여러분들과 더 깊은 담론을 통하여 메우길 희망해봅니다.

긴 시간 꼼꼼한 편집과 좋은 의견을 내주신 한국학술정보 김영권 부장님, 원활한 의견교환과 세심한 배려를 아끼지 않으신 강태우 팀장님, 전반적인 구성과 멋진 표지를 위하여 고생하신 편집팀과 디자인팀 여러분들께 고마움을 전합니다. 또한 좋은 작업을 할 수 있도록 지원해주신 한국학술정보의 헌신적 도움에 거듭 감사의 인사를 드립니다. 끝으로 언제나 버팀목이 되어주신 사랑하는 부모님, 그리고 제 인생의 기쁨인 파트너 경희에게 가슴 깊은 애정을 표합니다.

2010년 1월 늦은 밤에
김태일

편집자 수많은 투자 관련 서적들이 매년 출시되고 있지만 현실적으로는 투자실패 사례들이 매번 반복되고 있습니다. 독자들이 그 책에서 교훈을 얻지 못한 것일까요? 아니면 관련 도서들이 제시한 길에 문제가 있는 것일까요?

우선 본 질문과 향후 질문에 대한 대답은 모두 지극히 개인적인 생각이라는 점을 밝혀 둡니다. 사람마다 가치관과 보는 관점이 다르다는 점을 서로 인정할 필요가 있을 것 같습니다. 개인적 견해를 제시하자면, 시중에 출판된 투자서적은 크게 두 가지 형태로 나뉩니다.

첫 번째 유형은 학술적 접근방법을 택하는 '투자론' 계열로, 기초이론과 용어로 출발해 증권시장, 효율적 시장가설, 가치평가, 포트폴리오 개념과 응용, CAPM과 APT 등과 같은 모형설명으로 대개 마무리 짓습니다. 아시는 것처럼 현물과 옵션, 선물시장이 유기적 영향관계에 놓여 있기 때문에 파생상품도 함께 배치되곤 합니다. 투자론 계열은 그 필요성에도 불구하고 대중적 인지도가 덜할 편인데 이는 접근단계부터 일정한 장벽이 존재하기 때문입니다.

두 번째 유형은 여러분이 흔히 접하는 투자서적으로 대가들의 투자인생, 고수들의 매매경험, 기술적 분석에 대한 실무해설 등이 주류를 이루고 있습니다. 출간수량도 많고 대중적 접근성도 확보되어 있습니다. 다만 보편성은 조금 떨어지며 때에 따라서 신변잡기적으로 흐를 가능성을 배제할 수 없습니다.

한 가지 아쉬운 점은 두 유형 모두 사상과 철학을 외면하는 경향이 있다는 것입니다. 투자론은 정해진 골격에 이론을 차곡차곡 쌓아 두는 형태이고 일반 투자서적은 개인적 경험에 치우친 측면이 강합니다. 또한 소위 수익률 몇백 또는 몇천 퍼센트라는 경험담을 늘어놓는 고수들이 주인공으로 등장합니다.

아주 특수한 상황인데 이것이 활자화되면서 보편성으로 넘어갑니다. 소위 '당신도 10배 수익을 얻을 수 있다' 아니면 '100만 원으로 1억을 벌 수 있다' 라는 환상을 독자에게 심어 주게 되는 것이지요. 투자 대가들의 인생 역정을 나열한 도서도 실무투자에는 일정한 한계성을 보입니다. 핵심은 투자 대가들의 속 깊은 고민과 철학 등인데, 도서로는 제한적 파악만이 가능합니다.

진정한 정수는 도제와 같은 사승師承 관계를 통해서만 전이된다고 생각됩니다. 책으로 투자철학과 정수를 전이시킬 수 있다면 워렌버핏이 후계자 선정에 그리 고심하지도 않겠지요. 스스로의 투자철학, 이론, 기법을 만들어 가는 것이 중요하며 타인과 본인을 일체화시키는 것은 위험한 생각이라 판단됩니다. 기교보다는 철학과 기본을 다져 줄 수 있는 양서를 권해 드립니다.

 본서는 그동안 외면되었던 투자전략과 전술적 측면에 방점을 두고 이야기를 서술하는 구조를 택하고 있습니다. 도대체 투자전략과 전술은 무엇을 의미하는 것이고 이게 실제 투자에 어떻게 연결됩니까? 또한 투자기교만 배양할 경우 어떤 상황에 부딪힐 수 있는지 일례를 들어 주십시오.

주식투자는 전쟁과 같은 것이 아니라 바로 전쟁입니다. 사실 전쟁보다 훨씬 치열하고 불합리한 요소도 많습니다. 전략과 전술이라는 말이 나오니 벌써 거부감을 표할 독자도 있을 것입니다. 새삼스럽게 무슨 거창한 내용을 언급하는 것은 아닙니다. 알고 계신 내용을 다시 한 번 정의 내리고 그 의미를 체계화한 것일 뿐입니다.

본서에서는 투자전략을 투자목적을 달성하기 위한 종합적 이론체계, 투자전술을 투자전략을 구성하는 요소들에 관한 이론으로 개념을 잡았습니다. 투자전략 구성요소로는 크게 시장, 시장참여자, 자금, 정보로 구분하여 접근했으며 이들 요소에 관한 분석을 전술로 생각했습니다. 즉 전략이란 바로 이들을 큰 틀에서 조합하고 현실화시키는 과정으로 판단했습니다. 아마 독자 여러분은 또 다른 정의를 내릴 수 있을 것입니다.

그럼 왜 전략과 전술이 필요할까요? 앞선 첫 문단에 이미 답이 나와 있습니다. 주식투자는 전쟁과 같은 것이 아닌 바로 전쟁 그 자체이기 때문입니다. 전략과 전술이 없다면, 백만 대군이 일순간 오합지졸이 되듯이 투자자들은 양 떼처럼 이리저리 휘둘릴 것입니다. 투자철학이 사고의 폭을 넓히고 투자 방향을 제시한다면 전략과 전술은 실천의 밑바탕이 됩니다. 가치투자와 기술적 분석은 사실 전략과 전술의 하위개념인 수단에 불과합니다.

수단이 상위 개념인 전략과 전술을 대체하고 좌지우지하니 습관화된 투자실패가 고착화되는 것입니다. 투자전략에 관한 사례는 지면상의 제약으로 제2장에서 간단히 살펴보도록 하겠습니다. 투자기교에 빠진 이들과 동일한 모습을 보이는 부류가 바로 모형의 함정에 빠진 사람들인데, 이 둘 모두 현실과 내면을 보지 못한다는 공통점이 있습니다. 왕왕 세숫물과 함께 아기를 버리는 오류를 범하기도 합니다.

편집자 최근 세계를 강타한 글로벌 금융위기를 놓고 볼 때, 그 전과 그 이후 투자전략은 어떻게 구성하는 것이 좋겠습니까? 또한 차이점이 무엇입니까?

금융위기와는 별개로 투자세계 본질은 변하지 않았습니다. 다 함께 잘사는 곳으로 주식시장이 변할 가능성은 거의 제로에 가깝습니다. '이익과 손해' 이 둘만 생각하면 됩니다. 다만 증시를 둘러싼 배경은 전략적 차원에서 한번 고민할 필요가 있습니다.

20세기 중반 이후 산업혁명 한계가 표면화되었고 그 연장선상에 우리가 놓여 있습니다. 1970년대부터 본격화된 제조업 쇠퇴 현상이 밑바탕에 존재하며 그것을 때로는 돈, 때로는 자원, IT, 부동산으로 지탱 또는 가속화시키고 있습니다. 최근 위기가 두드러져 보이는 것은 글로벌 헤게모니 재편과 맞물려 있기 때문입니다.

미국의 한계도 한층 표면화되고 있고요. 즉 유럽에서 북미로 넘어간 글로벌 파워가 점차 아시아, 특히 중국 쪽으로 이동하는 과정 속에서 글로벌 금융위기가 발생한 것입니다. 실감은 나지 않지만 경제와 금융의 틀이 조금씩 변하고 있습니다. 단편적 시세흐름보다는 돈의 움직임과 돈 가치를 눈여겨 보시길 바랍니다. 또한 투자대상을 주식과 펀드로 한정할 필요는 없습니다. 이익이 나는 시장과 지역으로 자금을 움직이시길 바랍니다.

우주에서 의미 있는 경제활동이 벌어지지 않는다면 아마 새로운 질서를 보게 될 것입니다. 중장기를 놓고 보면 에코버블과 그린버블이라는 새로운 게임이 펼쳐질 가능성이 높습니다. 증시는 원래 선과 악, 좋은 것과 나쁜 것을 가리는 문제가 아닌 이익과 손실을 판가름하는 장소입니다.

버블을 더러운 시궁창 보듯이 회피하는 투자자는 결코 성공할 수 없으며, 버블에 함몰된 투자자는 실패할 뿐입니다. 시궁창에 들어갈 수 있는 용기와 시궁창을 빠져나올 수 있는 냉철한 지성을 갖추길 바랍니다. 사족이지만 노숙한 투자자일수록 경험이 주는 사고의 틀을 경계하시는 게 필요합니다.

편집자 상당수 투자자들이 금번 위기로 막대한 손실을 기록하였습니다. 차후 동일한 상황이 반복되지 않으리라는 보장이 없는데, 이때 우리들이 점검해야 할 투자 포인트로는 무엇이 있습니까?

이 질문에 대한 답은 모호함보다는 조금 딱딱한 방식을 택하도록 하겠습니다.

첫째, 현실을 냉철하게 직시하는 것이 중요합니다. 알고 속으면 이익을 얻지만 모르고 속으면 손실을 봅니다. 경고성이 뇌리를 강타할 때는 만족감과 보수적 투자자세를 갖기를 바랍니다.

둘째, 투자정보 방향이 어디로 흐르는지 감지하는 것이 중요합니다. 수급상황에 따라 구체적 주가가 결정되지만 그 방향은 사전에 정해지는 경우가 많습니다. 여러분의 투자판단에 영향을 미칠 인사들은 의외로 적으며 이들이 증시향방에 대한 기본 컨센서스를 제공합니다.

셋째, 자금의 양과 흐름을 체크하는 것이 중요합니다. 말과 글은 거짓말을 해도 돈은 거짓말을 하지 않습니다. 사람, 말, 글을 보지 말고 돈과 행동을 보시길 바랍니다.

마지막으로 본인의 투자성향, 투자자금 성격, 투자기간과 투자대상에 대한 개괄적 가이드라인을 설정하길 바랍니다. 보수적 투자자가 중립을 넘어 적극적 투자자로 변모한다면 위험이 가까이 있다고 판단하면 됩니다. 또한 단기자금을 중장기 투자상품으로 넘기는 것 역시 좋지 못합니다.

이 질문에 대한 더 깊은 논의는 2장, 3장을 참고하시길 바랍니다.

편집자

명확한 경계선이 있는 것은 아닙니다. 또한 필수조건이라는 말 자체도 조금 생각해 볼 문제이고요. 굳이 언급하자면 투자 주체가 누구인지에 대한 인식일 것입니다. 이게 무슨 말인가 하고 의아해하시는 분들도 있을 것입니다. 하지만 곰곰이 생각해 보면 그 뜻이 명확히 다가올 것입니다.

대부분의 투자자들이 본인이 투자주체, 즉 투자자라고 생각하지만 사실 투자대상이 될 경우가 많습니다. 다단계처럼 증시도 다른 투자자와 자금을 시장으로 끌어들이면서 상승하는 구조를 가지고 있습니다. 즉 증시입장에서는 투자자 자체가 상품이 되는 것입니다. 극단적으로 말하면 주식 투자자는 고객이 될 것인가, 아니면 상품이 될 것인가 의 기로에 항상 서 있다고 볼 수 있습니다.

그럼 상품이 아닌 고객이 되기 위해서는 무엇이 필요할까요? 바로 철학입니다. 투자이론 역시 필요하지만 핵심은 아닙니다. 사고와 함께 현상과 정보에 대한 비판적 자세가 필요합니다. 앞서 언급했듯이 알고 속으면 이익을 얻지만 모르고 속으면 손실을 입는 곳이 증시입니다.

비판과 비난을 혼동하시는 분들도 있는데, 비판은 비난과 달리 감정적 요소가 아닌 현실에 대한 냉철한 인식과 분석을 토대로 형성됩니다. 스스로 생각하고 판단할 수 있는 능력과 자세가 부족하다면 수익률과는 별개로 중급 투자자로 보기는 힘들 것 같습니다.

세계경제가 유기적인 관계를 맺으며 일체화 과정을 겪고 있습니다. 신자유주의 물결퇴조와는 달리 글로벌화는 이미 대세입니다. 일시적 조류가 아닌 실제 현상이며 기조라고 생각됩니다. 각국 간의 경제적 연관성은 금융 개방을 촉진하고 있으며 이는 증시 동조화로 표출되고 있습니다.

차이나펀드 열기와 경제 긴밀성을 기초로 과거 관심 밖에 있었던 중국증시가 이제는 한국증시를 설명하는 한 지류로 자리 잡았습니다. 큰 그림에서는 내외 구분이 점차 희석되고 있지만 그렇다고 그 격차가 완전히 사라진 것은 아닙니다.

첫째, 투자가치를 측정하는 기준, 즉 화폐가 다릅니다. 국내투자는 환율문제를 고려할 필요가 없습니다. 매매가격 차이에 따른 자본이익 유무만 생각하면 됩니다. 하지만 해외투자는 환율변동에 따른 환차익과 환차손 문제를 감안해야 합니다. 때에 따라서 자본이익이 환차손에 묻히는 경우 역시 발생할 수 있습니다.

둘째, 정보의 비대칭성 문제입니다. 과거보다 손쉽게 해외정보들을 획득할 수 있다고는 하지만 여전히 자국보다는 그 깊이와 양이 부족합니다. 종목선택의 문제는 펀드운용회사의 고유 권한이라 하더라도 펀드투자 타이밍은 결국 투자자의 몫입니다. 펀드를 포함한 종목에 대한 이해가 있다면 금상첨화겠지만 그것이 힘들다면 적어도 투자시장에 대한 흐름은 잡을 수 있어야 됩니다. 국내투자보다 그만큼 많은 노력이 필요하며 묻지 마 투자에 대한 위험도 역시 상대적으로 높습니다. 공짜는 없는 법이니까요.

셋째, 문화가 다릅니다. 사회, 문화적 배경은 넓게는 경제와 금융, 좁게는 증시에 대한 관점을 다르게 할 수 있습니다. 모든 투자행위는 그 자신을 둘러싼 사회, 문화적 배경에서 자유로울 수 없으며 이는 투자자 개인뿐만 아니라 조직과 국가 역시 동일합니다.

은연중에 문화적 차이가 개별투자자의 투자형태와 사고에 영향을 미칠 수 있습니다. 구체적으로는 투자정보 해석상의 차이를 유발할 수 있습니다. 국내투자도 그렇지만 해외투자의 경우 특히 상대방 입장과 사고패턴을 더듬어 보는 습관을 기르시길 바랍니다. '왜 이렇게 반응할까? 왜 이런 정보와 루머가 흘러나올까?' 등과 같은 물음표를 자주 떠올리기를 바랍니다.

끝으로 두 시장 간 투자전략은 포트폴리오 차원에서 접근하길 바랍니다. 주위 목소리에 휘둘리지 마시고 가계부를 쓰듯이 투자대상 목록과 그 비중을 가늠해 보십시오. 옆집 이웃이 샀다고 익숙하지 않은 전자제품 또는 값비싼 귀금속을 매입할 필요는 없습니다. 능력과 취미에 맞게 필요한 것부터 차근차근 바구니에 담아내길 바랍니다.

편집자

본서는 3개의 카테고리와 그 속에 11장의 세부 주제를 담아냈습니다. 첫 번째 카테고리는 투자철학, 전략 그리고 이념에 대한 생각과 고민을 나름대로 적어 보았습니다. 반세기 이상의 역사를 가진 한국증시에서 한 번쯤은 깊은 사고와 토론이 요구되는 주제인데 그냥 외면하고 파묻어 버리는 것 같아 다루었습니다.

두 번째 카테고리에서는 경제이론이 어떻게 투자이론으로 연결되며 어떤 형태로 여러분의 주식투자에 영향을 미치는지 정리해 놓았습니다. 알고 보면 먼 산의 경제논쟁이라고 외면한 것들이 나의 투자수익에 영향을 미치는 경우가 많습니다. 또한 경제조류에 따라 경제, 금융정책이 변하며 그것이 결국 투자세계로 표면화됩니다. 경기변동과 더불어 영향을 주고받는 투자사이클도 모두 이 틀 속에서 운행되고 있습니다. 경제논쟁은 먼 산이 아닌 투자자 바로 눈앞에 펼쳐진 산이라는 점 명심하시길 바랍니다. 제6장은 기존 경제학의 두 틀인 케인즈 이론과 고전학파 이론과는 조금 다른 카오스이론이 증시에 던져 주는 의미를 한번 짚어보았습니다. 제6장은 차후 시간이 나실 때 읽어보셔도 될 것 같습니다. 혼란만 줄 것 같아 삭제하려는 욕구를 몇 번씩 참고 독자들에게 떠민 부문입니다

마지막 카테고리는 현상과 그 속에 숨겨진 이면을 살펴보는 것으로 구성했습니다. 우선 8장에서는 돈의 이동이라는 주제를 놓고 로마제국 패망과 근대유럽 전쟁을 관조해 보았으며 현 21세기 금융주도권 다툼과 연결시켰습니다. 또한 9장에서는 경제와 자원을 둘러싼 지리적 변천과 힘겨루기 양상을 들여다보았습니다. 주식투자는 세계를 두고 벌어진, 그리고 벌어지고 있는 주도권 다툼과 전혀 별개의 것이 아닙니다. 그 결과에 따라 국가와 시장을 넘어 돈이 몰리기도 썰물처럼 빠져나가기도 합니다. 이런 움직임은 개별투자자가 컨트롤할 수 있는 영역이 아니며 흔히 대세라고 통칭되는 역사의 흐름입니다.

현명한 투자자라면 역사를 바라볼 수 있는 안목이 필요하며 9장은 그 눈높이를 한 단계 높이는 작업이었습니다. 10장은 버블과 공황에 대한 관점, 계보와 더불어 그 속에서 벌어지고 있는 새로운 게임, 즉 에코버블과 그린버

블에 대하여 간략히 살펴보았습니다. 버블에 맹목적 환호를 보내고 그 붕괴로 절망과 허탈감에 휩싸인다면 영원히 패자로 남을 것입니다. 생성과 소멸 그리고 그 주요인을 알 수 있다면 버블과 공황을 객관적 현상으로 인식할 수 있으며 그 속에서 여러분의 투자이익을 극대화할 수 있을 것입니다. 제11장은 정보와 증시의 관계를 살펴보았으며 작전과 음모론의 한계도 언급했습니다. 또한 정보상인들이 어떻게 현상을 뒤틀고 왜곡된 정보를 유포하는지 또한 그것이 어떤 의미를 담고 있는지 고민해 보았습니다.

끝으로 3개의 카테고리와 11장이라는 구성이 독자 여러분에게 부담을 줄 수도 있습니다. 하지만 세부내용은 읽기 편하게 요점정리 형태로 구성되어 있습니다. 내용도 그리 높은 수준은 아닙니다. 다양한 독자층에게 '이런 생각과 접근법도 있구나!' 라는 정도를 던져 주는 수준에 만족하고 있습니다.

정해진 틀에 고착화된 사고를 던져 주는 것이 아닌 본서를 접하는 개개인마다 해석상의 차이와 함께 다른 의미로 다가서기를 희망합니다. 무책임하지만 딱히 정해진 독해방법은 없는 것 같습니다. 저자가 대화하고자 하는 것을 느낄 수 있기를 바랄 뿐입니다.

투키디데스Thucydides의 펠로폰네소스 전쟁The Peloponnesian War에 등장하는 〈멜로스의 대화〉를 조금 각색하며 그 배경을 증시로 옮겼으며, 아테네인와 멜로스인 대신 주도세력과 개인투자자를 등장시켰습니다. 정의란 무엇인가를 놓고 벌인 고대 그리스인들의 대화가 현시대 투자자들에게도 깊은 의미를 던져 주리라 생각됩니다. 이해와 손해가 극명히 갈라지는 공간에서 맹목적 충돌보다는 한 발 물러나 증시 그 자체를 키울 수 있는 지혜를 가지길 소원해 봅니다.

이제 우리는 증시에 대한 의무를 갖는다는 식의 미사여구를 사용하지 않을 것이다. 그리고 우리는 당신들이 증시를 이루는 한 요소이지만 증시에 이롭다거나 우리들에게 어떤 불이익을 끼칠 의도가 없다는 식의 말을 함으로써 우리들의 행동에 영향을 줄 수 있다고 생각하지 말기를 요구한다. 당신들도 우리와 마찬가지로 잘 알겠지만 이러한 문제들이 실제적으로 논의될 때 정의와 공정성의 기준은 강제할 수 있는 권력의 질에 달려 있다.

그렇다면 우리의 관점에서(그대들이 우리가 시장의 법칙을 고려할 수 없도록 만들었으며 우리 자신을 자신의 이익만을 고려하도록 만들었기에) 당신들은 모든 투자자들의 보편적 이익실현에 대한 원칙, 즉 투자를 하는 모든 사람들은 공정한 시장원리에 의해 그 결과가 정해진다는 투자원칙을 파괴하지 말기를 바란다.

우리는 단지 우리가 지배하는 증시에 당신들을 받아들이는 데 아무 문제도 없길 바란다. 그리하여 우리는 당신들이 당신 자신과 우리들 모두에게 유익한 방식으로 투자행위를 유지하길 원한다.

그렇지만 우리가 당신의 투자논리를 따르는 것과 당신들이 우리의 지배자가 되는 것이 어떻게 양자兩者에게 똑같이 좋은 일일 수 있겠는가?

당신들은 우리의 투자논리를 받아들임으로써 증시붕괴와 같은 재난에서 구제받을 수 있고, 우리는 당신들이 생존해 있음으로써 당신들로부터 이익을 취할 수 있다.

그렇다면 당신은 우리가 중립이 되어 공정한 시장원리와 당신들의 투자논리 어느 쪽에도 따르지 않는 것에는 동의를 하는가?

동의하지 않는다. 만약 우리가 당신들을 우호적으로 대하게 되면 우리의 지배를 받는 다른 투자자들은 그것이 우리가 유약하다는 증거라고 간주할 것이다. 반면 당신들의 증오심은 우리가 가진 힘의 증거물이다. 따라서 우리는 당신들을 착취함으로써 우리가 지배하는 증시의 크기뿐 아니라 그 수익성도 증대시킬 것이다.

당신들은 우리의 제안에 당신들을 위한 이익이 없다고 생각하는가? 그대들의 이익과 우리의 이익이 합치되는 점이 있기에 우리는 당신들에게 그 사실을 설득하려 한다. 잠재적 투자자들이(증시에 참여하지 않고 있는) 여기에서 벌어지고 있는 것을 보게 되면, 당연히 그들은 그들 역시 우리와 같은 상태에 빠질 것을 우려하여 증시 자체를 외면할 수 있지 않는가? 약자라도 증시에서 가끔 더 많은 이익을 실현할 확률이 있다는 것을 알고 있다.

 그러한 생각이 투자위험 속에서 그대들에게 위안을 주는가!

우리들은 그릇된 것에 반하여 옳은 편에 서 있으므로 시장이 당신들과 동등한 행운을 내려 줄 것이라고 믿는다. 그리고 우리가 힘에 있어 부족한 것은 우리와 감독기관 사이의 동맹으로 채워질 것이고, 그들은 공정성과 그 자신의 존재이유를 위해, 그리고 우리가 그들의 보호대상이기 때문에 반드시 우리를 도울 것이다.

증시가 주는 호의에 관한 한 우리도 당신들과 동등한 권리를 갖고 있다고 생각한다. 시장에 대한 우리의 견해와 시장 참여자에 대한 지식에 의하면, 우리는 무엇이든 지배 가능한 것을 지배할 수 있는 것이 시장의 일반적이고 필연적인 법칙이라고 결론 내리게 되었다. 이것은 우리 자신이 만든 것이 아니고 우리가 처음으로 그에 따라 행동한 것도 아니다. 우리는 이것을 이미 존재하는 상태에서 발견했고 후대에도 영원히 존재할 것이다. 우리는 단지 그에 따라 행동할 따름이다. 따라서 시장에 관한 한 우리가 불리한 편에 서 있다고 걱정할 만한 이유는 없다. 감독기관이 증시의 공정성과 그들의 생존을 고려하여 당신을 지켜 줄 것이라는 믿음에 대하여 그 순진함에 놀라움을 표하고 싶다. 하지만 우리는 당신의 어리석음에 가까운 순진함을 부러워하지는 않을 것임을 밝혀 둔다. 우리가 알고 있는 모든 사람들 중 명예롭다거나 정의롭다고 믿기에 가장 의심스러운 자들이 감독기관들이다.

그러나 이는 바로 우리가 가장 확실하게 느끼고 있는 점이다. 그들은 자신의 이익 때문에 그들의 감독권 안에 있는 개인투자자를 배반하지 못할 것이다.

당신들은 '자신의 이익을 따른다는 것이 곧 자신이 안전해지는 것'이라는 사실을 잊고 있다. 정의를 믿고 공정한 투자원칙을 고수한다면 그 투자자는 위험에 빠질 것이다. 정의와 공정에 대한 잘못된 감각으로 이익창출의 길을 잃지 않길 바란다. 당신이 만약 올바른 견해를 취한다면 이를 피하기 위해 조심할 것이다. 그리고 당신은 파산과 생존 가운데 한 가지를 선택하도록 허용되었을 때 잘못된 선택을 할 만큼 무감각하게 오만하지는 않을 것이다. 우리는 당신에게 일정한 손실을 떠넘기는 대신 증시에서 당신의 생존과 자유로운 투자행위를 보장한다. 그에 승복하는 것이 결코 불명예가 아님을 당신은 알 것이다. 동등한 자에게 대항하고, 우월한 자를 뒤쫓고 약한 자에게 관대한 소실만을 요구하는 것이 투자의 법칙이다.

주도세력이여, 우리의 결정은 처음과 똑같다. 증시에 참여한 이후로 누려 온 우리만의 영역과 의지를 포기할 마음이 없다. 그 끝이 추락과 부서짐이라도.

그대는 단순히 그렇게 되기를 원하기 때문에, 불확실한 것을 현실로 보고 있는 듯하다(즉 투자이익을 실현하길 소망하기 때문에 실현할 확률, 즉 불확실한 것을 실현된 사실, 즉 확실한 것으로 보는 것 같다는 의미이다. 또 다른 예로는 감독기관이 공정하게 시장원리를 적용하길 원하기 때문에 실제 집행할지 그렇게 하지 않을지 모른 가능성을 공정한 시장원리가 적용되었다고 사전에 100% 가정하고 증시를 대한다면 이와 관련된 불확실성, 즉 투자위험을 과소평가한 것이다. 그 외 상기 말은 다양한 상황에 대입시킬 수 있는 개념으로 확률, 즉 불확실을 사실, 즉 확실로 사전에 가정하지 말라는 의미인 것 같다).

만약 역사가 반복된다면 주도세력은 개인투자자를 거의 절멸시키고, 그에 위협을 느낀 감독기관에 의해 주도세력은 위축된다. 또한 이들이 속한 증시는 이웃나라 증시에 그 주도권을 넘겨주고 패망의 길로 접어든다.

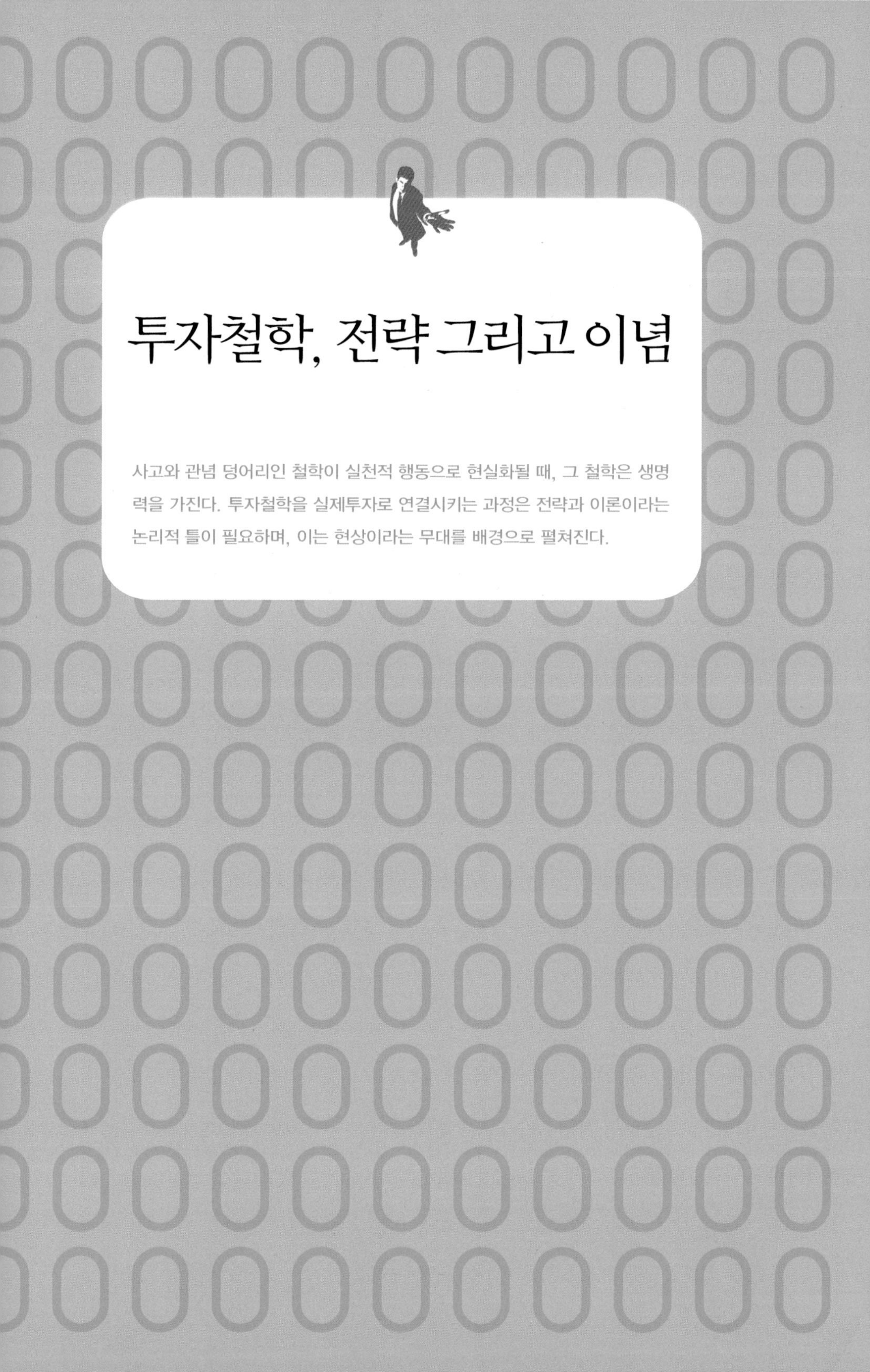

투자철학, 전략 그리고 이념

사고와 관념 덩어리인 철학이 실천적 행동으로 현실화될 때, 그 철학은 생명력을 가진다. 투자철학을 실제투자로 연결시키는 과정은 전략과 이론이라는 논리적 틀이 필요하며, 이는 현상이라는 무대를 배경으로 펼쳐진다.

1장

투자철학에 대한 고민

주식투자는 이익을 위해 타인에게 손실을 강요하는 자유행위이며 증시는 다수의 손실을 담보로 소수의 이익이 극대화되는 장소이다. 철학적 빈곤은 투자를 기법으로 만들고 투자자는 증시에 함몰된다. 투자전략이란 투자목적 실현을 위한 종합적 이론체계이며, 투자전술은 투자전략을 구성하는 요소에 관한 것이다. 투자이론은 맹목적 교리가 아닌 현상을 직시할 수 있는 나침반이 되어야 한다. 주식투자는 전쟁과 같은 것이 아닌 그 자체로 전쟁이다.

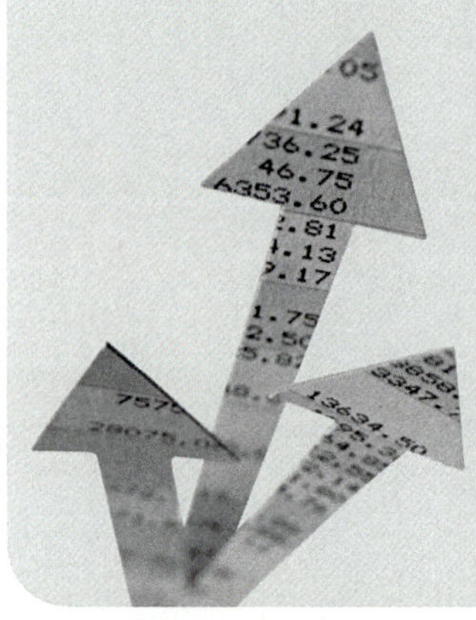

1. 주식에서 투자철학이란?

수단과 도구로 투자철학을 정의할 수 없으며
또한 그것들에 구애받을 필요도 없다.

증시는 하나의 전장戰場과 같다. 그리고 주식투자를 하는 것은 전쟁을 수행하는 것과 다름없다. 전쟁에서 승리하기 위해 우리는 전략과 전술을 수립하고 개별 전투에 적절한 수단을 투입한다. 전쟁이 특정 상대방을 인식한 행위라면 주식투자는 그 대상이 불특정 다수라는 차이점뿐이다. 그렇다고 다수의 압박에 위축될 필요는 없다.

최인호의 ≪상도商道≫에는 세도가 박종경이 "하루에 숭례문을 출입하는 이가 몇이냐?"라는 수수께끼를 상인 임상옥에게 던지는 내용이 있다. 그때 임상옥은 "이利가와 해害가 두 사람뿐"이라고 대답한다. 숭례문을 드나드는 사람은 많지만 따지고 보면 이익이 되는 사람과 해로운 사람 두 부류뿐이라는 것이다.

주식시장 역시 동일하다. 개인투자자, 기관투자자, 해외투자자 등 다수의 세력과 사람이 증시에 뛰어들지만 결국 손실을 보는 이와 수익을 얻는 이로 나뉜다. 즉 나의 이익을 위하여 희생될 투자자와 나의 희생으로 이익을 볼 투자자만이 존재하는 셈이다. 그럼 투자자와 시장을 움직이는 이데올로기는 무엇일까? 이는 이론적이고 경험적인 결과물은 아니며, 관념적 사고와도 일정한 거리가 있다. 철학적 사고를 밑바탕에 둔 의문이다. 좀 더 친숙한 용어로 풀어 보면 '투자철학은 무엇입니까?' 정도로 요약될 수 있다.

철학은 인간과 세계에 대한 근본원리와 삶의 본질을 연구하는 학문인데, 이런 해석을 투자에 대입해 보면, '투자자와 시장에 대한 원리와 투자본질을 연구하는 학문'으로 정의될 수 있다. 즉 투자철학은 투자자와 증시를 따로 독립시켜 바라보는 것이 아니라 이들을 통합적으로 연구하는 학문인 셈이다.

나의 투자철학은 무엇일까? 자문자답自問自答해 보지만 딱히 떠오르는 것은 가치와 기술적 투자, 장기투자와 그 외 각종 투자격언만 맴돈다. 하지만 이런 것은 투자철학이 아닌 이론과 경험의 결과물, 즉 수단과 도구에 불과하다. 경험이 확실성의 근거라면 그것은 당연히 과거의 경험일 것이다. 그리고 과거의 경험 대부분은 나의 경험이 아닌 타인의 경험들이다. 이론과 경험의 표현인 투자서적이 거짓과 미혹으로 점철되지 않았다고 확신하는 근거는 무엇일까? 내용과 신뢰 모두 나 자신의 경험이 아닌 타인의 경험에 의해 종종 뒷받침되곤 한다.

투자철학은 투자본질을 위하여 자신과 타인 그리고 시장을 통찰하는 개념적 존재이다. 따라서 수단과 도구로 투자철학을 정의할 수 없으며 또한 그것들에 의하여 투자철학이 구애받을 필요도 없다. 투자본질에 도달하기 위한 정신적 활동이 그 하위개념인 수단과 도구에 제약받는다면 투자목적 실현은 요원할 것이다.

투자본질의 다양성 문제는 흔히 간과되기 쉽다. 모든 투자자가 수익 극대화를 향해 움직이지는 않는다. 난센스처럼 들릴 수도 있지만, 투자이익이 유일한 동력은 아닌 셈이다. 개인투자자만이 투자이익을 종점으로 생각한다.

일례로 증권회사는 주가지수보다 거래량에 더 기댄다. 거래량이 축소될 때 뿔난 망아지처럼 이리저리 불을 놓는다. 수수료 수입이 이익의 큰 비중을 점하기 때문이다. 기업은 자금모집, M&A 성공 등을 위하여 간혹 증시에 개입한다. 총체적 경영이익이 투자이익보다 높다면 투자이익은 언제든지 포기될 수 있다.

한편 증시를 인가한 정부, 이를 관리하는 감독기관, 유동성을 공급하는 일부 연기금 등은 투자이익보다는 증시안정화에 더 중점을 둔다. 자본시장이 원활히 돌아갈 때 생기는 경제이익이 투자이익보다 더 크기 때문이다. 투자본질 자체가 다르니 투자목적도 상이하고 투자전략, 전술 등이 자주 대립되는 형태를 보인다.

투자철학 문제를 투자자가 아닌 시장으로 한번 넓혀 보자. 2009년 3월 말 현재 미국은 12.8조 달러를 금융권 구제에 쏟아붓고 있다. 이 금액이 얼마나 엄청난지 실감이 나지 않는 독자들도 있을 것이다. 독립전쟁을 포함한 미국이 참전한 모든 전쟁비용을 합해도 8조 달러를 조금 상회하는 수준에 불과하다. 좀 더 현실적인 사례를 들자면 12.8조 달러는 세계에 발 딛고 있는 모든 이에게 1,900달러 정도를 줄 수 있는 금액이다. 참고로 세계 180여 개국 국민 가운데 35% 정도가 1인당 GDP가 2,000달러 이하에서 생활하고 있다.

미국은 역사상 유례없는 막대한 금액을 경제위기 극복에 투입하고 있지만 신기한 것은 그 가운데 95% 이상이 금융권에 집중된다는 사실이다. 정작 취업과 연관된 제조, 유통업에 들어간 돈은 전무하며 1% 미만에 불과한 미 자동차 빅3에의 지원액 문제로 시끌벅적하다. 중국이 4조 위안 대부분을 중서부대개발과 10개 업종으로 대표되는 실물경제에 쏟아붓는 것과 상당히 대비되는 행태이다.

경제위기 극복이라는 공통된 목표에 관한 대책치고는 그 차이가 너무 극명하다. 경제를 바라보는 철학 그 자체가 정책에 내포된 것이다. 미국은 현재 "공급은 그 스스로 수요를 창출한다."라는 세이의 법칙 대신, 유효수요론과 승수이론을 기축으로 한 재정, 금융정책을 신봉하고 있다.

철학적 차이가 뚜렷함에도 고전학파와 케인스학파 모두 공급보다는 수요, 생산보다는 소비, 저축보다는 투자가 경제의 축이라는 점에 대체로 동의하였다. 그들은 금융, 소비, 투자 이 삼각편대만 돌아간다면 미국에 산재된 모든 경제, 금융문제는 일거에 해결될 수 있다고 본다.

미국 경제의 2/3는 소비로 지탱되고 있는데, 이들의 사고를 거슬러 올라가면 제조업이 직면한 유일한 문제는 수요부족으로 귀결된다. 즉 수요가 없다면 제조업은 죽은 것과 같다는 결론이 도출되는 셈이다. 이들에 있어서 자동차 빅3 같은 제조업, 월마트 같은 유통업 회생은 부차적 문제이며 그곳에 투입되는 돈은 세금 낭비로 여긴다. 정치공학 측면을 배제한다면 자동차 산업은 망하는 것이 더 현명한 선택으로 판단되고 있으며, 그 결과 2008년 월가보너스보다 못한 지원책 문제가 난항을 겪고 있다.

모든 지원금은 소비와 투자로 흘러야 하며 그 통로로 지목된 것이 바로 금융기관이다. 이제 우리는 왜 실물경제가 아닌 금융기관 구제에 미 정부가 12.8조 달러 대부분을 쏟아붓고 있는지 이해할 수 있을 것이다.

그럼 미 경제를 떠받치는 세축이 어떻게 상호 연결되는지 한번 점검해 보자. 미 경제는 소비로 유지되며 그 소비는 금융기관 대출, 즉 버블형 소비 형태를 띤다. 부동산, 자동차, 가전제품 등 그 대상을 가리지 않고 대출과 할부로 소비가 이루어지며 심지어 보험과 각종 서비스 요금 역시 대출로 처리된다. 그 결과 2008년 말 현재 금융 부채액은 17.2조 달러로 GDP 대비 120% 수준을 넘어섰으며 가계부채는 100%에 육박한다. 중국의 경우 GDP 대비 가계부채가 15% 이하에 머물러 있다.

버블형 소비 그 자체만으로도 버거운데, 이 연결고리에 뜬금없이 파생상품이 승차한다. 블랙박스 같은 불분명한 프로세스를 거쳐 은행과 모기지 대출상품은 파생상품으로 탈바꿈하며, AIG 같은 보험사가 끼어들어 신용보강 후 각종 투자자에게 팔린다. 금융기관에 추가자금이 재유입되며 그 자금이 다시 소비를 부채질한다. 이것이 미국 경제가 움직이는 사슬이며, 이 사슬이 돌아가도록 버냉키는 열심히 달러를 뿌리고 있다.

지금까지 우리는 경제철학이 어떻게 정책과 현상으로 구체화되고 그 시스템이 어떤 과정을 거쳐 움직이는지 살펴보았다. 사실 투자철학도 경제철학과 크게 다르지는 않다. 주식시장은 자본시장의 일부분이며, 자본시장은 금융에 포함된다. 또한 경제는 넓은 의미에서 금융을 품에 두고 있다.

미국적 경제철학이 글로벌 증시에 깊이 배어 있다. 그리고 경제 연장선상에서 증시도 수요적 관점이 지배한다. 투자가치보다는 자금흐름이 중요시되고 주가지수는 경제규모로 변질되고 상승률은 경제성장률처럼 취급받는다. 주식 매수자는 금융기관 대출, 즉 레버리지 효과를 통하여 능력 이상으로 투자포지션을 확대하며 옵션, 선물, 워런트와 같은 파생상품이 개입하여 버블을 만연시킨다.

다양한 형태의 수요가 더 이상 증시를 지탱하지 못할 때까지 버블은 일반화되며 일단 붕괴되면 도미노처럼 시장참여자를 강타한다. 그렇게 되면 여지없이 증시활성화 대책이 발표되며 그 근간은 유동성 공급, 외국인 투자 확대, 펀드활성화, 각종 세제혜택 등과 같은 수요요인에 집중된다. 경제처럼 매수만 살아나면 모든 증시문제는 자연히 해결된다고 보는 것이다. 그 결과 주기적 버블이 발생하고 내부적 부조화와 공급문제는 영원히 미결로 남게 된다.

'수요'가 아닌 '공급'에 중점에 두거나 또는 수요와 공급을 동일한 위치에 둘 경우 증시는 한층 안정된 흐름을 보일 것이고 다원주의는 위협을 받을 것이다. 통속적으로 말해 돈을 쓸어 담기가 그만큼 힘들어진다. 한층 곤혹스럽게 만드는 것은 경제와 금융, 특히 증시를 움직이는 힘이 '수요와 공급'에서 '주가결정권'으로 옮겨지고 있다는 사실이다.

2. 주식투자와 '주식 + 투자' 의 본질

투자세계는 선악이 아닌 수익과 손실이 지배하는 장소이다.

매년 수백 권의 투자서적이 출판되고 있지만 '주식투자' 가 무엇인지 그 정의를 내린 책은 드물다. 주식투자라는 용어 자체는 인터넷상에 즉시 검색이 가능하지만 그 의미와 본질은 주목받지 못한다. 주식투자처럼 광범위하게 일상생활에 영향을 미치는 단어도 드물지만 정작 그 정의는 '주식 + 투자' 로 귀결된다. 그럼 '주식' 과 '투자' 로 분리하여 개별 의미를 살펴보고 합성어인 '주식투자' 의 정의와 본질을 파헤쳐 보자.

주식은 '주식회사의 자본을 구성하는 단위' 라는 단순한 말부터 '주권으로 분할된 양도 가능한 유한책임회사의 응모된 자본' 이라는 백과사전식 표현까지 그 정의가 다양하다. 여러분이 지배권 혹은 경영권을 행사할 수 없다면 배당권 정도로 주식을 생각해도 무리가 없을 것이다. 배당과 먼 기업이라면 '희귀성이 있는 종이' 정도로 폄하해도 될 것이다.

주식에 대한 정의는 이것으로 일단락하고 투자로 넘어가 보자. 일반적 의미의 투자는 '이익을 얻기 위하여 어떤 일이나 사업에 자본을 투입하거나 시간과 정성을 쏟는 것' 을 말한다. 포괄적이지만 어딘지 좀 모호한 느낌이 든다. 따라서 경제적 정의를 한번 빌려 오도록 하자. 경제학에서는 투자를 "한 기간의 소득을 미래에 더 큰 수익을 가져다 줄 자산으로 전환하는 과정" 이라고 명확하게 해석한다. 즉 투자는 확정된 소득 대신 더 큰 수익을 위하여 비확정된 모종의 자산으로 전환하는 과정이며, 통상 그 전환은 화폐를 통하여 이루어진다.

위의 정의로 우리는 투자가 안고 있는 태생적 불확실성 세가지를 유추할 수 있다. 첫째는 비확정 상태에 대한 불확실성이며, 둘째는 매개체인 화폐에 대한 불확실성, 셋째는 투자대상인 모종의 자산에 대한 불확실성이다. 이런 불확실을 짊어지는 대가로 우리는 더 큰 수익을 얻을 확률 50%를 확보하게 된다. 위험은 위험대로 떠안으며 개연성은 과반수에 불과한 것이다. 현실적 가능성은 이보다 낮겠지만 이론적으로는 어쨌든 50%이다. 투자세계는 그 자체로 불공평한 곳이며 투자자는 피투자자보다 항상 불리한 위치에 놓이게 된다.

앞서 살펴본 주식에 대한 정의로 돌아가 보자. 회사 지배권(경영권 포함)을 목표로 주식을 매입하였다면, 여러분은 '투자자' 와 '피투자자' 라는 두 가지 지위를 확보하게 된다. 그 결과 투자자가 가진 불리한 여건이 피투자자가 가진 유리한 환경에 의해 상쇄되며 우리는 투자중립적 세계로 진입하게 된다. 경영권 프리미엄은 중립세계로 진입하기 위한 입장료인 셈이다. 배당투자자라면 위험 대가로 약간의 선물은 받을 것이다. 하지만 그냥 '희귀성이 있는 종이' 에 투자한 사람이라면 계속 그것이 희귀하도록 기원할 수밖에 없다.

그럼 주식투자의 본질은 무엇일까? 클라우제비츠는 전쟁은 나의 의지를 실현하기 위해 적에게 굴복을 강요하는 폭력행위라고 말했다. 이를 주식투자에 적용하면 "주식투자는 나의 이익을 실현하기 위해 상대방에게 손실을 강요하는 자유행위이다."라고 말할 수 있다. 이것이 바로 주식투자의 본질이다. 전쟁이 물리력을 동반한 폭력행위라면 투자는 폭력을 제외한 모든 행위를 동반한 전쟁이다.

투자세계가 극단으로 치닫는 것을 방지하기 위해 우리는 개별주체의 자유행위를 일정한 테두리 속에 묶어 둘 필요가 존재했으며 그 결과 법률과 규칙들이 생겨났다. 개별주체의 방임적 자유행위는 종종 투자세계를 붕괴로 몰고 간다. 멀게는 '근대 3대 버블' 과 '1929년 대공황' 이 있으며 가까이로는 'IT버블' 과 '부동산버블' 이 존재한다. 과거 관습과 도덕률에 의존한 제약이 현대로 넘어오면서 법적인 강제로 바뀐 것이다.

하지만 정글의 법칙이 영원히 사라진 것은 아니다. 투자세계는 그 자체가 강자존의 정글이며 주식투자에 있어 자유는 수단이 된다. 한쪽의 이익극대화는 다른 쪽의 손실극대화로 얻을 수 있다. 한편 자유 그 자체가 투자수단이라는 의미는 이익극대화를 위하여 동원 가능한 모든 역량을 제한 없이 사용해도 된다는 의미이다. 여기서 역량이란 투자지식, 경험, 자금 등과 같은 일반적 요소 이외에 역정보, 루머, 내부자 거래, 시세조정 등과 같은 예외적 도구도 포함된다. 당신이 법을 초월한 존재라면….

본서가 무절제한 자유행사를 권하는 것은 절대 아니다. 투자세계 본성이 그렇다는 의미이다. 투자자는 도덕적 인간이 아니며, 성인이 높은 투자수익을 실현하는 것은 더더욱 아니다. 안정적이고 연속적인 투자행위를 위하여 합법적 투자자가 될 필요는 있지만 양심적 투자자가 될 이유는 없다. 투자자는 합법, 비합법적인 요인으로 투자능력을 강화시켜 왔으며 도덕률은 투자목적을 약화시킬 기제는 못 된다. 투자의 자유가 수단의 자유로 변질되는 것이 현실적 상황이다.

투자목적은 상대방의 투자능력이 저하될 때 쉽게 달성되며, 투자능력 저하가 투자전략의 기본방침이 되기도 한다. 수익극대화라는 투자목적을 달성하기 위하여 상대방이 좀 더 쉽게 손실을 입을 수 있는 환경이 필요한데 이는 투자전략을 통하여 현실화된다. 핵심은 언제나 '수익극대화'이지 '최대다수의 최대행복'이 아니다. 의로운 사람은 빈한貧寒하며 투자세계는 선악이 아닌 수익과 손실이 지배하는 장소이다. 그것이 바로 주식투자 정의이며 본질이다.

3. 제로섬게임과 불문율

투자론은 다수가 부자로 거듭나는 길을 밝히는 것이 아니다. 경제성장 과실을 투자자에게 골고루 분배해야 된다는 망상에 빠진 사람도 있다. 아무리 그럴듯하여도 이런 오류는 깨뜨려야 한다. 이런 헛소리야말로 투자자를 잘못된 매트릭스 속에 가두고 현금인출기로 변모하게 만든다.

쇼펜하우어는 인간은 형이상학적 동물이라고 평하였다. 그는 『의지와 표상으로서의 세계』에서 아무리 다양한 이유와 설명을 들어 상대방을 설득하려고 애를 써도 결국 상대방이 이해하려는 의지가 없으면 아무런 소용이 없다고 말한다. 이런 명제를 본서에 적용해 보면 증시를 움직이는 본질은 객관적이고 논리적인 자료가 아닌 투자자의 투자의지(부에 대한 욕망)에 달려 있는 셈이다.

투자의지가 건전한 이성에 의해 뒷받침된다면 투자세계는 한층 자유롭게 된다. 하지만 본성에 압도된다면 획일적이고 기계적인 투자형태를 띠게 된다. 본성은 자유가 아니다. 단순하고 획일적이며 또한 기계적이다. 본성에 빠진 투자자는 두려움에 떠는 양 떼와 같다. 증시가 패닉에 빠졌을 때를 한번 상상해 보자. 이성이 제대로 작동되는 순간은 드물 것이다. 적은 노력과 비용으로 대중을 한 방향으로 모는 그런 투자환경이 조성되며 투자패턴도 절대적 예측이 가능해진다.

흔히 우리는 주식투자를 윈–윈 또한 제로섬게임과 동일시한다. 그러나 증시는 개별원소의 합이 항상 제로보다 작은 마이너스(–)섬 원칙이 지배하는 곳이다. 고스톱을 일례로 이런 개념을 좀 더 살펴보자.

고스톱을 치다 보면 불문율처럼 지켜지는 몇 가지 법칙이 있다. 첫째는 돈을 딴 사람들의 총계가 돈을 잃은 사람들의 총계보다 항상 적다는 것이다. 둘째는 대다수가 돈을 잃었지만 돈을 딴 사람은 불분명하다는 사실이다. 셋째는 진정한 승자는 사라지고 돈을 잃은 사람들끼리 최후의 판을 벌인다는 점이다.

사실 주식투자와 고스톱의 근본적 차이는 '개평' 뿐이다. 고스톱은 서로 안면이 있거나 또는 상대방 얼굴을 마주 보고 판을 벌인다. 그 결과 쪽박을 찬 이에게 대체로 개평을 건넨다. 물론 사이버도박은 예외이며, 그 예외가 그대로 주식투자에 적용된다. 증시는 부의 평준화가 아닌 부의 집중이 이루어지는 곳으로 대다수의 손실을 담보로 소수의 이익이 극대화되는 장소이다(그 소수에 자신이 포함되기를 바라면서…).

정의로운 자는 투자자가 아니며 투자자는 정의로울 수가 없다. 투자와 같은 이익게임에 있어서 감정적 요소로 손실을 입는다면 그것은 죄악이다. 또한 그와 같은 사고는 주위를 함께 파멸로 이끈다.

투자자유에 한계를 두지 않는다면 무자비한 이익을 추구하는 이가 그렇지 않는 쪽보다 우월한 수익을 얻을 것이다. 목적을 실현할 전략과 전술이 무궁무진하기 때문이다. 투자가 가진 잔인함과 냉정한 속성을 혐오한다고 투자본질까지 무시한다면 영원히 패자로 남을 수밖에 없다.

투자가 일단 행해지면 언제나 극단적으로 진행된다. 투자를 이성화시키는 시도는 번번이 좌절될 것이다. 우리는 알려진 수많은 버블과 침묵된 사례들을 통해 이 점을 알고 있다. 이미 언급했듯이 투자에는 상대방 손실이라는 적대적 의도가 존재한다. 때에 따라서 적대적 감정 역시 내포될 것이다.

기업 간 M&A가 이성행위의 발로라고 100% 단정 지을 근거는 없다. 일체의 감정적 요소가 작용하지 않았다고 전제하는 자체가 모순이다. M&A 실현 여부는 종종 데이터화된 결과보다는 CEO의 감정변화에 따라 좌우되는 경향이 높다.

투자는 투자역량과 투자의지가 없는 사람들 간의 전쟁이 아니다. 투자는 언제나 능력과 의도를 가진 두 세력 간의 충돌이다. 주식시장의 경우 대개 매도와 매수, 비관론자와 낙관론자, 기관투자자와 일반투자자, 가치투자자와 기술투자자가 그 대칭점에 놓여 있다. 견해와 가치가 상충되고 국면은 전환되며 추세는 이탈한다.

이익 최대화는 상대적 개념으로 본인이 원하는 만큼 타인도 이를 추구한다. 제로섬게임승자의 득점과 패자의 실점이 영이 되는 게임 선상에 있으며 누군가 이익을 강탈할 것이라는 강박관념에 빠진다. 그 결과 투자주체가 아닌 객체로 변질되며 누군가의 현금인출기로 변모한다. 이익에 함몰된 나머지 우리는 투자가 던져 주는 심리적 만족감을 종종 망각한다. 목표는 달성했지만 목적은 미진

한 상태일 수도 있다. 그때 우리는 심리적 위안을 찾아 헤맨다.

일례로 부시정부는 후세인 축출이라는 전쟁목표는 달성했지만 그것이 이익극대화로 연결된 것은 아니다. 오히려 직·간접 비용을 포함한 3조 달러라는 천문학적 자금낭비와 수많은 인명피해만 양산하였다. 이런 상황에서 '민주주의 확산' 이라는 심리적 목표가 슬며시 떠올랐으며 그것이 마치 전쟁의 진정한 목적인 양 치부되었다. 주가는 높은데 수익은 없는 상태와 같다.

목표실현이 항상 목적달성을 의미하는 것은 아니다. 목적실현이 불충분한 상태라면 차후 자원동원에 상당한 저항을 받을 것이며 이는 투자능력을 떨어뜨린다. 낙관론자를 흠씬 두들겨 주었다고 비관론자 이익이 극대화되는 것은 아니다. 애초에 낙관론과 비관론은 말장난에 불과하다. 투자는 현실과 지식을 기초로 이루어져야 한다. 낙관론, 비관론과 같은 이데올로기는 전장의 한 파편일 뿐이다. 증시에 존재하는 이분화된 개념은 지식을 등에 업고 이루어지는 증시권력의 놀이이며 참가자들의 욕구가 표출되는 단면일 뿐이다.

핵폭탄이 아군과 적군을 가리지 않듯이 증시가 공황상태에 빠지면 투자성향과 매매기법을 가리지 않고 투자자 모두에게 손실을 입힌다. 타인의 불행이 나의 행복으로 연결되지 않는 것이다. 이럴 경우 우리는 심리적 위안을 찾게 된다. 사실 심리적 위안이 없다면 투자는 일시적 행위에 머물 것이다.

투자자마다 심리적 목적은 다를 수 있다. 불만족스러운 이익은 상대적 우월감으로 해소될 것이고 약간의 손실은 투자경험으로 위로받을 수 있다. 막대한 손실에도 재기라는 희망이 존재한다면 투자능력이 소멸될 때까지 투자자는 투자를 지속한다. 심리적 목적은 증시라는 수레바퀴를 돌리는 윤활유와 같다.

4. 10가지 격언으로 투자철학 엿보기

법칙은 절대가 아닌 불확실한 것이며
법칙의 적용은 보편적인 것이 아닌 개별적인 것이다.

투자격언에는 경험론적 철학이 녹아 있지만, '멋진 문구'라는 감명에 그친다면 문맥적 의미 그 이상은 던져 주지 못할 것이다. 이 점을 염두에 두고 대가들의 사상과 그 속에 담긴 의미를 되새겨 보자.

"강세장은 비관론 속에서 싹트고 회의론 속에서 자라나 낙관론과 함께 성장하여 행복감이 최고조에 이를 때 사라진다." _존 템플턴

누구나 알고 있지만 현실적으로 실천하기 힘든 투자명언이다. 여러분이 관심을 가질 것은 주가수준이 아닌 수익성이다. 추락하는 주가와 팽배한 비관론 속에서도 높은 투자수익을 달성할 수 있다. IMF 당시만 해도 주가수준 자체는 낮았지만 저점에서 대량 매수한 투자자는 이후 상당한 투자수익을 기록하였다.

> "단기투자자는 잡음 쪽에 투자하고 장기투자자는 신호 쪽에 귀를 기울인다." _피터 번스타인

잡음은 추세를 일시적으로 이탈시키는 혹은 추세를 불명확하게 하는 '노이즈'를 말하며 신호는 시장방향(추세)을 의미한다. 다만 단기, 장기에 대한 시간적 길이는 절대적인 것이 아니다. 누군가에게는 1년도 짧은 수 있으며 또 다른 이는 6개월도 길 수 있다. 시간은 상대적인 것이다. 관념상의 상대적 개념을 관습적으로 일치시킨 것이 현재의 시간척도이다. 따라서 '단기'라는 말에 너무 좌우되지도 '장기'라는 말을 너무 추종해서도 안 된다. 피터 번스타인 역시 "장기라는 것은 복잡, 모호하고 심지어는 실체가 없는 개념이며 실제보다는 이론상으로 유리한 경우가 많다."라는 견해를 밝히기도 하였다.

> "사람이나 기관이 평소에는 하려 들지 않던 행동을 아무렇지도 않게 한다면, 이는 광기가 드러나는 뚜렷한 조짐이다." _제임스 그랜트

증시가 버블에 빠져 있는지 혹은 그렇지 않은지를 가장 쉽고 평이한 용어로 설명한 격언이다. 100만원 투자에도 좌고우면左顧右眄하는 주위 직원들이 퇴직금 또는 정기예금을 깨고 허겁지겁 객장에 달려간다면 버블붕괴가 눈앞에 왔다고 보면 된다.

> "시장은 허풍을 좋아하고 기업실적의 일상적인 등락을 지나치게 반영하는

현실은 생각만큼 빨리 변하지도 반드시 좋은 방향으로 흐르지도 않는다. 녹색혁명, 우주공학 같은 산업이 높은 수익을 안겨 줄 것처럼 보여도 현실화되기까지 상당한 시간이 요구된다. 또한 모든 종목이 수익성을 보장하는 것도 아니다. 당장 세상이 무너지지도 또는 뒤바뀌지도 않는다. 변화에는 시간과 검증이 요구된다.

전문분석가의 화려한 리포터보다 투박하게나마 본인이 직접 분석한 자료가 더 유용할 수 있다. 여러분과 똑같은 관점에서 현상을 바라보는 사람은 존재하지 않는다. 가장 풍부한 정보는 리포터에 있는 것이 아니라 주위 일상생활에 널려 있다. 투자종목에 대한 지나친 애증은 현실을 가로막는 장애요인이라는 점 유념하길 바란다.

주식투자는 똑똑함보다 냉정하고 폭넓은 사고가 가능한 머리를 더 필요로 한다. 이 점은 롱텀캐피털매니지먼트LTCM 파산사태만 보아도 잘 알 수 있다. 노벨경제학 수상자를 포함한 전 세계 최고 브레인이 모여도 이성을 잃는다면 파멸로 가는 티켓을 예약한 것과 같다.

현 경제와 금융이론 대부분은 균형이론을 중심에 두고 펼쳐지고 있다. 가치투자 역시 균형이론의 한 갈래로 볼 수 있으며, 존 템플턴 경의 위 투자 명언 역시 주가는 가치, 즉 균형상태로 회귀할 것이라는 인식을 바탕에 두고 있다. 주가가 결국 가치로 회귀한다면 우리는 불확실한 추세 전망보다는 '가치평가' 그 자체에 포커스를 두는 것이 현명한 선택일 것이다. 다만 위의 해석이 현실적 개연성을 확보하려면 그 증시의 깊이와 폭이 갖추어져야 한다. 무엇보다도 증시본질에 대한 투자자들의 공감대가 마련되어야 한다.

"무지하게 투자하는 사람이 무턱대고 투기에 덤벼드는 사람보다 장기적으로는 돈을 더 많이 잃을 것이다."라는 존 무디의 투자격언과 일부 일맥상

통하는 면도 있다. 투자는 언제나 본인의 책임하에서 이루어지는 행위이다. 한 번 속으면 사기꾼의 잘못이지만 두 번 속으면 본인의 잘못이라는 말도 있다. 탐욕의 부추김에 넘어간 대중들은 버블을 생성할 것이며 그 피해는 투자자와 비투자자를 가리지 않는다.

> "대중의 심리가 약세든 강세든 일단 명확한 성향을 띠고 있으면 쉽게 바뀌지 않는다. 수십 혹은 수백 명은 바뀌겠지만 대다수는 여전히 같은 방향으로 몰려갈 것이다." _찰스 다우

위 격언에 대한 해석은 찰스 다우의 또 다른 말에서 찾을 수 있다. 그는 "조작으로 인해 형성된 강세시장과 대중에 의해 나타나는 강세시장에는 뚜렷한 차이가 있다. 전자는 소수의 노력에 의한 것이고 후자는 투자가치에 대한 전체 투자자들의 감각이 반영된 것이다. 조작을 통하여 대중정서를 만들어 내는 것은 일부 가능하다. 그러나 한 가지 정서가 오래도록 지속되면서 무엇이든지 휩쓸어 버리는 힘이 있다면 이런 정서는 언제나 거의 모든 사람들의 의견에 영향을 미칠 잠재력이 있는 전반적인 상황에 뿌리를 두고 있다."라고 말하였다.

> "사람들은 나를 도박꾼이라 생각한다. 그러나 나는 일생 동안 도박을 한 적이 없다. 내가 보기에는 슬롯머신을 가지고 노는 사람이 도박꾼이다. 나는 슬롯머신을 소유하는 쪽을 더 좋아한다." _도널드 트럼프

투자자는 도박이라는 글자 그 자체를 멀리해야 된다는 뜻을 그는 몸소 알려 주었다. 2009년 2월 도널드 트럼프는 자신이 설립, 운영해 온 트럼프엔터테인먼트리조트TRMP에 대한 파산보호신청을 제출하였다. 슬롯머신을 하든 혹은 슬롯머신을 소유하든 결국 도박은 도박인 것이다. 투자가 투기로 변질되면 그 대상이 무엇이든지 언제 터질지 모르는 폭탄을 돌리고 있는 것과 진배없다.

대가들의 투자과정에 대하여 알려진 사실은 단순하며 서로 비슷해 보인다. 간단한 회고록, 경험담에 의존할 경우 타인의 성공에서 우리는 아무것도 얻을 수 없다. 주위에는 손쉽게 얻을 수 있는 대가들의 회고록이 무궁무진하다. 하지만 그것에서 우리가 얻을 수 있는 것은 극히 미미하며 실제 투자에 도움이 될 것 같지도 않다. 전체의 천을 이루고 있는 수많은 실 한두 가닥을 잡았다고 그들이 될 수는 없기 때문이다.

투자활동에 관한 진정한 이력과 세부절차는 철저하게 은폐되어 있으며 정신적 고뇌 역시 거의 언급되지 않는다. 투자대가의 정수는 길드형태의 도제관계에 의해서만 전수된다.

투자전략이란 무엇인가?

투자전략이란 투자목적 달성을 위한 종합적 이론체계이며, 투자전술은 투자전략을 구성하는 요소들에 관한 이론이다. 일반적 투자상식은 비판적 사고와 검증을 거쳐 원칙으로 한 단계 도약한다. 이론과 현상의 진실성은 맹목적 추정보다는 비판을 통하여 현실에 더 깊은 영향을 미친다.

미셸 푸코Michel Foucault는 모든 권력은 지식을 필요로 하며 모든 지식은 권력에 의존함과 동시에 현존하는 권력 관계를 강화시킨다고 보았다. 사회 일면으로서의 증시도 권력이 존재하며 권력을 보유한 자, 즉 시장지배자는 그들의 논리에 부합한 지식을 필요로 하고 그에 따른 시장이론이 학계에서 생성된다. 지식은 권력을 먹고 확산되는 것이다. 증시권력에서 독립된 '투자진리' 는 있을 수 없으며 대중의 정형화된 투자패턴과 반응은 투자전략을 손쉽게 만드는 촉진제 역할을 한다.

1. 사례로 보는 투자전략의 빛과 어둠

개인이 증시에서 생존할 수 있는 유일한 길은
투자전략 복사와 통찰뿐이다.

투자전략이란 투자목적을 달성하기 위한 종합적 이론체계이며, 투자전술은 투자전략을 구성하는 요소들에 관한 이론이다. 이는 투자가 기술이나 학문이 아닌 사회와 인간관계에 관한 영역을 다루기 때문이다. 사회, 문화적 배경은 넓게는 경제와 금융, 좁게는 증시에 대한 관점을 다르게 할 수 있다.

모든 투자행위는 그 자신을 둘러싼 사회, 문화적 배경에서 자유로울 수 없다. 이는 투자자 개인뿐만 아니라 조직과 국가 역시 동일하다. 그 차이가 경제와 금융정책에 스며들기도 하고 개별투자자의 투자형태로 표면화되기도 한다.

그럼 이론 설명에 앞서서 '러시아' 라는 투자대상을 놓고 국제금융가들이 어떻게 투자전략을 구사하였는지 살펴보자.

미국이 21세기 초 대부분을 제로금리로 묶어둔 반면 러시아는 13%라는 고금리정책을 유지하였다. 러시아 중앙은행은 2009년 4월에야 비로소 0.5

포인트 금리인하 조치를 취했을 뿐이다. 고금리정책은 강한 루블에 대한 푸틴의 신념이거나 또는 경제현상의 정확한 반영일 수도 있다. 높은 금리는 러시아 기업들로 하여금 해외 차입을 북돋았으며 국제금융가는 이들 기업에 2~3%대의 낮은 이자로 무한정 자금을 공급하였다.

그 결과 리시아는 헤이날 수 없는 차입의 늪 속으로 빠져들었다. 국제금융가들은 대출담보로 주식을 요구하였는데, 그때 러시아 증시는 역사상 유래 없는 호황기를 만끽하는 중이었다. 혹자는 '고 PER 주식을 담보로 요구하다니 국제금융가들은 정말 멍청했던 것이 아니었을까?' 라고 의문을 제기할 것이다. 전혀 의문을 가질 필요가 없다.

1997년 IMF 당시 한국 기업처럼 러시아 기업들은 자본의 논리를 알기에는 너무 순진하였다. 러시아 기업들은 총 5,000억 달러 정도를 차입했는데, 담보는 각종 원자재 채굴권과 주식이었다. 당시만 해도 러시아 기업들은 이 모든 것이 일장춘몽으로 끝날지 몰랐던 것이다.

하지만 유가가 2008년 10월 배럴당 147달러를 기점으로 국제유가가 35달러까지 급락하자 상황은 통제불능 상태로 빠져들었다. 러시아 국영회사 로스네프트Rosneft Oil, 러시아 최대 천연가스회사 가스프롬Gazprom 등 러시아 대표기업들이 줄줄이 적자를 실현하였으며 주가지수는 2,000포인트 대에서 500포인트로 급하강하였다. 이에 국제금융가들은 동시다발적으로 대출회수에 들어갔으며 국제원자재 가격과 증시폭락으로 대출상환 능력이 떨어진 기업들과 은행은 담보로 제공한 주식 모두를 국제금융가에게 넘겨주게 되었다. 소위 양털 깎기가 진행된 것이다. 러시아 경제는 일순간 넘어갔으며 푸틴 총리가 뒤늦게 자금지원에 나섰지만 그리 실효성은 없었다. 탈출구는 이미 봉쇄되었기 때문이다.

2008년 말 러시아 정부가 동원 가능한 자금줄은 크게 두 가지가 있었는데, 하나는 3.9조 루블에 달하는 러시아 적립기금이고 또 다른 하나는 2.5조 루블 규모의 러시아 복지기금이다. 이론적으로는 총 6.4조 루블 정도 동원 가능하다. 하지만 이들 기금은 교육, 퇴직, 국방 등 그 사용 용도가 명확한 항목으로 자금 전용이 쉽지 않다. 국가재난이라는 공감대 속에서 최대한 전용한다고 해도 과반수 이상은 힘들 것이다. 정치적 출혈을 넘어 사회시스템이 붕괴될 수도 있다.

과반수를 투입해도 총 차입금 5,000억 달러의 22% 정도, 즉 담보물의 1/5 정도밖에 회수할 수 없다. 2009년 4월 파이낸셜타임스FT)는 "러시아 기업들이 4,230억 달러에 달하는 부채를 재조정 중이다."라는 기사를 타진하였다. 700억 달러 내외는 상환된 것으로 볼 수 있으며 만약 이 두 기금이 동원되었다면 2조 루블 정도 전용한 셈이다.

러시아가 왜 스스로 헤어 나올 수 없는 외통수에 빠져들었는지는 그 재정상태를 들여다보면 알 수 있다. 강제적 탈취가 아닌 양도하도록 만드는 것이 전략이다. 최근 국제자금시장 경색 속에서 각국이 FRB와 달러스왑 거래를 한 것과 예상과 달리 미 달러가 강세를 보인 것도 같은 맥락이다. 전략은 넓게 그물망을 치면서 이루어지지 한 점을 향해 달리는 것은 아니다. 여기서 러시아 재정상태를 한번 점검해 보자. 그럼 이 말이 무엇을 의미하는지 알 수 있을 것이다.

2008년 러시아 재정수입은 9.3조 루블 정도이며 인데, 그것이 유지되려면 배럴당 평균 95달러가 전제되어야 한다. 만약 배럴당 50달러 이하로 떨어진다면 러시아 정부가 어떤 노력을 해도 재정적자는 피할 수 없다. 다시 말해 담보로 제공된 주식을 영영 회수할 수 없다는 말과 동일하다. 참고로 2008년 러시아 수출총액은 4,680억 달러 정도인데, 그 가운데 석유·천연가스 부문이 과반수를 점하고 있다. 그 외 국제시세에 민감한 금속부분이 11.7%, 화학부문이 6.5%를 나타내고 있다. 67% 이상이 국제원자재 가격변화에 노출된 셈이다.

러시아에 있어서 2009년은 2차 대전 이후 가장 힘겨운 한 해였으며 재정적자 규모는 2조 루블 정도이다. 원자재 가격이 폭등하지 않는 한 러시아는 영원히 재정적자 상태를 탈피할 수 없으며 설상가상으로 2009년 은행부실 규모는 700억 달러에 이르렀다. 최근 석유를 필두로 한 원자재 가격이 반등하며 숨통을 트여 주고 있다. 이는 막다른 곳으로 쥐들을 몰고 가지 않으려는 의도일 따름이다. 러시아는 고양이를 물 만큼 충분히 큰 쥐이므로.

결과적으로 1998년 디폴트 이후 10년 동안 러시아는 그야말로 허송세월을 한 셈이다. 2008년 루블화 방어를 위하여 2,000억 달러를 소진한 결과 현재 남아 있는 외환보유고는 약 4,000억 달러에 불과한 것으로 집계되고 있다. 2009년 4월 알렉세이 쿠드린 재무장관은 "러시아 정부는 심각한 경기후퇴Recession와 재정적자를 타개하며 자금조달이 어려운 기업들을 지원하기 위해 국제금융시장에서 자금을 빌려 오는 것을 고려하고 있다."라는 사실상의 항복 선언물을 낭독하였다. 러시아정부의 국제자금조달 시도는 1998년 디폴트 선언 이후 처음 있는 일이다. 2009년 10월에는 재정적자 해소 일환으로 2010년 180억 달러의 해외채권을 발행할 계획이다.

강한 루블화를 바탕으로 러시아 제국 건설을 꿈꾼 푸틴과 러시아 국민들

의 소망은 이렇게 끝났으며 중국에 기대는 처지로 전락하였다. 러시아 증시
와 경제는 이제 '남의 것'이 아닌 '나의 재산'으로 변모하였으며 국제금융가
인 '나'는 러시아 증시에 대한 긍정적 목소리를 세계에 퍼트릴 동기가 생겼
다. 러시아 증시 상승이 곧 나의 부 증대로 이어지기 때문이다. 참고로 러시
아 RTS지수는 2009년 1월 초 대비 5월 말 현재 72% 상승하였는데, 이는 인
도 선섹스SUNSEX(48%), 홍콩 항생지수(21%)보다 명확히 높다(러시아와 비
슷한 상황이 각국에서 벌어졌을 것으로 추측되며 중국은 해외투자, 파생상
품 관련 손실이 부각되고 있다. 현재 중국정부가 직접 개입에 나선 상태로 국
유기업의 일방적 해지를 권고하고 있다).

자본에 발목 잡힌 러시아 정부는 향후 국내외 헤게모니를 상당부분 내려
놓아야 될 것이다. 국내적으로는 국제금융가들의 입김에서 자유로울 수 없
고 국제적으로는 대립적 자세보다는 미국과 유럽에 유화적 제스처를 보낼
것이다. 이런 기운은 2009년 6월 제2차 북핵위기에서도 감지되었다. 과거
와 달리 협상적 자세를 보였으며 UN 내에서도 동조적 입장을 표시하였다.
또한 2009년 6월 브릭스 첫 정상회의에서도 달러화를 대신한 새로운 기축
통화 문제에 소극적 행보를 보였는데, 이는 황금 루블 시대를 열겠다는 야심
찬 계획과는 좀 거리가 있어 보인다.

위의 사례는 가치·기술적 분석으로 투자전략이 표현되지 않음을 의미
한다. 이것은 전술도 아니며 한갓 수단에 불과하다. 투자전략은 나의 이익최
대화라는 투자목적을 놓고 벌이는 큰 그림이며 전술은 개별요소 배치와 관
련된 문제이다. 엄밀한 의미에서 개인투자자는 주체적 투자전략을 구사할
수 없다. 시장을 움직이는 주체가 아닌 시장에 영향을 받는 피동적 존재이다.

전쟁에서 일개 병사가 전략을 짜는 경우는 없다. 장교들도 구체적 전투에 대한 밑그림만 그리지 전술운용에 대한 권한은 부여받지 못한다. 글로벌 증시를 놓고 볼 때 국내 기관투자자는 한국이라는 전장에서 전투를 수행하는 장교 정도에 불과하다. 근본적으로 전략과 전술을 계획하는 주체는 아닌 셈이다.

따라서 시장을 지배하는 이들의 투자전략을 복사하고 그 의미를 되새기는 것이 필요하다. 당신이 천재적 투자자라면 개연성의 법칙에 따라 이들의 사고와 투자전략을 읽고 한발 앞서 매매할 수도 있을 것이다. 하지만 그때도 당신은 주체가 아니라 객체이다. 이 점 명심하길 바란다.

투자전략을 그대로 복사하는 것도 말처럼 쉬운 작업은 아니다. 벤치마크 신호가 필요하며 우리는 이것을 매매패턴에서 유추한다. 한국증시는 해외투자자, 미국증시는 골드만삭스Goldman Sachs, J.P모건 같은 시장 주도세력의 매매패턴을 살펴보면 된다. 여기서 중요한 것은 이들의 '말과 보고서' 가 아닌 자금흐름과 배경이라는 사실이다.

2008년 골드만삭스가 배럴당 200달러를 외칠 때 유가는 147달러를 정점으로 폭락하였다. 골드만삭스의 실제 매매흐름은 소규모 현물매입, 중립적 선물매도, 각국에 산재된 기관투자자, 정유회사, 항공사들과의 이색 옵션, 특히 배리어옵션Barrio계약으로 통칭될 것이다. 진정한 국제금융가는 거래가 아닌 계약으로 돈을 벌며 장외시장에서 체결된 계약들은 피해당사자들이 오히려 숨기는 경향이 강하다.

이런 추론이 옳다는 증거는 없다. 다만 미국상품선물거래위원회CFTC가 대미를 장식한 것은 사실인 것 같다. 유가가 135달러를 돌파하자 그동안 잠을 자고 있던 미국상품선물거래위원회가 뚱딴지처럼 국제원유시장에 횡횡하는 투기세력을 조사한다고 여기저기 떠벌리고 다녔다. 이런 정보는 신속히 세계로 퍼졌으며 때를 같이하여 골드만삭스도 2008년 6월 상품시장 분석보고서를 내면서 유가선물시장 거래 반수 이상이 투기적 거래라고 발표하였다.

이것은 허황된 음모이론도 아니며 누구나 알지만 또한 누구도 모르는 사실이다. 몰라서 당하고 설혹 안다고 해도 뚜렷한 방법이 없는 그런 환경을 만드는 것이 바로 투자전략의 핵심이며 이것은 우리가 구사할 범위를 넘어선 개념이다. 시장에 맞서지 말라는 오랜 투자격언은 이래서 나온 것인지도 모르겠다.

증시에서 생존할 수 있는 유일한 길은 투자전략 복사와 통찰뿐이라는 점을 기억하면서 전략과 전술이론으로 넘어가자.

2. 투자전략과 전술의 병법

본 단락에서는 투자전략과 전술에 관한 이론적 개념을 살펴보기로 한다. 투자전략 구성요소는 크게 시장, 시장참여자, 자금, 정보로 구분된다. 개별 요소에 관한 분석은 전술적 접근이며, 이들을 조합하여 투자로 현실화시키는 것이 전략이다. 바둑격언에 '동수상응動須相應' 이라는 사자성어가 있다. 이 말은 행마를 할 때는 상호 유기적으로 조화를 이루라는 의미이다.

주식투자도 이와 같아서 개별 요소를 따로 분석·배치하면 포괄적 정세가 눈에 들어오지 않고 전략이 흐트러진다. 전체로서의 요소가 되어야지 요소로서의 전체가 되면 투자국면을 본인에게 유리하게 이끌기 힘들다. 요소에 관한 세부 내용은 이후 살펴보기로 하며 본 단락에서는 개괄적 정의만 내리도록 한다.

시장은 일반적으로 주식시장을 말하여, 최근에는 선물, 옵션 등 파생상품 시장과 연결시켜 분석하기도 한다. 전쟁 역시 한 곳에서만 전장이 형성되지는 않는다. 여러 곳에서 동시다발적으로 발생하며, 때에 따라서 한 전장 승패유무가 다른 전장에 영향을 미치기도 한다.

시장과 시장움직임에 관한 이론과 현상은 수없이 많다. 넓게는 기술적 분석, 기본적 분석, 계량적 분석 등으로 구분될 수 있으며 좁게는 변동성 파악, 동조화 현상, 이상현상 등으로 세분화할 수도 있다. 시장에 대한 연구가 너무 광범위한 나머지 시장연구 그 자체를 투자전략으로 오인하는 경우도 있다. 하지만 시장은 투자에 수반되는 한 요소에 불과하다.

시장참여자는 투자자만을 의미하지는 않는다. 시장을 둘러싼, 투자와 관련된 모든 개별 주체를 통칭하는 말이다. 시장을 감독하는 정책기관, 화폐정책을 책임지는 통화당국도 시장참여자에 속한다. 손자병법에서도 "적을 알고 나를 알면 백 번 싸워도 위태롭지 않고, 적을 모르고 자기만 알면 한 번 이기고 한 번 지게 되며, 적도 모르고 자기도 모르면 싸울 때마다 위태롭다." 라고 하였다. 주식투자도 같은 맥락에서 생각할 수 있다.

자금은 유동성으로 흔히 통칭된다. 유동성 장세라는 말이 존재할 만큼 자금흐름은 증시에 강한 영향력을 미친다. 전시상황에 비교하자면 전쟁물자로 볼 수 있다. 불충분한 물자에도 지리적 우위, 정보, 동맹국 등을 적절히 조합하여 전쟁을 승리로 이끄는 경우도 간혹 있다. 증시 역시 전쟁과 다를 바 없다. 수익률 면에서 개인투자자들이 그들보다 덩치가 큰 기관투자자를 능가하기도 한다. 하지만 비슷한 전략과 전술을 구사한다면 유동성이 풍부한 기관투자자가 개인투자자보다 더 유리할 수밖에 없다.

투자에 있어서 정보는 무엇보다도 중요하다. 여기서 정보란 시장에 영향을 미칠 만한 모든 소식을 의미한다. 옆집 사람이 개에게 물린 경우를 생각해 보자. 신문 한 귀퉁이를 차지할 정도는 되지만 그 소식이 증시에 영향을 미치지는 않을 것이다. 서로 연결된 공통점이 없기 때문이다. 하지만 그 사람이 빌 게이츠 혹은 워렌 버핏이라면 이야기는 좀 달라진다. 그들은 그 자체로 증시적 존재이다. 그럼 상황을 조금 변경해서 개에게 물린 것이 아닌 신종플루에 전염되었다고 가정해 보자. 그저 평범한 인간에 불과하지만 증시는 그 소식에 민감한 반응을 보일 것이다. 사람이 아닌 현상 그 자체가 증시적 요인이기 때문이다.

앞서 투자전략이란 "투자목적을 달성하기 위한 종합적인 이론체계"라고 정의하였다. 전술이 개별 요소를 파악하고 배치하는 것이라면 전략은 전체를 연결시키는 작업이다. 우리의 투자전략이 어떤 수단을 필요로 하고 어떤 목적을 추구할지 사전에 모두 파악할 수는 없다. 이는 사고가 아닌 경험과 그때그때의 현상을 통하여 판단할 문제이다. 다만 투자이론은 지적 만족의 결과물이 아닌 철학과 현실에 기초한 것이어야 한다. 개별 투자수단을 어느 깊이로 표현해야 하는지 논란의 여지는 있다. 다양한 투자수단은 투자이론의 끝없는 확대를 불러일으키며 이는 투자전략의 본질, 더 나아가서 투자목적까지 불분명하게 만들 수 있기 때문이다.

여기서 분석과 거래에 대한 개념을 한번 이끌어 보자. 증시에서 전략과 전술의 현실화는 이들을 통해 이루어진다. '나는 거래한다' 와 '나는 분석한다' 는 개념적으로는 연관성을 가진다. 하지만 인식대상을 놓고 본다면 상반된 입장을 취한다. '나는 분석한다' 가 함유한 의미는 주체로서의 투자자인 '자아' 가 객체인 대상(증시 또는 종목)을 파악하고 해부하는 것이다. 반면 '나는 거래한다' 에서 주체는 투자자인 '내' 가 아닌 '시장' 이 된다. 투자자로서의 나는 주체인 '시장' 에 속하는 수많은 '객체' 가운데 한 존재인 셈이다.

그럼 논의를 진척시키기 위해 애널리스트가 분석한 자료로 매매하는 경우를 생각해 보자. 이를 언어로 표현하면 "타인이 분석하고 나는 거래한다." 일 것이다. 이때 투자자로서의 '나' 는 완전한 객체로 변형된다. 객체로서의 나는 주식시장이라는 시공간 속에서 그 수명이 다할 때까지 피를 공급하는 영양분이 되는 것이다. 우리는 완전한 주체로 탈바꿈할 수 없는 것일까? 불행히도 답은 '그렇다' 이다. 그러나 대안 모색은 가능하다. 말하자면 "나는 내가 분석한 대로 거래한다."라는 개념을 통하여 거래 행위에 주체적 개념을 슬며시 집어넣는 것이다. 현실적으로 자신의 분석결과를 매매에 그대로 반영하는 이는 드물다. 시장에 휘둘려 최초 의도와 다른 방향으로 종종 거래를 발생시킨다.

3. 아무도 알려주지 않는 주가결정 메커니즘

주가는 수요와 공급이 아닌 가격결정권에 따라 움직인다.

소위 "주가는 보이지 않는 손, 즉 시장에 의해 결정된다."라는 이 명제가 얼마나 불명확한지 그 부정을 생각해 보면 알 수 있다. 우리는 증시에 다양한 투자자, 중개기관이 존재함을 안다. 이들의 존재를 의심할 근거는 없다. 하지만 시장이라는 실체를 본 적은 없으며 그가 주가를 결정하는 모습 역시 상상 속에서나 가능하다. 여러분은 주가가 시장에 의하여 결정된다고 확신하는 것이지 그것을 아는 것은 아니다. '안다' 라는 것은 그 사실에 대한 오류를 사전에 배제하는 개념이다. 여러분이 "주가는 보이지 않는 손, 즉 시장에 의해 결정된다."라는 명제를 '안다' 라고 생각하는 순간 이 의미는 절대적 의미를 부여받으며 그 부정을 용납하지 않는다.

우리는 단지 시장의 기능을 확신하고 있을 뿐이며 그 확신도 점차 불투명해진다. 현실이 시장논리를 배반하는 경우가 종종 관찰되기 때문이다. 그러나 뇌리 속에서 작동하는 가격 결정체계는 수급논리에 여전히 길들여져 있으며, 수요와 공급을 벗어난 가격 메커니즘은 비이성적인 것으로 받아들인다. 주가, 유가, 금, 곡물 가격 등 시장에서 거래되는 상품 매매가격은 그 가치수준과 관계없이 수급원리에 위배되지 않는다면 이성적인 것으로 해석된다. 어릴 때부터 고정관념이 배양된 결과이다. 사회과목에서 체계적으로 수요와 공급, 그리고 이 둘의 움직임에 따른 가격결정 원리를 배우며, 학부에서는 미시·거시 경제학이라는 이름으로 시장원리가 다시 한 번 주입된다. 가격은 대체로 시장원리에 따라 좌우되겠지만 투자이익은 '대체'와 '절대' 사이의 간격을 파고들며 창출된다.

이론적으로 주가는 수요(매수, 자금유입)와 공급(매도, 자금유출) 두 축을 기반으로 등락을 반복한다. 대규모 자금이 증시에 유입되면 주가는 상승하고 그 반대는 하락한다. 굳이 거창한 경제원리를 들먹이지 않아도 이미 상식화된 논리이다. 또한 매수주문은 넘쳐나는데 시장에 풀리는 매도 물량이 제한적이라면 주가는 급상승할 것이다. 같은 원리로 증자, IPO, 현금확보 등을 이유로 매도물량이 누적된다면 주가는 하락압력을 받는다. 상기 원리에 관하여 여러분은 티끌만큼의 의문도 들지 않을 것이다.

자! 그럼 주가가 정말 수급원리에 따라 움직이는 것일까? 노련한 투자자는 주가가 공급보다는 수요, 즉 매도(자금유출)보다는 매수(자금유입)에 의해 움직인다는 것을 막연히 느낄 것이다. 이론과 달리 현실세계에서 주가 급등락이 빈번한 이유도 여기에 있다. 증시가 시장원리에 따라 움직인다면 한쪽의 오버슈팅은 또 다른 쪽의 반대작용을 불러일으켜 주가변동성은 떨어져야만 한다. 그러나 변동성은 뭉쳐서 발생되는 경우가 많으며 블랙스완은 이론보다 현실에서 자주 관찰되고 있다. 시장조정 기능이 제대로 작동하지 않는 것이다. 이론은 수요와 공급으로 표현되지만 현실적 단면은 수요라는 점을 꼭 상기하길 바란다. 우리가 느끼는 주가결정 원리는 여기까지가 한계이다.

하지만 투자전략가는 또 다른 일면을 직시할 것이다. 일반투자자는 수급, 진문가는 수요 그리고 투자진략가는 가격결정권, 즉 주가결정권을 본다. 주가결정권이라는 용어가 상당히 생소할 것이다. 일반화되지 않는 저자만의 기호일 수도 있다. 하지만 그 내포된 의미를 적어도 부동산 투자자라면 잘 알고 있을 것이다. 주가의 본질을 주식투자자가 아닌 부동산투자자들이 더 정확하게 직시하고 있는 셈이다.

그럼 논의를 수요와 공급에서 주가결정권으로 옮겨 가 보자. 실제적 의미는 조작 또는 담합과 가깝지만 그리 부르기는 너무 통속적이고 우아하지 못하다. 따라서 전략적 행위에 따른 가격지배 정도로 타협하는 것이 좋을 것 같다. "한 사람을 죽이면 살인자가 되지만 수백만 명을 죽이면 영웅이 된다." 라는 말도 있지 않는가! 종목 주가를 조작하면 파렴치한이지만 좁게는 국내 증시, 넓게는 글로벌 증시를 움직이면 투자전략가로 칭송된다.

2008년 한국 주식시장 규모만 해도 5조 달러에 육박하는데, 어떻게 전략적 행위가 가능한지 의문을 표할 것이다. 아마 대부분 헛소리 또는 음모이론 정도로 치부할 수도 있다. 수요와 공급에 따라 주가가 움직인다면 아마 불가능할 것이다. 하지만 주가 그 자체로 수요와 공급을 인도할 수 있다면 가능하다. 즉 수급에 따라 가격이 형성되는 것이 아닌 가격에 따라 수급이 결정된다면 말이다. 황당무계한 소리로 들리는가? 그렇다면 여러분은 증시에 돈을 부어 넣는 현금인출기 그 이상은 힘들 것이다.

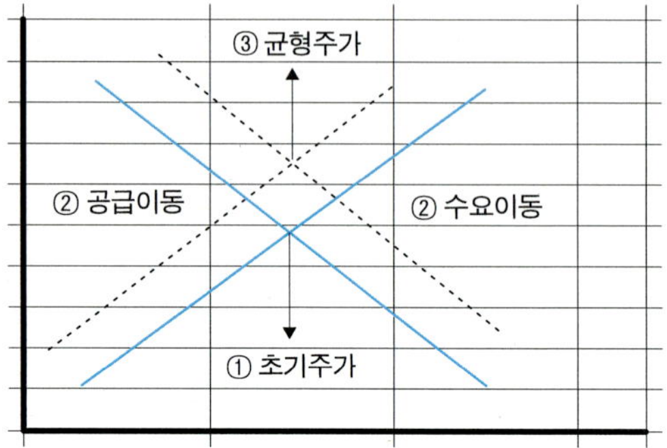

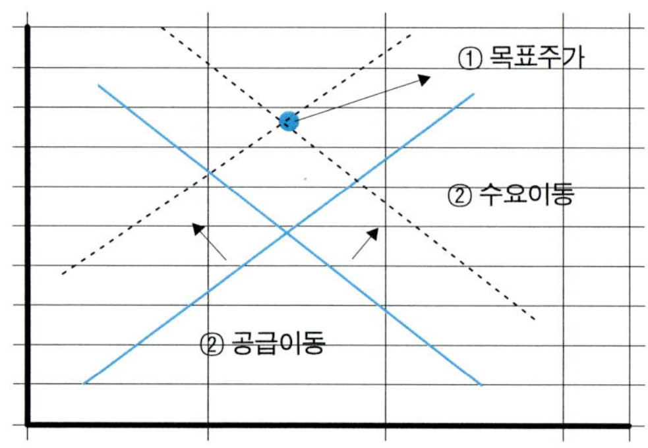

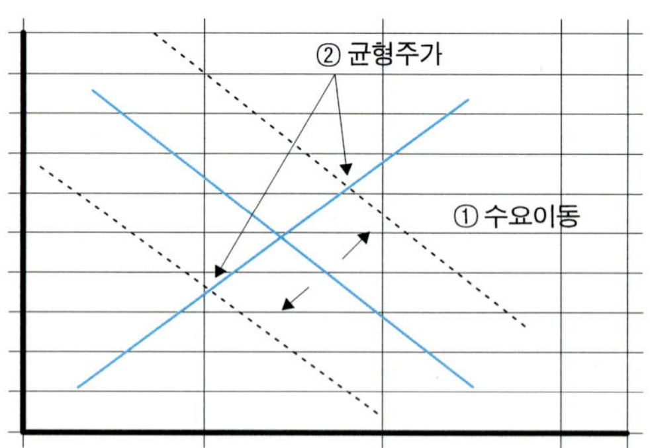

[그림 2-1] 주가결정 메커니즘에 관한 3가지 사례

우리들에게 친숙한 강남 부동산 시장을 일례로 들어 보자. 그 정확한 시장규모는 파악할 수 없지만 부동산 가격이 수급에 따라 움직이지 않는다는 사실은 짐작하고 있다. 글로벌 경제위기에도 부동산 가격은 이성적 수준으로 회귀하지 않았다. 오히려 가격은 탄력을 받고 전세 값은 더 뛰고 있다. 재개발에 따른 물량부족이 복병으로 떠오르지만 그 이유가 전부이며 몸통일까? 지류는 수급이지만 본류는 가격결정권이다. 30평대 강남아파트 가격은 10억 원이라고 점을 찍어 놓으면 매매주체들이 암묵적으로 이 가격에 동조하고 그에 따라 시세가 정해진다. 가격에 따라 수요와 공급이 움직이도록 메커니즘이 이미 구축된 셈이다.

최근에야 구현되고 있는 가격결정권 개념이 부동산 시장에서는 완성된 단계로 운영되고 있으며 그 결과 증시보다 훨씬 큰 케이크를 해외 기관투자자는 외면하는 것이다. 참고로 서울 · 경기 지역 외국인 보유면적은 1998년 32% 수준에서 2009년 19% 전후로 축소되었다. 물론 그 절대량은 2.4배 확대되었지만 말이다. 또한 미주국적자의 취득신고가 60%를 상회하는 것으로 유추해 볼 때 재미한국인이 그 주류를 이룰 것으로 판단된다. 글로벌 투자은행들이 중국 부동산에는 적극적으로 뛰어들지만 한국 부동산에는 고갯짓을 하는 이유도 그들의 시장이 아니기 때문이다.

그럼 주식시장으로 돌아와서 누가 글로벌 증시에 점을 찍을까? 누구나 떠올리는 명단 정도로 압축할 수 있을 것이다. 역대 미 FRB 의장과 재무장관, 유럽중앙은행 총재, 중국인민은행 총재, 골드만삭스, 국제통화기금(IMF) 등과 같은 공식화된 기구와 인물, 음모론에 번번이 등장하는 로스차일드, 록펠러, JP모건으로 불리는 귀족가문, 워렌 버핏과 조지소로스로 대표되는 투자전략가 등을 들 수 있다. 즉 글로벌 증시 가격결정권은 소수에 집중되어 있으며 여러분은 이들의 판단에 따라 움직이는 셈이다.

간혹 투철한 애국심, 과도한 지적 우월감으로 외국투자자로 통칭되는 이들에게 도전장을 던지는 이들도 있다. 일부 투자자들은 천문학적 수익률을 기록하기도 한다. 이들 소수는 강연, 출판 등 각종 통로를 통하여 자신의 우월성을 전파하며 심지어 프로메테우스가 불쌍한 인간에게 불을 전달하듯이 고귀한 사명감에 불타오른다. 하지만 100만 개미대군이 몰려가서 99만 명이 몰살당하고 만 명만 살아남은 전투를 승리한 전쟁으로 보기 힘들며 또한 그 만 명 역시 전략가들이 고의로 살려 준 경우가 대부분이다.

전쟁 역사를 통틀어 적들을 완전히 몰살시킨 경우는 드물다. 대개 몇천 명은 고향으로 살아 돌아가며 이들은 자국에다가 적들의 위대함과 무서움을 떠벌린다. 그 결과 자군自軍의 사기는 떨어지며 전쟁억지 효과는 한층 배가된다. 증시라는 전쟁터에도 소수는 생존한다. 이들은 앞서 패전병과 같이 벼락 수익률 기대(생존확률)를 대다수 투자자에게 불어넣는다. 외국투자자는 또 다른 전쟁을 기획하며 이들은 충실한 나팔꾼 역할을 수행한다. 키워서 잡아먹는다는 통속적인 말이 떠오르는 대목이다. 가격결정권자를 능가하는 투자 수단과 능력을 보유하지 않았다면 절대로 그들과 충돌하는 투자전략을 추구하지 말라. 그들의 투자전략을 직시하는 것만으로도 이미 충분한 보답을 받았을 것이다.

4. 투자연속성과 자금배분의 룰

투자는 단절이 아닌 연속이며 일시가 아닌 항구이다.

주식, 채권, 옵션, 예금, 부동산 등 우리가 생각할 수 있는 모든 투자시장과 대상은 시간을 돈으로 간주한다. 그 결과 투자자는 연속적 매매행위에 대한 강박관념에 사로잡히며 매매인프라와 이론을 통하여 이런 기류는 체계적으로 뒷받침된다.

은행예금은 단리, 복리로 시간가치를 계산하며, 채권수익률은 투자기간에 따라 달리 산출된다. 주식투자 최소수익률 개념으로 국채수익률이 차용되며 옵션은 그 자체로 시간가치를 함유한다. 투자대상에 상관없이 시간이 지나면 투자수익률은 상승해야 하며 이 원리는 불문율처럼 자리 잡고 있다. 하지만 현실은 전혀 다르다. 은행예금과 채권은 인플레이션에 침식되며 주가지수가 언제나 우상향하는 것도 아니다. 경제도 마이너스(−)와 플러스(+) 성장을 넘나들면서 위축과 팽창을 반복한다. 시간과 수익 간의 현실적 연관성은 생각만큼 그리 뚜렷하지 않다.

군이 투자를 연속적 행위로 바라볼 필요는 없다. 투자 휴식기를 두려워할 필요도 또한 소외감을 느낄 이유도 없다. 투자가 전략과 전술적 판단하에서 실행되고 있는지만을 보면 된다. 습관화된 매매행위는 실패로 가는 지름길이다. 개별투자자뿐만 아니라 증시도 간혹 소강상태에 접어든다. 주가지수 하락보다는 거래량 축소를 소강상태로 보는 것이 적당할 것이다.

투자자가 매매행위를 연기할수록 소강상태는 길어질 것이며 이에 따른 세력 간 손익향방은 변동하게 된다. 시장이 균형을 찾아가는 과정으로 해석할 수 있다. 증시를 소강상태로 빠뜨리는 힘의 원리를 간단히 표시하면 '매수자의 강한 매수의지와 적은 보유자금의 곱이 매도자의 약한 매도의지와 많은 보유량의 곱과 일치하는 상태'로 나타낼 수 있다. 이 균형이 장기간 유지된다면 증시는 침체기에 빠져들 것이다.

손실보다는 이익을 실현한 쪽이 대체로 균형상태를 깨뜨리는데, 상대방에 대한 자비심은 결코 아니다. 어느 쪽이든 소강이 장기침체로 넘어간다면 침몰하는 타이타닉호에 승선한 것과 같으며 장기적으로 모두 사망한다는 케인스의 말을 적용할 수 있다. 시간을 적으로 만든다면 손실유무를 떠나 어떤 투자자도 편안한 마음으로 증시를 바라보지 못한다. 강한 매도의지를 보이는 세력이 등장하고 이들의 몸짓이 불씨가 되어 새로운 투자자를 전장으로 불러들인다. 이런 상호작용을 통하여 전장은 한층 뜨겁게 되며 새로운 주가가 거듭 생성하게 된다. 그리고 끊임없는 거래과정을 통하여 매매 쌍방은 본격적으로 강한 매매의지를 발산하며 자원투입을 과속화시킨다. 그 결과 증시는 버블로 치닫게 되며 폭락과 소강상태를 다시 반복하게 된다.

한방에 투자인생을 건다는 이들을 흔히 볼 수 있다. 하지만 이는 논리적 모순이며 그 자체가 자기기만이다. 과거 투자와 현재 투자는 단절된 것이 아닌 연속선상에 있으며 최후의 투자는 마침표를 찍는 작업일 뿐이다.

투자를 흔히 인내심의 싸움이라 한다. 절망 속에서도 생존할 수 있는 강한 의지력이 필요하다. 그렇다고 의지력만으로 투자수익이 창출되는 것은 아니다. 투자의지를 지탱할 생존환경이 필요하며 자금은 그 가운데 하나이다. 피가 모자라면 수혈이 필요하듯이 투자도 충분한 자금이 뒷받침되어야 한다. 부족한 투자자금은 종종 여러분을 시험에 들게 하며 투자의지를 흔들어 놓는다.

폭락과 지루한 조정 속에서 누가 얼마나 버틸 수 있을지를 계산식으로 표현한다면, 아마 자금력에 의지력을 곱한 값으로 표시될 수 있을 것이다. 의지력은 객관적 수치로 산출이 불가능하지만 자금력은 그렇지 않다. 개별투자자의 의지력이 동일하다면 버티기는 자금력에 따라 결정된다. 개인, 기관, 해외투자자로 세력을 구분할 때, 개인투자자가 먼저 백기를 드는 이유도 의지력보다는 자금이 부족해서이다. 개인투자자 스스로 자신을 비하할 필요는 없다. 기관과 해외투자자의 투자의지가 더 강하다는 증거는 아직 없다.

개인투자자는 원천적으로 불리한 생존환경에 놓여 있으며 상대방에게 손실을 강요할 능력 역시 부족하다. 치킨게임상대방이 무너질 때까지 출혈 경쟁을 하는 것은 개인투자자를 위한 것이 아니다. 한꺼번에 보유자금 전체를 투입한다면 여러분의 투자행위는 단 한 번의 투자 또는 그에 따르는 일련의 부가작용에 불과할 것이다. 투자결과가 불리한 형태로 진행된다면 추가 투입자금은 줄어들게 된다. 모든 자금을 투입한 상태라면 우리는 더 이상 투자를 지속할 수 없을 것이다. 첫 번째 투자행위 그 자체가 최후의 전쟁이 되며 그 외 행위는 금번 투자에 수반된 소규모 전투에 불과하다. 펀드투자로 보면 노후자금 전체를 거치식으로 불입한 후 시황에 따라 추가 자금을 넣는 형태로 표현될 수 있다. 다만 투자승패의 본질은 최초의 거치식 투자에 영향을 받는 것이지 추가불입에 좌우되지는 않을 것이다.

우리는 투자를 일시적 과정이 아닌 항구적 행위로 생각할 필요가 있으며 투자자금의 안배도 이의 연장선에서 이루어져야 한다. 워렌 버핏와 조지 소로스 같은 이들이 투자세계를 벗어나지 않는 것도 투자 그 자체가 인생이기 때문이다. 우리가 굳이 그들의 길을 걸을 필요는 없다. 개별 존재로서 인생은 오직 하나이며 어느 누구와 동일시할 성질도 아니다. 다만 먼저 그 길을 걸어온 수많은 현자들이 옳은 투자여정과 그렇지 못한 여정에 대한 포괄적인 방향은 제시해 두었다. 그 길을 참고하면서 걸어가면 된다.

다만 극단과 절대라는 용어를 맹목적으로 신봉하지 말자. 극단적 비관도 절대적 낙관도 없다. 극단적 결과 대신 극단적 상황을 염두에 두고 현실세계가 제공하는 현상과 자료, 가능성을 기초로 증시를 분석하길 바란다. 투자가 관념이 아닌 구체화된 현실이라면 시장조건과 상황을 기초로 타인의 투자행동을 추론하고 그에 따른 투자방향을 설정하면 된다.

5. 공방攻防의 게임과 손익

한 투자자가 다른 투자자에게 "나는 장기투자가
최선의 투자전략임을 안다."라고 말하였을 때
그 말은 아마 "나는 그렇게 배웠다."일 것이다.

단기 전쟁에서는 공격보다 방어가 훨씬 유리하다. 실제로 2차 세계대전이 한창이던 1942년 연합국의 항공기 생산대수는 동맹국보다 4배 정도 많았으며, 군비생산 능력도 3배 이상 더 높은 것으로 나타났다. 이런 압도적인 전쟁수행 능력을 가지고도 연합국은 3년이 지난 1945년에야 비로소 전쟁의 마침표를 찍을 수 있었다. 증시라는 전장에서는 어떠할까? 이해의 편의를 돕기 위하여 세력 간 대립 상황으로 주식시장을 가정해 보자.

상승장에서는 매수세력이 공격적 성향을 보이고 매도세력이 방어적 형태를 띤다. 물론 하락장에서는 이 둘의 관계가 뒤바뀔 것이다. 엘리어트 파동 이론만 해도 상승장에서 감지되는 5개 파동 전부가 상승파는 아니다. 그 가운데 2개 파동은 조정파로 분류되는데, 이들 속에서 매도세력의 흔적을 찾을 수 있다. 또한 하락국면에서도 상승파는 발견되는데, 침체장의 늪에서 불쑥 찾아오는 베어마킷 랠리가 바로 그 좋은 예이다. 매수세력의 반발일 수도 또는 추세전환의 타진 신호일 수도 있다. 하지만 그 신호가 무엇이든 주도권은 여전히 매도세력이 들고 있다.

보통 상승구간 속의 조정은 매도세력 일부가 이익을 실현한 결과이며 하락구간에서 나타난 상승은 매수세력이 추가 하락을 방지한 결과이다. 또한 하락구간에서는 공매도와 풋옵션 세력이 기승을 부리고 증시 변동성이 확대되지만 상승구간에서는 펀드운용이 공격적으로 변하고 콜 옵션과 개인투자자가 범람한다.

힘의 방향이 명확하다면 조정장은 길게 지속되지 않겠지만 시야가 불투명하다면 긴 인내를 요구할 것이다. 안개 속에서 과감한 투자포지션을 취할 세력은 그리 많다. 그 결과 증시타이밍은 항상 한 템포 늦게 이루어지며 방향성은 한층 모호하게 변한다. 주식투자는 상대방 반응을 유추하면서 이루어지는데, 그 예측이 뜻하지 않는 잡음으로 왜곡된다면 투자의욕은 떨어지며 긴장감은 완화된다. 활시위를 당긴 듯한 팽팽한 긴장감이 없다면 증시는 쉽게 불타오르지 않을 것이며 그 구간은 계륵鷄肋으로 변질된다.

여기서 상당히 실없는 질문 한 가지를 던져 보도록 하자. 주식 투자자는 매수와 매도 가운데 어느 쪽에 배팅하는 것이 좋을까? 여러분이 가진 정답은 무엇인가? 혹자는 곰곰이 생각해 보고 매수라고 답할 것이고 또 다른 이는 반론을 제기하면서 매도라고 주장할 것이다. 정답은 아마 주식시장에 발을 들여놓지 않는 것일 것이다. 이상적 대답이지만 또한 비현실적 해법이기도 하다. 따라서 그 답을 일반화시켜 보면 상승구간은 투자대상, 즉 주식을 보유한 쪽이, 하락구간에서는 투자자금을 확보한 쪽이 더 유리하다. "싸게 사서

비싸게 판다.”라는 격언을 달리 표현한 것일 뿐이다.

전체를 놓고 보면 거래량과 주가지수는 비동조화된 모습을 그린다. 다시 말해 거래량이 빠지면서 주가지수는 올라간다는 소리이다. 거래량 확대가 상승장의 신호임을 굳게 믿는 독자들에게는 좀 당황스러운 추론일 수도 있다. 투자자들의 오랜 믿음은 단지 일부국면에서만 유효하다. 상승장에서 활황장으로 넘어서는 즉 증시에 거품이 잔뜩 끼어 가는 그 과정에서만 적용될 수 있는 것이다. 이때 주는 강렬한 이미지가 모든 구간에서도 동일하게 적용된다는 오류를 일으키는 셈이다.

앞서 상승국간에서는 투자대상을 보유한 쪽이 더 유리한 포지션을 취한다고 언급했다. 상승에서 활황으로 넘어가는 이때는 활발한 거래가 일어남에 따라 투하된 물량이 시장에 큰 충격을 주지는 못한다. 소위 매매비용이 낮은 셈이다. 원하는 가격에 제값을 받고 물량을 처분할 수 있는 것이다. 비싸게 판다는 조건이 충족되는 셈이다.

한편 하락구간에서는 어떤 현상이 벌어질 수 있을까? 주가는 나날이 그 저점을 낮추고 있는 상황에서 거래물량 축소는 지금 아니면 팔 수 없다는 강박관념을 매도자에게 심어 줄 것이다. 분할매도보다는 보유한 물량을 모두 처분하려는 욕망이 강하게 꿈틀거린다. 본인이 원하는 주가가 아닌 당장 팔릴 수 있는 주가에 뭉텅이로 물량이 나오며 이는 현금을 보유한 이들의 투자이익 확대로 연결된다. 싸게 매입할 수 있는 환경이 마련된 것이다.

3장

투자함정, 투자자 그리고 심리

"뇌를 소유하고 있는가?"라고 누가 질문한다면 그 답을 구하기 위해 직접 머리를 갈라 보지는 않을 것이다. 이미 지각하고 존재를 인식하고 있기 때문이다. 질문을 바꾸어 "왜 주식시장에 들어왔는가?"라는 물음을 받는다면 어떻게 대답하는 것이 옳을까? 생물적 또는 학습적 작용을 통하여 스스로 그 원리를 깨우쳤기 때문에 굳이 확인해 볼 필요가 없다고 결론 내는 것이 바른 선택일까? 그렇지 않다면 왜 우리는 주식시장을 직접 해체하고 투자종목을 분석하지 않는 것일까?

1. 베이컨의 4가지 우상과 투자

그 어떤 것도 투자자, 당신 앞에 두지를 말라.

낯선 투자환경에 직면할 때 이성을 벗 삼아 논리적 추론과 분석으로 출구를 찾기보다는 우연과 행운에 기댄다. 우리는 논리적 추론과 분석이 제시하는 초라한 결론 대신에 풍부한 가능성에 더 빠져드는 것이다.

광범위하게 실존하는 감정적 요소를 증시에서 제거한다고 투자이론이 완전무결해지는 것은 결코 아니다. 투자이론은 맹목적인 교리가 아닌 현상에 대한 체계적 연구이다. 그러기에 어두운 통로를 지나갈 수 있는 촛불이 되어야지 투자자를 더 깊은 암흑 속으로 인도하는 도구가 되어서는 안 된다. 다만 촛불이라 하더라도 그 밝기가 다를 수 있듯이 모든 투자이론 또한 동일한 가치를 가질 수는 없다.

투자이론이 현실적 투자행위에 대한 적합성을 높여 갈수록 이론은 지식이라는 객관적 상태에서 능력이라는 주관적 영역으로 전환된다. 주가로 주식 가치가 판단되는 것처럼 이론도 현실과의 적합성에 따라 평가받는다. 케인지언과 통화론자들의 설전은 그런 맥락에서도 한 번쯤 고민해 볼 가치가 있다.

베이컨은 인간이 지식을 추구할 때 범하는 오류를 논하면서 그 비유로 '우상' 이라는 용어를 사용하였다. 경험과 관찰을 중요시하는 그의 철학체계는 〈신 오르가논Novum Organum〉에 잘 나타나 있다. 권력에 대한 그의 열정과 권력획득 과정때문에 베이컨에 대한 인간적 평가는 상당히 박하지만 이 또한 투자자가 갖추어야 할 덕목이다. 투자자는 수익을 추구하는 존재이지 선, 덕, 자비를 실현하는 개체가 아니다. 그럼 베이컨의 4가지 우상과 투자를 연결시켜 보기로 한다.

첫째, 종족의 우상은 모든 현상을 인간의 관점에서만 보려는 것을 말한다. 베이컨은 '인간은 만물의 척도' 라는 프로타고라스 주장을 통렬히 비웃고 있다. 인간 오성은 사물의 질서나 규칙을 사실 이상으로 과장할 수 있다고 하였으며 최초 명제에 반하는 다수의 풍부한 사례가 있어도 최초 결론이 가지는 권위를 희생하는 대신 편협한 선입견하에서 현상을 무시한다고 그는 주장했다.

베이컨은 〈신 오르가논〉에서 자연 연구자들이 지켜야 할 규칙을 제시하고 있는데, 그는 "자연 연구자들은 마음이 파악하고 집착하는 것을 의심하고 문제를 다룰 때 오성의 쓰임에 주의를 기울여야 한다."라고 생각했다. 특수성에서 일반성을 가진 공리로 비약해서는 안 되며 오성에게는 날개가 아닌 무거운 추를 달아 놓아 뛰거나 날지 못하게 해야 한다."라고 역설하였다.

그의 주장을 투자론에 적용시키면 다음과 같이 해석할 수 있다. 투자자는 경험을 통해 관찰된 현상에 따라 이론을 이끌어 가는 것이 아니라, 이미 사전에 고착화된 이론에 맞게 경험을 왜곡하는 경우가 흔하다. 증시를 현상 그대로 보지 못하고 상상과 불필요한 감정이라는 양념을 쳐 현실을 굴절시키는 것이다. 현상을 현상 그대로 볼 수 있는 것만으로도 '현명한 투자자' 라는 소리는 들을 수 있을 것이다.

둘째 동굴의 우상은 개인의 특수성에 기반을 둔 것이다. 동굴 속 사람은 동굴 밖 세상을 모른다. 개개인은 자연의 빛을 굴절시키고 변색시키는 각자의 동굴 또는 밀실을 가지고 있다. 이는 개인이 가진 본성, 생활배경, 교육과 심리적 환경 등에 따른 것으로, 어떤 이는 차이점에 주목하지만 또 다른 이는 동질성을 강조한다.

투자자로서의 인간 역시 동일하다. 위험회피적 투자자가 있는 반면 적극적으로 위험을 떠안는 이도 존재한다. 위험중립적 투자자 역시 발견할 수 있다. 위험회피적 투자자는 원금 보장유무를 최우선 과제로 삼는다. 주식보다는 이자소득을 선호하며 원금보장이 거의 담보된 MMF^{Money Market Funds} 같은 투자상품에 매력을 느낀다. 또한 중소형 주보다는 대형블루칩 중심의 안전한 투자경로를 따른다.

이와 대조적인 세력이 바로 위험선호형 투자자이다. 이들은 고수익을 좇아 지속적으로 시장과 상품을 탐색한다. 주식뿐만 아니라 선물, 옵션과 같은 파생상품에 관심을 가지고 펀드투자도 적립식보다는 거치식을 선호한다. 퍼센트%보다는 배倍에 익숙한 사고체계를 가지고 있다.

위험중립형 투자자는 이 둘의 특징을 모두 보유한 사람들이다. 투자자금 배분에 민감하며 7:3비율을 가급적 유지하려고 노력한다. 즉 예금, MMF 등과 같은 안전성 자산에 70%, 주식 및 펀드 등과 같은 고수익 상품에 30%

투자비중을 둔다. 이들은 시장환경 변화에 따라 상당히 민감하며 정보획득에도 관심을 가진다.

위험회피형 투자자가 위험중립형으로 전환된다면 증시가 상승 분위기로 넘어가고 있다고 판단해도 될 것이다. 위험중립형 투자자가 7:3에서 5:5로 투자포지선을 이동한다면 우리는 활황장을 생각해도 무리가 없을 것이다. 만약 3:7로 역전된 상황이라면 투기적 상황이다. 이때는 탈출 타이밍이 곧 수익을 좌우한다.

셋째, 시장의 우상은 언어와 관련된 오류이다. 말과 여론에 따라 좌우되며 현상의 본질을 파악하지 못하고 무의미한 논쟁을 일삼는다. 베이컨은 "인간은 언어로 의사소통을 하지만 그 언어는 군중의 머리로 나온 것으로, 불안전하고 부적합한 언어로부터 인간정신은 상당한 장애를 받는다."라고 말하였다.

베이컨이 활동한 17세기 상황에 비추어 보면 의사교류는 문자보다는 소리언어를 중심으로 이루어졌을 것이다. 여론주도층, 즉 오피니언리더는 자신의 철학을 문자로 표현했겠지만 대부분의 군중은 여전히 말로써 정보를 전달하였을 것이다. 그만큼 말과 여론에 따라 좌우되기 쉬운 체제였으며 빈번한 전쟁은 혼란을 한층 가중시켰을 것이다.

17세기에서 21세기 현시대로 되돌려 보자. 언어, 특히 문자로 표현되는 정보전달 체계가 글로벌적으로 확장되고 있다. 체계적 정보수집이 가능하지만 그만큼 정보 명확성은 희석될 수 있다. 거의 무한대로 쏟아지는 정보와 소문의 홍수 속에서 사고체계는 과부하 상태로 빠지며 정신은 방향을 잃는다. 정보 진위를 분석하는 인간이 아닌 정보에 휘둘리는 인간이 되는 것이다. 투자철학과 사색이 새삼 중요한 이유도 여기에 있다. 언어가 정신을 통제하는 것이 아닌 정신이 언어를 통제할 수 있어야 한다.

일부를 전부로 매도할 수 없겠지만 전문가로 불리는 일부 인사는 분석, 비판, 증거, 지식이 아니라 단지 감정과 믿음으로 투자자들에게 다가서려 한다. 이들의 언어는 대체로 막연하고 신비주의적 요소가 농후하며 앞뒤 문맥이 곳곳에서 충돌한다. 숫자와 그래프로 여백을 잔뜩 채우고 있지만 의도만 남고 사실과 사고는 사라져 버린다. 마치 한 편의 소설 혹은 감상적 수필을 보는 것처럼….

넷째, 극장의 우상이란 철학자의 독단과 잘못된 논증으로 인간 정신에 인식된 우상을 말한다. 여기서 철학자는 권위와 전통으로 확대 해석될 수 있다. 쉽게 말해 극장의 우상이란 권위와 전통에 맹목적으로 복종하는 인간의 비합리적인 사고를 말한다.

베이컨은 "플라톤이 묘사한 세계는 플라톤이 생각해 낸 세계에 지나지 않으며 현실적 세계를 그린 것이 아닌 플라톤 자신을 그린 것이다."라고 생각하였다. 증시에도 다양한 극장의 우상이 존재한다. 기관투자자나 애널리스트뿐만 아니라 경제학자로 통칭되는 전문가집단 역시 일반투자자에게는 극장의 우상으로 다가온다.

일례로 제임스 K. 갤브레이스는 뉴욕타임스와의 인터뷰에서 미국에 최소한 15,000명의 이코노미스트들이 있지만 글로벌 경제위기를 예측한 이는 10명 내외라고 단언하였다. 현상이 아닌 이론적 구도에 매몰된 현 학계를 풍자한 것으로 여겨진다. 그 외 "파생상품은 대량살상무기와 같다."라며 누차 경종을 울린 워렌 버핏도 그 말과 달리 2009년 1분기 신용부도스왑^{CDS: Credit}

Default Swap 계약으로 7억 달러 정도 손실을 입은 것으로 나타났다.

그 대상이 무엇이든지 신뢰와 존경을 넘어 우상으로 변질될 경우 우리 모두 경계할 필요가 있다. 한 애널리스트가 "나의 리포터는 어떤 오류도 존재하지 않으며 나는 오류를 용납하는 사람이 아니다."라고 주장한다면 오류 유무와는 별개로 그는 그 자신을 인간 이외의 존재로 정의한 것이다.

절대라는 말은 존재하지 않으며 투자세계는 더욱 그러하다. 본인 스스로 분석하고 결론을 이끌어 내는 법을 이제라도 연습할 필요가 있다. 동굴의 우상에서 언급했듯이 개인은 각자의 환경과 특성에 따라 현상을 바라보는 법이 다르다. 자신의 분석결과를 아직 신뢰하지 않는다면 전문가들의 결론과 비교하고 왜 그러한 차이점이 발생하였는지 살펴보는 것도 좋을 것이다.

2. 속기 쉬운 통계의 함정

숫자가 현실을 왜곡하면
현실은 투자자의 눈물을 요구할 것이다.

벤저민 디스레일은 "거짓말에는 3가지 종류가 있다. 그럴듯한 거짓말, 새빨간 거짓말, 그리고 통계다."라고 말하였다. 숫자가 가지는 그 사실성 때문에 우리는 통계결과를 종종 절대적 진리로 오해한다. 하지만 경제성장률, 실업률, 소득불균형 등의 데이터는 종종 정부에 의해 조작, 왜곡되기도 한다. 중국은 현재 도시실업률을 4%대로 추정하고 있지만 전체 실업률은 아마 20% 선을 넘어섰을 것이다. 미국도 2009년 9월 공식실업률이 9.8%에 달한다고 발표했지만 현실적 수치는 20%에 육박함을 모두 알고 있다. 공식과 비공식의 경계 속에서 통계가 배회하는 셈이다.

흔히 중국 경제성장률은 통계청이 아닌 블랙박스에서 뛰쳐나온다고 풍자적으로 이야기한다. 전혀 근거 없는 소리도 아니다. 매년 지방 경제성장률이 국가 경제성장률을 뚜렷이 상회하며, 그 조정과정도 불투명하다. 내부적 조정과정 이외에 상이한 GDP추산방법 역시 통계혼란에 한몫을 한다. 체계적 통계오류이며 해석상의 논란을 야기한다.

일반적으로 선진국은 지출접근방법, 개발도상국은 생산접근방법을 선호한다. 소비에 중점을 둔 선진국과 생산에 기반을 둔 개발도상국 경제구조 차이에 기인한 바가 크다. 2009년 상반기 중국 경제성장률을 일례로 살펴보자. 상반기 중국 GDP 증가율은 7.1%로 나타났다. 지출접근방법도 추산하지만 공식적으로 발표하지는 않는다.

지출국민소득 3대 요소는 소비, 투자, 수출입 항목으로 구성된다. 요소별 중국 GDP 증가율 공헌도는 투자가 6.2%로 가장 높고 그 다음은 소비로 3.8%이다. 수출입 부문은 마이너스(−) 2.9%로 집계되었다. 상기 결과를 토대로 GDP 증가율을 재추정하면 7.1%가 아닌 6.3% 내외가 산출된다. 이런 추론에 관한 논란의 여지는 다분하다. 투자에는 재고도 포함되는데, 간혹 경제실상을 모호하게 한다. 대차대조표상에 과도한 재고가 잡혀 있다면 투자매력은 떨어질 것이다. 팔리지 않더라도 일단 생산하는 것이 기업본능이다. 참고로 2009년 3분기 말 현재 중국 GDP 증가율은 7.7%이며 3분기 단독으로는 8.9%를 기록하고 있다.

미국에 비하면 중국의 통계혼란은 순진한 측면이 있다. 중국이 그 존재도 불분명한 '과거의 경험'을 전제로 얼렁뚱땅 넘어간다면 미국은 해석의 묘를 적절히 이용한다. 소위 생각하기 나름이라는 것이 먹히는 셈이다. 2009년 3분기 미국 경제성장률은 3.5%로 잠정 추정된다. 2007년 3분기 이후 최대 성장률이며 4분기 연속 마이너스 성장을 깬 경기회복 신호탄인 것이다. 시장예측기관의 전망치 3.2%보다도 앞선 수치로 발표 당일 '침체는 끝났다.'라는 소리가 여기저기서 흘러나왔으며 S&P 500지수는 2.2% 이상

상승하였다.

다만 그 내면을 들여다보면 좀 다른 시각이 도출될 수 있다. 미국은 중국과 달리 GDP 증감률을 전년이 아닌 전기로 잡고 계산한다. 분기별로 성장률을 추정함으로써 현실적 경제추이를 더 명확히 짚어 낼 수 있다. 그러나 그 속에도 해석의 함정이 존재하는데, 구체적 수치로 알아보자. 미국의 분기성장률은 2008년 3분기 −0.5%, 4분기 −6.3%, 2009년 1분기 −5.5%, 2분기 −0.7%, 3분기 3.2%로 나타났다. 2009년 2분기부터 미 경제가 뚜렷이 살아나는 모습을 띠고 있다. GDP증감률 추이는 그렇게 말해 주고 있다.

그럼 상대가 아닌 절대적 관점에서 위 자료를 살펴보자. 2008년 2분기 미 경제규모를 100으로 둔다면 2009년 3분기 현재 그 수치는 91 정도로 줄어져 있다. 회복은 원래 상태로 되돌아감을 뜻하는데, 100과 91이라는 숫자는 엄연히 차이가 난다. 이후 미 경제가 매분기 3% 성장을 지속한다고 보았을 때 2010년 3분기에야 비로소 2년 전 수준을 회복하는 셈이다. 향후 1년간 3%라는 고성장을 전제로 두고서 3% 경제성장률이 쉽게 다가올 것 같지만 그리 만만한 수치는 아니다. 2000년 IT버블과 2004년 부동산버블이 꽃망울을 맺어 갈 때 이외에 미국은 21세기에 3% 이상 경제성장률을 달성한 적이 없다. 기회비용은 논외에 두고서라도 버블조짐이 뭉클지 않는다면 2010년 당장은 2년 전 수준도 힘겹다.

한편 2009년 광범위하게 벌어지고 있는 회계조작을 언급하지 않더라도, 효과도 없고 지표계산에 많은 비용이 든다는 석연치 않은 이유로 2006년 총유동성M3 발표 중단을 선언한 연방준비제도이사회FRB 태도 역시 의심의 눈길을 피할 수 없다. 미국처럼 금융이 실물경제를 주도하는 국가에서 통화

량을 가장 폭넓게 추정할 수 있는 M3를 FRB 통계목록에서 제한 것은 그야
말로 무한정 달러를 찍어 내겠다는 의지를 표명한 것과 다름없다.

　인플레이션 유발 없이 돈은 돈대로 풀겠다는 비논리적 사고를 바탕에 두
었지만, 부동산, 증시, 원자재가 들썩이면서 결국 글로벌 경기침체를 불러일
으켰다. 인플레이션에 대한 주식시장 헤지능력은 사실 중립으로 두는 것이
옳으며 원자재 특히 금은 통화에 대응된 개념으로 작용한다. 진정한 위기 속
에서는 시장이 아닌 전략적 개입으로 금과 달러가 동조화를 보이기도 하지
만 일단 그 문제는 논외에 둔다. 참고로 2008년 하반기 이후 유가가 150달러
선을 눈앞에 두고 30달러대로 폭락한 것과 대조적으로 금은 900달러 내외
를 넘나들고 있었다.

　국제기구라고 오류의 틀에서 자유로운 것은 아니다. 세계은행은 빈곤층
에 대한 가이드라인을 하루 1달러 정도 수입(연간 370달러)으로 설정하였다.
이는 사실을 상당히 왜곡한 조치이다. 세계은행 기준에 따르면 북미, 서유
럽, 일본, 한국 등에는 빈곤층이 거의 존재하지 않는 셈이다. 하지만 우리가
느끼는 현실은 결코 그렇지 않다.

　많은 투자자들은 분석가들이 제시한 통계 혹은 이를 기초로 한 분석 이
면을 보려고 하지 않는다. 심지어는 사전에 생각한 결론을 보충하는 수단으
로 통계, 분석 데이터를 이용하기도 한다. 선진국, 후진국을 떠나 광범위하
게 자행되고 있는 회계부정은 이제 공공연한 사실이다. 경영실적을 있는 그
대로 믿는 투자자가 문제인 세상으로 증시는 변모해 가고 있는 것이다. 그럼
왜 사회 전반에 걸쳐 통계조작이 수행되고 있는 것일까? 4가지 점에서 한번
유추해 보자.

　주식투자의 길 1 | 철학과 전략

첫째, 극장의 우상처럼 통계수치는 사실을 넘어 절대적 진리로 받아들여진다. 사회 전반에 걸쳐 부도덕과 거짓이 난무한 나머지 사람들은 숫자가 내포한 객관성을 진리로 인식하는 경향이 강하다. "말만 하지 말고 데이터를 내놓아Don't say. Just give me a data."라는 경향이 온 사회에 팽배해 있다. "너의 사고는 너의 생각이고 난 객관적인 사실만이 중요해!"라고 우리 모두 외치는 것이다. 하지만 우리가 알고 있는 '객관적 사실'이 '객관적 사실'이 아니라면 어떻게 되는 것일까!

둘째, 통계는 어떤 목적에 따라 의도적 왜곡이 가능한 영역이다. 숫자는 말이 없으며 정보생성자는 왜곡하고 대중은 결과를 해석하지 않는다. 주어진 결론만 받아들이며 그 결론은 사회현상을 가장 적절히 투사한 것으로 받아들여진다. 또한 사회현상은 다수의 행동결과이고 민주적인 것으로 인식된다. (나아가) 통계결과를 부정하는 것은 비민주적 행위로 여겨지며 통계조작은 극소수가 다수를 지배할 수 있는 기제로 변모한다.

셋째, 구미에 맞는 통계 데이터만 수용하고 그렇지 않은 결과는 폐기처분 혹은 축소된다. 그 결과 데이터 자체가 주관적 영역으로 넘어가며 현상은 왜곡된다. 인간이 하는 일이 완벽할 수 없다는 점을 우리는 기꺼이 받아들인다. 통계 조작은 경멸되지만 통계적 오류는 관대한 처분을 받는다. 하지만 예외와 오류로 점철된 사회는 결코 성장할 수 없다. 통계적 오류 역시 잘못된 것이며 비난을 받아 마땅하다.

넷째, 무인도에 홀로 있는 통계학자들이 대다수라는 사실이다. 통계, 계량학자로 불리는 이들은 1%의 정확성을 위하여 99% 현상을 과감히 포기하기도 한다. 그들은 창조자가 되길 원하지 진부한 현실을 밝히는 것에 거의 관

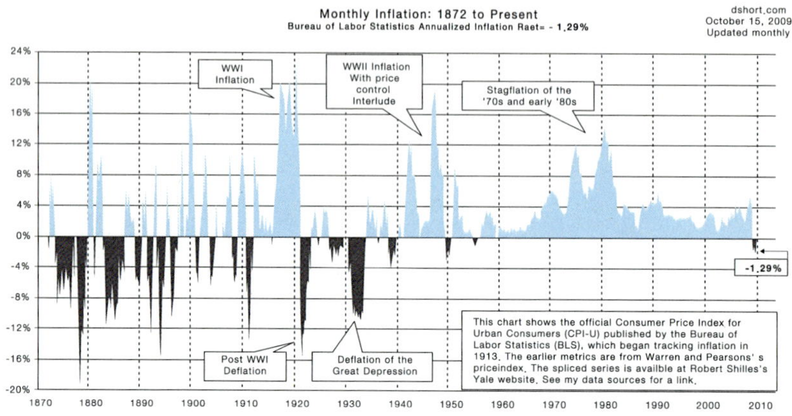

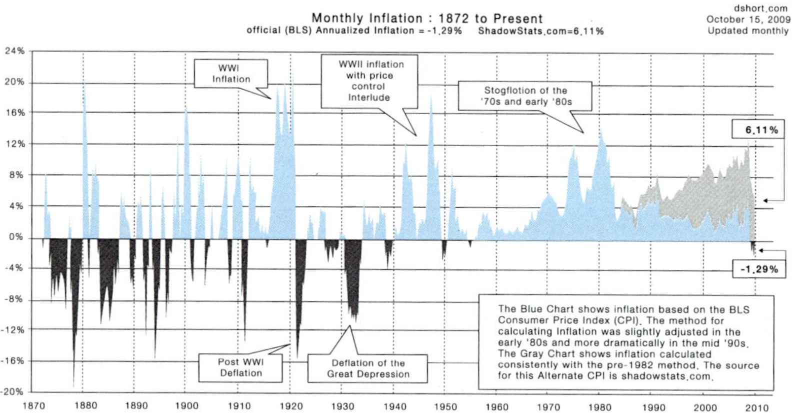

〈그림 3-1〉 미 노동부 공식 인플레이션(상단) & 비공식 인플레이션(하단)

비공식자료는 1982년 이전 방식에 따라 연 인플레이션 비율을 추정한 것이다. 2009년 10월 15일자 공식 인플레이션은 마이너스(−) 1.29%로 계산되었지만 비공식 데이터는 6.11%를 내놓고 있다. 한편 상단보다 하단 인플레이션 비율이 구조적으로 상당히 높게 추산되고 있는데, 이것이 통화정책의 참고지표로 사용되었다면 미국과 세계의 현실은 지금과 많이 달랐을 것이다. 지폐발행은 억제되었을 것이며 금융산업도 통제범위 속으로 떨어졌을 것이다. 또한 70년대 이후 주기적으로 관찰되는 버블과 공황 그리고 현 위기도 어쩌면 피해 갈 수 있었을 것이다.

심을 두지 않는다. 사회과학(경제학, 투자학을 포함)처럼 '가정'이라는 용어
가 광범위하게 사용되는 영역도 드문데, '가정'에 기초한 1% 진실을 위해 현
실은 종종 외면받는다.

3. 관점의 함정과 투자세계

세상을 보는 관점에 따라 투자자의 손익은 다양해진다.

정상이란 개념은 무엇일까? 증시가 강한 충격을 받을 때 그에 대해 격렬히 반응하는 것이 정상일까 아님 내부적으로 그 충격을 흡수, 희석시켜 그 존재만 조금 표면화시키는 것이 정상일까? 증시가 1% 등락을 보이는 것은 정상이고 10% 등락을 보이는 것은 비정상적이라고 분명히 말할 수 있는가? 그 근거는 무엇일까? 사고의 관점에 따라 현상은 달리 해석될 수 있다.

분석은 크게 극단적 상황Extreme Situation, 일반적 상황Normal Situation, 대략적 상황Robust Situation을 기초로 한다. 개념적 명칭은 생소해도 그 내용은 생활 곳곳에 깊숙이 스며들어 있다. 투자자가 자신을 어떤 세계에 놓아두는가에 따라 투자전략 자체가 상이할 수 있는데, 그 예를 장바구니 경제를 통해 살펴보자.

불경기를 피부 속 깊이 느낄 때 우리는 빛바랜 가계부를 다시 꺼내며 가계예산을 관리하기 시작한다. 무심코 구입한 상품들도 이제는 가격과 중량을 꼼꼼히 살피게 되고 할인상품에 더 눈길을 두게 된다. 이게 바로 극단적 상황이다. 일반적 상황은 불경기 또는 호경기라는 말이 오르내리지 않는 가운데 가격, 중량과 더불어 개인적 기호, 쇼핑 순간의 심리상태가 소비형태에 포함된 경우이다. 대략적 상황은 사치품이 아닌 필수품 물가추세에 더 관심을 기울이는 상태이다.

위의 3가지 개념을 장바구니 가계 대신 경제와 투자분석에 적용할 수도 있다. 비관론자 또는 낙관론자라면 일반적 혹은 대략적 상황보다 극단적 상황에 더 치우친 투자경향을 보일 것이다. 버블팽창과 붕괴과정에서 흔히 극단적 상황에 근거한 분석이 자주 이루어지는데, 2009년 자산규모 1,000억 달러 이상 19개 대형은행을 대상으로 한 미 정부의 스트레스 테스트가 그 좋은 예이다. 스트레스 테스트는 흔히 은행건전성 평가라고도 불리는데, 당시 미 정부는 2년간 경제성장률, 실업률 등이 더욱 악화될 것이라는 시나리오를 가정하고 테스트를 실시하였다.

기본 시나리오는 GDP성장률이 2009년 마이너스(−) 2%, 2010년 플러스(+) 201%를 가정하고 있으며 실업률은 각각 8.4%와 8.8%를 설정하였다. 또한 주택가격은 2009년 14% 떨어질 것으로 전망했다. 한편 최악시나리오는 2009년과 2010년 GDP성장률을 마이너스(−) 3.3%와 +0.5%로 가정했으며 실업률은 각각 8.9%, 10.3%로 설정하였다. 2009년 주택가격 하락률은 기본 시나리오보다 8포인트 높은 22%를 상정했다.

VaR(Value at Risk)를 이용한 포트폴리오 투자위험 측정 시 간혹 극단적 상황을 놓고 시뮬레이션을 수행하기도 한다. 여담이지만 금번 미 정부의 스트레스 테스트는 '스트레스'가 아닌 '스테이크' 테스트로 끝났다. FRB는 일부 스테이크는 가격 대비 맛은 떨어지지만 대체로 먹을 만하다는 촌평을 내놓았다. 정말 탁월한 미각을 소유한 것 같다.

일반적 상황은 글자 그대로 일반적 수준에서 현상을 바라보는 것이다. 대부분의 통계모형과 금융기법이 이 상태를 기초로 알고리즘을 형성한다. 세상은 공평하다는 가정하에서 모든 결과를 산출, 평가하는 셈이다. 평등의 논리를 분석의 주 기제로 삼는 것은 자기기만인 것 같다.

혹자는 시간을 엿가락처럼 길게 늘이면 어느 시점에서는 세상은 공평해진다고 말한다. 이론적으로는 타당하다. 무한대로 늘어날 세계 속에 생각보다 자주 발생하는 불공정은 평균이라는 관점에 매몰된다. 평균적으로 세상은 깨끗하다고 주장한다면 사실 할 말이 없다. 하지만 우리는 불멸의 존재가 아니며 또한 시간, 자금 제한 없이 원하는 타이밍에 주식투자를 할 수 있는 것도 아니다.

대중의 무지는 죄이지만 전문가의 곡학아세曲學阿世는 악이다. 중장기 투자에 친화적인 펀드매니저조차 투자주기를 1년 이상 고수하기 힘들다. 이런 현실적 상황에서 무한의 세계를 언급하는 그대들은 누구인가? 세상은 공평할 수 있다. 하지만 투자세계는 대개 불공평하다.

한편 대략적 상황은 추세라는 절대명제 주위에서 배회하는 사람들이 자주 언급하는 세상이다. 세밀한 정보 흐름보다는 대강의 큰 물줄기에 집중하며 단기보다는 중장기 접근을 선호한다.

참고로 로버스트 분석Robust Analysis 개념은 경제보다는 수리학水理學에서 먼저 발달하였다. 강수량의 경우 계절적 변화와 기후에 따라 변화하는 특성이 강하다. 그 결과 댐 방출량에 대한 통계적 분석과 추론에 일정한 어려움이 존재하였다. 따라서 결과의 건실성(증시의 경우 추세의 명확성 정도로 인식해도 무방함)을 파악하기 위하여 극단적 데이터들은 그 비중을 축소한 채 분석을 실시하였는데, 그 방법론이 바로 로버스트 분석이다. "중요한 것은 추세이지 소음Noise의 강도가 아니다."라는 것이 주된 논지이다.

세상과 모든 투자적 인간을 선하다고 믿는 데 따른 이익이 그렇지 않을 때 초래될 비용보다 월등히 적기 때문에 투자자는 세상과 인간은 기본적으로 악하다고 잠정 결론짓고 투자에 임하는 것이 현명하다.

세상을 바라보는 관점에 따라 현상을 분석하고 진리를 찾는 시각이 달라질 수 있다. 중국의 철학체계는 인간의 본성을 크게 두 가지로 나눈다. 동전의 한쪽을 차지한 것은 성선설이며, 그 뒷면은 성악설이다. 맹자는 사람들이 모두 선한 성격을 타고 태어나지만 모두 선한 사람이 되지 못하고 인의예지 4덕을 이루지 못하는 것은, 사람의 본성에 차별이 있어서가 아니라 선의 실마리를 힘껏 배양하고 확충하지 않은 결과로 보았다. 반면 순자는 사람의 타고난 본성은 악하며 누구나 이익을 좋아하고 손해를 싫어하며, 좋은 목소리와 예쁜 용모를 탐하는 성향이 있기 때문에 본성을 따르고 욕구를 쫓아간다면 사회질서가 무너지고 혼란이 초래된다고 생각했다. 따라서 법으로 교화하고 예의로 인도할 필요가 있다고 주장하였다.

중국과 달리 로마와 인도는 인간 본성을 선과 악으로 구분하지 않고 혼재된 개념으로 받아들인다. 로마신화에 나오는 야누스는 문의 신으로 두 개의 얼굴을 가졌으며 힌두교의 시바는 네 개의 얼굴을 보유하고 있다. 인도를 그 발생지로 두고 있는 불교 역시 머리가 열한 개인 십일면관음을 받들고 있다. 그 외 천수관음은 천 개의 팔을 가지고 있기도 하다. 인간본성에 대한 철학적 관점은 이분법적 사고체계를 보이지만 종교는 대개 다원적 시각에서 바라보고 있다.

주식투자는 그 행위 자체가 종교가 아닌 인간적 행위이며 그 이론적 기원도 철학에 바탕을 두고 있다. 투자론은 경제학의 한 갈래에 불과하며 경제학 또한 철학에서 뻗어 나온 가지이다. 따라서 투자적 인간을 바라보는 시각은 선악으로 나뉘는 이분법적 사고가 더 합당하며 현실은 성선설보다 성악설에 더 무게를 둔다. 성악설을 주장한 순자는 법가의 본류인데, 투자자가 악하지 않다면 수많은 법규, 규칙들로 투자행위를 감독, 제약하지 않을 것이다. 그렇다고 모든 투자자가 악한 것은 아니다. 나를 제외한 모든 투자자가 악하다는 것이다. 만약 본인 역시 악하다고 생각한다면 '모든 투자자는 악하다.' 라고 사전 정의하는 것이 현실적인 자세일 것이다.

5. 감성적 투자자, 이성적 투자자

나의 판단들 자체가 내가 판단하는 방식을,
판단한다는 것의 본질을 특징짓는다.

헤르만헤세의 〈지와 사랑〉을 한 번쯤 읽어 보았을 것이다. 헤세는 이성과 감성, 정적인 것과 동적인 것, 선과 악 등과 같이 대립된 개념을 전면에 두고 그 갈등과 통합화 과정을 풀어내고 있다. 〈지와 사랑〉 에 등장하는 두 주인공 나르치스와 골드문트 역시 그 전형적인 예이다. 나르치스는 이성과 절제로 자신을 둘러싸고 있지만 골드문트는 쾌락과 감정, 세속적인 것으로 자신을 물들이고 있다. 하지만 이 둘은 내면적으로는 서로를 그리워하며 결국 일원화 과정을 걷는다.

투자세계 역시 감성과 이성이 공존한다. 증시에서 이성, 비이성 그리고 광기의 경계를 구분해 보면 다음과 같다. 이성은 기업실적을 토대로 향후 실적에 대한 분석과 전망을 통해 투자하는 행태를 말한다. 비이성은 월스트리트 전망치를 주체로 삼고 현실화된 결과, 즉 기업실적은 객체로 두는 것이다. 현실화된 결과가 아닌 예상수치와의 간격을 통하여 투자유무를 판단한다.

말하자면 주식거래 기준이 사실이 아닌 사실과 전망 간의 부합성에 따라 좌우되는 것이다. 광기는 예측 부합성의 근거가 기업실적이 아닌 상상적 이미지에 따른 것이다.

프로그램 매매가 증시 움직임을 간혹 비틀기도 하지만 그건 상당히 지엽적인 문제이다. 증시는 투자자로서의 인간에 의해 좌우되며 인간은 이성과 감성적 요소를 모두 내포하고 있다. 증시에는 감성적 투자자도 존재하며 이성적 투자자도 존재한다. 이 둘 가운데 누가 더 이상적 투자자인지 결론 내릴 수는 없다. 상황에 따라 다르기 때문이다. 매수와 매도가 고정된 방향이 아닌 선택의 상황인 것처럼 감성과 이성 역시 편협한 잣대로 일반화시킬 수 없다.

일례로 이성적 투자자는 태생적으로 버블을 꺼리면서 일정한 거리를 둔다. 반면 감성적 투자자는 버블 속에서 살아가면 그 자신이 버블을 촉진하기도 한다. 버블이라는 한 현상을 놓고 보았을 때 이성적 투자자가 반드시 옳은 투자자일까? 꼭 그렇지만은 않다. 투자의 본질은 이익 극대화이며 투자자는 수익적 동물로 도덕, 애국심, 지리적 제약 등을 초월하여야 한다.

IT버블, 부동산버블에 편승하지 않았다고 그 투자자가 훌륭한 투자를 한 것은 아니다. 핵심은 투자수익 실현이다. 버블을 더러운 시궁창 보듯이 회피하는 투자자는 결코 성공할 수 없으며, 버블에 함몰된 투자자는 실패할 뿐이다. 투자자는 이성과 감성 모두 필요하다. 시궁창에 들어갈 수 있는 용기와 시궁창을 빠져나올 수 있는 지성이 요구된다.

용기는 신념을 바탕으로 한다. 그 신념은 전문가 의견, 순간적 영감, 투자 원칙 등을 통해 배양될 수도 있으며 이성의 다양한 작용일 수도 있다. 그 차이는 본질적인 것이 아니다. 핵심은 완고한 신념이다. 조변석개처럼 본인의 신념이 자주 변한다면 사막 한가운데를 헤매는 나그네가 될 수 있다. 신념이란 확고부동한 마음자세를 의미하며 때론 이성적 판단을 거부하기도 한다.

주식투자의 길을 걷노라면 이성적 판단과 신념이 충돌하는 경우도 종종 겪는다. 머리는 No 사인을 보내지만 마음은 여전히 Yes에 기운다. 투자신념을 지킨다는 것은 정말 힘들며 언제나 개별적인 상황과 원칙 사이에는 넓은 틈이 존재한다. 그 틈을 추론이라는 논리적 고리로 항상 채울 수는 없다.

투자자는 자기 자신에 대한 확고한 믿음이 필요하며 약간의 회의적 자세도 유익하다. 다만 패배주의와 비관이 결합된 뒤틀린 마음가짐은 경계해야 한다. 투자자는 자신을 별개로 여기는 관조적 자세가 필요하며 이것이 힘들다면 현 투자신념을 대체할 무언가가 등장하기 전까지 기존 원칙을 고수할 필요가 있다.

불명확한 상황에서는 현재의 신념에 우선권을 주고 그것을 고수함으로써 투자의 지속성과 연속성을 보장하여야 한다. 다만 신념과 고집을 혼동하는 우는 피해야 한다. 고집은 이성적 작용보다는 감성적 결함에 따른 결과이다. 투자자가 시궁창에서 빠져나오지 못하는 것은 신념이 아닌 고집을 부렸기 때문이다.

신념과 이성은 동떨어진 것이 아니며 상호 간의 대립과 마찰을 통하여 일체화 과정을 겪는다. 하지만 고집은 다르다. 고집스런 투자자는 현상에 대한 집착이 강하며 변화를 받아들이지 않는다. 신념을 가진 이는 위험을 헤쳐 나가지만 고집스런 투자자는 자멸의 늪에 깊이 빠져든다.

끝으로, "감성적 투자자와 이성적 투자자 가운데 누가 더 이상적 투자자인가?”라는 질문을 다시 던진다면, 개인적으로는 “창조적이기보다는 치밀하고, 극단적이기보다는 포괄적이며, 뜨겁기보다는 냉정한 투자자가 되라.”라고 답하겠다. 본서에서 일부나마 그 이유를 파헤쳐 보겠지만 투자세계는 감성을 앞세우기에는 너무 회색적이다.

6. 투자 천재天才란 무엇인가

이성의 바탕 위에 열린 자세로 사고하고 보편타당한 것을
보편타당하게 받아들이는 이가 투자천재이다.

쇼펜하우어는 〈의지와 표상으로서의 세계〉에서 "천재는 바로 가장 완전한 객관성, 다시 말하면 정신의 객관적 경향이다. 천재는 자신의 관심, 의욕, 목적을 안중에 두지 않고 순수한 인식으로 세계를 바라보기 위하여 자기 자신을 잠시 포기한다. 그러므로 천재의 표정에는 의지에 대한 지성의 우월성이 나타난다. 반면 평범한 사람의 표정에는 의지의 우월성이 가득하여 지성은 의지의 충동 밑에서 개인적 이익을 동기로 활동한다."라고 평하였다. 즉 천재는 근본적인 것, 보편적인 것, 영원한 것을 생각하지만 평범한 이는 일치하는 것, 특수한 것, 직접적인 것을 생각한다는 것이다.

천재에 대한 쇼펜하우어의 정의는 조금 모호한 면이 있다. 천재에 대한 정의를 일반화시키면 크게 두 가지로 구분할 수 있다.

첫째는 미국 심리학자 루이스 M. 터먼의 견해로, 그는 천재란 "높은 지적 능력을 갖춘 이를 말한다."라고 정의하였다. 또한 지적 능력은 창조적 결

과물 혹은 업적에 의해 판단되는 것이 아닌 표준화된 지능테스트를 통해 알수 있다고 생각하였다. 즉 사후적 의미가 아닌 사전적 의미이며, 그 판단 영역은 이성활동에 국한하였다. 이미 보편화된 IQ 테스트가 바로 그것이다. 그는 지능지수 140 이상을 잠재적 천재로 규정하였는데, 현실적으로 너무 낮다는 비판도 받고 있다. 통상 상위 0.1% 수준을 천재척도로 받아들인다.

둘째는 19세기 영국 과학자 프랜시스 골턴 경의 견해로, 그는 모든 사람이 다양하게 가지고 있는 3가지 특징인 지성, 열정, 실행능력을 폭넓게 소유한 사람을 천재라고 정의하였다. 터먼이 지성에 초점을 두었다면 골턴 경은 지성과 더불어 열정 역시 천재판단의 근거로 삼았다. 이 둘 조합을 현실화시키는 실행능력 역시 주요 기준으로 제시하였다.

한편 재능은 천재와 조금 다른 의미를 내포하고 있다. 재능은 어떤 특정한 종류의 일에 대한 타고난 소질을 의미한다. 특별한 기술을 비교적 빠르고 쉽게 익힌다는 의미 역시 함축하고 있다. 반면 천재는 독창성, 창조력, 사고력 등의 요소가 필수적이다.

그럼 투자천재는 무엇을 의미할까? 우선 첫째보다는 둘째 정의에 더 가까울 것으로 판단된다. 투자심리와 감정적 요인을 금융에 접목시킨 행태금융학Behavior Finance이라는 장르도 존재하지만 주류로 발돋움하기는 부족한 듯 보인다. 이미 언급했듯이 투자는 나의 이익을 실현하기 위해 상대방에게 손실을 강요하는 행위이며, 그 목적은 수익극대화이다. 그 판단기준은 잠재적 이익이 아닌 실현된 이익이며 그 결과 잠재적 투자천재에 어떠한 감흥도 가지지 못한다. 투자재능을 가진 이를 투자천재와 동일시하는 폐단이 발생하는 것이다.

투자재능은 투자소질로 통칭될 수 있으며 투자기법을 빠르고 쉽게 습득하는 능력을 말한다. 투자천재에게는 철학과 전략이 필요하지만 재능을 가진 이에게는 이것들이 필요조건은 아니다. 그때그때 시황에 따른 빠른 대처능력과 기술적 숙련도만 있으면 된다. 투자재능을 보유한 사람은 개별 전투에서는 승리해도 전쟁, 즉 투자인생 자체는 패배할 가능성이 높다.

일관된 투자철학과 그것을 지탱할 전략 그리고 실무지침인 전술을 통합적으로 운용할 수 있는 자, 그들이 바로 투자천재이다. 특정영역이 아닌 다양한 분야에서 다양한 능력들을 조화롭게 사용할 수 있는 사람이 바로 투자천재인 셈이다. 기술적 분석에 뛰어난 투자자는 그 분야에 재능을 가지고 있는 것이지 투자천재라 보기 힘들다. 이런 논리는 가치투자자에게도 적용된다.

주식투자는 냉철하고 폭넓은 이성이 뒷받침되어야 한다. 주식시장은 불확실성의 무덤이며 투자는 안개 속을 걷는 행위이다. 안개 속 이면을 꿰뚫어 보기 위해서는 IQ와 같은 표면적 지능이 아닌 냉철한 이성과 높은 사고능력이 요구된다. 워렌 버핏이 "투자란 IQ 160인 사람이 IQ 130인 사람을 물리치는 게임이 아니다. 그러나 이성理性은 필수적이다."라고 말한 것도 이런 맥락에서다.

상식적 수준에서 이면을 파악할 때도 있다. 하지만 이는 큰 이면의 한 갈래에 불과할 수 있으며 또한 초기의 작은 이익이 장기간 지속되리라고 장담하기도 힘들다. 이면 그 자체가 또 다른 이면을 위한 밑그림일 수 있다. 그것이 바로 증시다. 그래서 현상과 가까운 미래를 바라볼 통찰력이 필요하며 이는 침착성을 통해 강화된다.

크고 작은 버블이 생성되고 또한 사라지는 증시 속에서 여러분의 투자의지는 흔들리며 방향을 잃게 된다. 이때 필요한 것이 침착한 마음자세이다. 위기에 대한 적절한 반응은 스마트한 두뇌의 소산이고 돌발적 상황에서 적절한 대응수단을 찾는 것은 균형감 있는 심리상태를 기반으로 한다.

증시폭락으로 패닉에 빠진다면, 즉 심리적 균형을 잃게 된다면 손실을 축소시킬 수 있는 어떤 방법도 눈에 들어오지 않을 것이다. 주식투자에 있어서 수익확대만큼 '손실 축소' 역시 중요하다. 투자천재는 항상 이익을 실현하는 이가 아닌 이익은 확대하고 손실은 축소하는 투자자를 일컫는다.

경제이론을 넘어 투자이론으로

누군가 삼성전자 주가가 10,000원 밑으로 떨어질 것이라 주장한다면 그 소리는 나에게 비현실적으로 들릴 것이다. 하지만 그 사람이 코스피 주가지수가 500포인트 밑으로 하락할 것이라 말한다면 난 좀 더 진지하게 경청할 자세가 되어 있다. 그는 경제와 증시 전반에 대한 의문을 표시하고 있기 때문이다. 흔히 경제이론은 정책으로 표면화되고 정책은 경제와 금융시장에 영향을 미친다. 경제조류를 아는 것은 투자와 전혀 별개의 것이 아니다. 개별 경제조류의 진퇴는 현실경제와 밀접한 관계가 있다. 이론적으로는 경제조류이지만 실물경제로 넘어서면 메커니즘으로 변모하게 된다. 조류를 안다는 것은 경제와 금융을 움직이는 법칙과 흐름을 알게 된다는 의미이다. 경제, 즉 돈이 움직이는 법칙과 흐름을 아는 것은 투자의 첫걸음이다. 통화량, 금리, 투자 등의 경제요인은 주가에 영향을 미치며 경기변동에 따라 주가사이클이 형성된다.

4장

경제 조류와 투자 전쟁

본 장에서는 다양한 경제이론과 시대적 조류를 살펴볼 예정이다. 경제이론과 그 시대적 선호도가 주식투자에 직접적 영향을 미치지는 않을 것이다. 하지만 좀 더 시야를 확대한다면 코앞에서 여러분의 투자수익률을 좌우하는 모습을 발견할 것이다. 케인스 이론이 부상한다면 정책에 따라 시장, 업종, 종목 등의 투자승패가 이원화될 가능성이 높다. 정책요인이 증시에 깊은 영향을 미칠 것이며, 감독·관리 기능도 강화될 것이다. 글로벌 녹색성장 테마, 정부 지원업종에 대한 증시반응 등이 그 좋은 예이다. 시장주의가 만연한다면 정책보다는 시장의 힘, 즉 돈의 향방이 모든 것을 설명할 것이다. 각종 버블이 잉태될 것이며 마르크스를 무덤에서 불러올 것이다. 분배와 산업재조정이 담론의 주제로 떠오르며 그 속에서 새로운 투자기회가 잉태된다. M&A 종목들이 주목을 받을 수도 있을 것이다. 다만 분배와 산업 재조정에 매몰된다면 효율성 문제가 제기될 것이며 기업이 경제 전면에 나설 것이다. 기업친화적 환경으로 종목가치는 높아지겠지만 빈곤한 투자자를 양상해 중장기 상승장을 뺑 차 버릴 것이다.

경제조류가 바뀌었다는 말은 투자환경이 달라졌다는 의미이며 기존 투자전략을 변경하라는 뜻이다. 투자전략 변경은 자산포트폴리오 조정으로 표면화되고 그 속에는 이체(利替)와 해체(害替)가 존재한다. 경제가 전장이라면 경제조류는 그 군대를 지위하는 깃발이며 투자세계는 그 전장의 한복판에 놓여 있다. 굵직한 경제이론 몇 가지를 살펴보기에 앞서 경제이론을 증시에 대입한 간단한 유머를 살펴보기로 한다. 여러분도 한 번쯤 들어 보았을 경제학 유머를 필자가 약간 각색한 것이다.

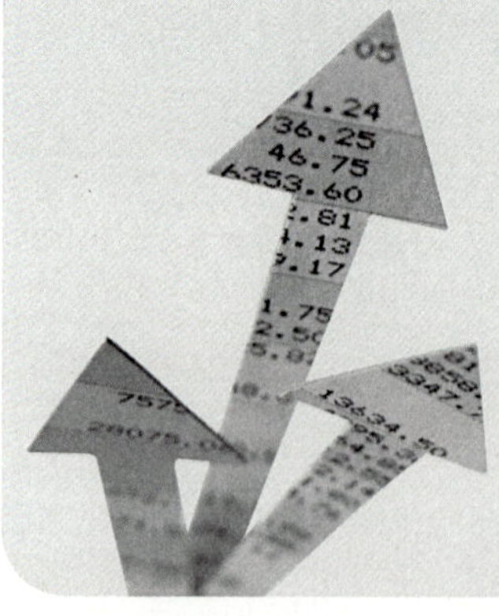

1. 애덤 스미스의 눈으로 증시 바라보기

시장 또는 균형에서의 이기심은 불균형에서 피어오른다.

증시에 대한 경제학 학파들의 입장

- 고전학파: 보이지 않는 손에 의해 주가는 저절로 평균으로 회귀한다.

- 케인스학파: 정부가 주가를 인위적으로 올리고 내린다.

- 통화주의: 주가를 인위적으로 조정해도 결국 장기적으로 평균 회귀할 것이기에 일정한 기준을 가지고 정기적으로 주가를 조정한다.

- 공급중시 경제학파: 세금을 깎아 주면 사람들이 기분이 좋아져 자발적으로 주식을 많이 매수해 주가는 올라간다.

- 합리적 기대학파: 주가를 조정해야겠다고 생각하는 순간 주가는 이미 조정되어 있다.

- 카오스이론: 아침에 산 주식이 오후 증시폭등을 초래할 수도 있다.

근대 경제학이 애덤 스미스Adam Smith: 1723~1790로부터 출발한다는 데 이의를 제기할 사람은 그리 많지 않다. 애덤스미스 이전 경제학자들은 대체로 신학자 혹은 철학자들이었다. 이들이 도덕률에 따라 경제질서가 유지되기를 원한 반면 애덤 스미스는 시장과 사적 이기심을 제약에서 풀어 주었다. 애덤 스미스는 특정 계층에 집중된 경제활동을 시장경제라는 개념을 통하여 신흥 산업계층으로 확대시켰는데, 무엇보다도 종교에서 경제이념을 분리한 것이 큰 변혁의 시초가 되었다.

그 당시 산업계층에 있어 중상주의보다 종교가 더 큰 제약이었을 것이다. 막대한 부를 축적한들 사회적 비난과 개별적 양심이 강하게 짓누른다면 뒷맛은 영 개운하지 않았을 것이다. 또한 사회적 공감대가 없는 환경 속에서 축적된 부는 권력자들의 좋은 먹잇감이 되었다. 그들의 부는 법적 테두리와는 별도로 사회적으로 용납되지 않는 부였던 셈이다. 그런 의미에서 애덤 스미스의 이론은 이들에게 면제부와 같았다. 무엇보다도 애덤 스미스가 부여한 면제부는 교황의 면제부와 달리 공짜라는 점이 강하게 어필되었을 것이다.

애덤 스미스 사상이 집대성된 것은 『국부론』인데, 그는 1772년쯤 원고가 완성될 것으로 예상하였지만 이런저런 이유로 1776년에야 비로소 『국부론』을 세상에 선을 보였다. 사실 마르크스에 비한다면 『국부론』은 예상보다 그리 늦은 편도 아니다. 마르크스는 『자본론』을 저작할 당시 5주 만에 끝을 볼 수 있을 것으로 판단했다. 하지만 1권을 완성하는데만도 꼬박 15년이라는 장구한 세월을 보냈다. 우리가 알고 있는 국부론의 원래 명칭은 〈국부의 원인과 성질에 관한 연구An Inquiry into the Nature and Causes of the Wealth of Nations〉라는 비교적 긴 제목을 가지고 있다.

그는 모든 사람들이 이기심에 따라 행동하면, 이른바 보이지 않는 손 Invisible Hand에 의하여 모든 경제활동이 조정되고 개인과 사회가 조화롭게 된다는 낙관론을 펼쳤다. 즉 가격이라 불리는 자동조절기능에 따라 수요와 공급 균형이 달성된다고 추론하였다. 여기서 한 가지 짚고 넘어갈 점은 애덤 스미스가 주장한 이기심은 버나드 드 맨버빌(1670~1733)과 달리 '자기억제를 동반한 이기심' 이라는 사실이다.

애덤 스미스는 자기억제를 동반한 이기심이라면 규제는 불필요한 것이며 자유롭게 내버려 두는 것이 옳다고 생각하였다. 하지만 맨버빌은 이기심 그 자체를 인간 본성으로 보고 도덕률에 따른 제약도 거부하였다. 맨버빌은 꿀벌의 우화(개인의 악덕은 공공의 이익)를 통하여 자본주의, 특히 현 증시 기조를 관통하고 있다. 경제를 번영시키기 위해서는 '유효수효' 즉 지불능력이 뒤따르는 수요가 필요하다고 주장한 케인스 사상에도 깊은 영감을 주었다. 〈일반이론〉에서 케인스는 맨더빌의 시를 인용하기도 하였다.

맨더빌은 런던대화재(1666년)가 엄청난 재앙이지만 많은 수요를 창출하였다는 점에서 경제에 긍정적인 효과를 가져왔다고 설파하였다. 미치광이의 난센스처럼 들리는가? 하지만 지금도 같은 맥락의 주장들이 심심찮게 관찰된다. 전쟁이 불황돌파에 긍정적 영향을 끼친다는 이들도 있으며 자연재해가 수요와 투자를 촉진시켜 증시를 상승시킬 수 있다고 생각하는 분석가도 있다. 진정한 시장주의자라면 이 점에서 분명히 선을 그을 필요가 있다.

한편 애덤 스미스 사상은 중상주의와 대립되는 개념이 강하다. 당시 유럽상황이 그의 사상체계에 많은 영향을 미친 것 같다. 유럽은 당시 패권전쟁이 한창이었으며 군사대국이 곧 부국의 지름길이었다. 재정확대는 필수적이었으며 정부는 이를 위하여 특정산업을 육성하고 보호무역주의를 정책적으로 지원했다. 중상주의자들은 수출을 늘리고 수입을 억제하여 해외로부터 화폐를 유입하는 것이 부의 첫걸음이라고 판단했다.

상품은 소멸되지만 금·은으로 표현되는 화폐는 영구적이라고 본 것이다. 따라서 화폐 유출을 제한하고 유입을 확대한다면 자국의 부는 자연 증대된다고 생각했다. 당시 상황을 감안할 때 『국부론』은 단순한 경제서가 아닌 정치, 철학서적인 셈이다. 여기서 주의할 점은 그가 '부의 증진', 정확히는 영국의 부 확대를 반대한 것은 아니라는 사실이다. 그는 부를 판단하는 기준에 반기를 들었을 따름이다.

일국의 부를 단순히 화폐로 측량하려는 생각에 거부감을 표시하였는데, 그 밑바탕에는 영국에서 금은이 거의 생산되지 않는다는 현실이 깔려 있다. 만일 화폐에 부의 대표성을 넘길 경우 영국경제는 해외의존도가 심화되고 통제불능 상태에 빠질 것으로 그는 우려하였다. 또한 신용화폐로 표현되는 지폐에도 동의를 표하지 않았다. 그가 찾은 부의 척도는 바로 '토지와 노동'이었다. 이 문구만 본다면 마르크스가 한 주장으로 오해될 수도 있을 것이다. 애덤 스미스의 『국부론』이 마르크스 『자본론』에 깊은 영향을 준 것을 감안하면 사실 이상할 것도 없다.

후세 경제학자들이 의도적으로 애덤 스미스에게서 '생산'이라는 용어를 탈취해 간 것일 수도 있다. 이론이 정치화될 때 발생하는 오류인 셈으로 현 시장주의자들과 달리 그는 화폐에 그리 큰 가치를 두지 않았다. 교환의 편의성을 위한 수단 정도로 생각했을 따름이다. 또한 세계화를 주창하는 이들과 달리 무조건적인 글로벌화를 지지한 것도 아니다. 그의 연구대상은 일국의 부 증진에 머물러 있었으며 타국과의 무역도 국내경제 기반의 확보를 전제로 깔고 있었다. 즉 영국경제의 우위성을 바탕으로 한 자유로운 글로벌 시장경제를 추구한 것이다.

애덤 스미스적 시각에서 증시를 한번 살펴보자. 그의 사상과 인생역정을 살펴볼 때 화폐만큼 주식도 그의 취향은 아니었을 것 같다. 침착하지 못하고 덜렁거리는 그의 성격은 주식투자에 적합하지도 않다. 그는 부의 원천을 자유로운 생산활동과 그에 대한 결과물로 보았는데, 생산은 인간생활에 필요한 재화·용역을 만들어 내는 경제적 행위라는 사전적 의미를 가지고 있다. 현대로 넘어오면 유형의 재화뿐만 아니라 무형의 교통, 의료, 오락, 각종 창작활동 등도 생산에 포함된다.

18세기와 21세기 관점이 같을 수는 없지만 무형보다는 유형의 부에 더 관심을 가졌을 것으로 추측된다. 굳이 비약하자면 IT보다는 전통제조업에 더 높은 점수를 주었을 것이다. 또한 주식보다는 주권으로 상징되는 기업 그 자체에 흥미를 보였을 것이며 자본이득보다는 소유권에 투자포인트를 두었을 것이다. 다만 자본이득을 추구하였다고 그 행위 자체를 비난하지는 않았을 것 같다. 보이지 않는 손에 의한 시장조절 현상의 한 단면으로 파악했을 것이다. 맨더빌이라면 주가조작 자체도 긍정적으로 평가했겠지만 애덤 스미스는 점잖은 어조로 반대를 표했을 것이다. 대충 웨렌 버핏으로 대변되는 가치 투자 이미지가 겹쳐진다.

참고로 애덤 스미스와 어긋난 궤도에 있는 이들은 부의 균등분배로 인한 유효수요 감소가 증시에 부정적인 영향을 미친다고 주장할 수도 있다. 궤변인 것 같지만 전혀 허튼소리는 아니다. 다수의 소액투자자보다 소수의 기관

투자자들이 시장을 더욱 집중·확대시킬 수 있다. 주식투자는 유효자금을 기반으로 이루어지며 그 유효자금 크기는 저소득층보다는 고소득층이 절대적으로 많다. 주식투자는 밥 먹는 것과 다르기 때문이다. 경기침체기에는 이런 현상이 더욱 두드러지는데 백화점들이 VIP마케팅에 열을 올리는 것도 현실적 근거를 바탕에 둔 행위이다.

끝으로 시장은 그의 의도와 달리 자주 이탈현상을 보이며 시장조절기능과 효율성은 의심을 받고 있다. 주기적 버블은 만연하고 '보이지 않는 손'은 '보이는 손'인 정부에 종종 그 자리를 넘겨준다. 주가는 종목가치를 적절히 판단하지 못하며 회귀하지 않을 때도 있다. 그가 풀어 준 사적 이기심은 경계를 넘어 모럴헤저드를 초래하고 오히려 시장을 붕괴시키기도 한다. 인간은 도덕이지도 또한 이성적이지도 않은 존재인 셈이다. 그걸 간파한 이가 바로 다음 단락에 나올 칼 마르크스이다.

2. 마르크스가 주식투자에 빠질 때

중국과 러시아에서 자본주의 꽃이 만개하고 있는 것을 지켜보는 마르크스의 감회는 어떠할까? 1867년 『자본론』 제1부가 출간되었을 때 마르크스는 독일에 있는 어머니에게 그 책 한 권을 보냈다. 그리고 얼마 후 어머니에게 답장을 받았는데, 거기에는 "자본에 대해 쓰기보다는 자본을 만들었다면 더욱 좋았을 것을….''이라는 짤막한 문구가 적혀 있었다고 한다. 그 자신은 몰라도 후대는 답장에 적힌 충고에 귀를 기울인 셈이다

여러분이 아는 것처럼 마르크스는 노동자가 아닌 지식인 계층이다. 애덤 스미스만큼 그의 사상도 독창적이고 진보적이었다. 다만 마르크스는 프롤레타리아를 대상으로 삼은 반면 애덤 스미스는 신흥 산업계층을 지지세력으로 끌어들였다. 여담이지만 〈국부론〉과 함께 불후의 명작으로 손꼽히는 〈자본론〉만 보아도 우리는 이 점을 잘 알 수 있다. 그 방대한 책 두께를 제외하더라도 논리와 개념의 난해함은 전문가들도 힘겹게 한다. 카를 힐티의

<잠 못 이루는 밤을 위하여>만큼 손쉽게 수면으로 빠져들게 하는 서적을 꼽으라면 <자본론>도 분명 한자리를 차지할 것이다.

사상적 가치를 떠나 그 분량만으로도 <자본론>은 <국부론>에 비하여 대중화될 여건을 구비하지 못하였으며 논조의 명확성에도 불구하고 그 내용 전개를 따라가기는 <국부론>보다 상대적으로 힘겹다. 프롤레타리아 해방에 대한 사상적 기초를 제공하고 있지만 그 책 자체는 프롤레타리아를 독자로 두지 않은 셈이다. 반면 <국부론>은 신흥 부르주아와 지식인들을 주요 독자층으로 끌어들이는 데 성공하였는데, 이 차이가 무엇을 의미하는지 고대 중국사례를 통하여 간략히 살펴보자.

기원전 209년 중국에서는 진시황이 죽은 후 역사상 최초의 농민봉기가 일어났다. 진승陳勝과 오광吳廣의 난으로 알려지고 있는데, 그 난의 결말은 그리 아름답지 않다. 황후장상에도 씨가 있느냐며 분연히 일어났지만 둘 다 모두 부하에게 살해당하는 비참한 최후를 맞이하였으며 그 과실은 한 고조 유방이 챙겼다. 역사적으로 지식층(엘리트 계층)을 포함하지 않는 노동자 계급 봉기는 제국의 붕괴는 앞당길 수 있어도 그 자신이 사회체계를 형성한 사례는 드물다. 이는 비단 중국만의 것은 아닐 것이다.

전통적 개념의 엘리트라 보기 힘든 모택동이 국민당을 누르고 현 중국을 건립할 수 있었던 이유는 공산주의라는 사상과 더불어 주은래 전 총리로 대변되는 엘리트 계층 지지를 등에 업었기 때문이다. 이후 대약진운동, 문화대혁명 등으로 이들 지지기반에 대한 숙청작업이 이루어졌다. 결국 진승과 같은 비참한 몰락은 아니었지만 역사적 오점은 남겼다.

소련 몰락으로 대변되는 공산주의 쇠퇴는 인간에 대한 이해가 부족하였기 때문으로 생각된다. 자본주의는 선과 악, 법률과 관습을 넘나들면서 이익추구라는 명제 하나로 움직인다. 반면 공산주의는 배분에 유달리 집착하는 모습을 보이고 있다. 자본주의가 인간을 동물로 만든다면 공산주의는 기계화시키는 경향이 있는 것이다. 그 배분작업이 실제적 평등으로 연결되었다면 우리가 마주친 현상은 좀 더 다른 방향으로 전개되었을 것이다. 하지만 배분작업은 종종 특정그룹의 퇴폐와 향락을 떠받드는 수단으로 전략되곤 한다.

동일한 환경(부패와 착취)이라면 배고픈 쪽보다는 그나마 덜 배고픈 쪽을 선택하는 것이 인간의 본성이다. 이건 가치관이 아닌 생존의 문제이기 때문이다. 올바른 투자세계는 '동물이 될 것인가, 아니면 기계가 될 것인가?'를 강요받는 곳이 아니다. 인간이 기계로부터 탈피하지 않는다면 기계는 인간의 대척점에 서서 파괴자로 남을 것이다. 서글프게도 인간과 기계의 전쟁이 가장 치열하게 전개되는 곳이 주식시장이다. 기계는 투자자가 꿈꾸는 세계를 기계적이고 역학적으로 만들며 생명력이 없고 경직된 곳으로 만든다. 동물적 본능과 감각에 기초한 투자는 허황될 수 있으며 프로그램 매매, 각종 수학공식이 지배하는 증시는 허무할 수 있다. 감각과 허무가 지배하는 사회(좁은 의미의 증시)는 결코 발전할 수 없을 것이다.

시장을 중요시한 애덤 스미스 이론이 일반적 투자상황에 맞는다면 마르크스적 관점은 버블과 공황 시에 더 힘을 받는다. 정열적인 마르크스와 다소 다분한 애덤 스미스 삶이 이론에도 묻어나는 것 같다. 증시가 시장으로 존재한다면 굳이 마르크스 관점을 투자에 끌어들일 필요는 없다. 증시는 매수세력과 매도세력 간 힘겨루기에 의해 움직일 것이며, 균형점에서 주가는 형성될 것이다. 균형점, 즉 주가는 빈번하게 이동되겠지만 시장법칙을 벗어난 것이 아니며 그 자체로 자연스러운 현상이다. 증시에 대한 분석도 시장 외적인 요인보다는 자금과 거래량 같은 시장 내적인 지표에 더 집중될 것이다.

하지만 일단 증시가 버블과 공황으로 접어든다면 애덤 스미스는 그 자리를 마르크스에게 양보하여야 한다. 시장이 아닌 도박장에서는 마르크스 사고체계가 한층 설득력 있기 때문이다. 마르크스 이론은 시장의 조화보다는 생산요소 특징에 더 큰 비중을 두었으며 불균형 상태를 일시적이고 예외적인 현상이 아닌 필연적 과정으로 해석하였다. 애덤 스미스는 사람과 시장을 믿었지만 마르크스는 이 둘 모두 믿지 않는 듯 보인다. 그 중간 어딘가에 있는 케인스는 사람이 동물이 될 수 있다고 생각하였다.

증시가 일정한 범위에서 등락을 반복한다면 우리는 경제지표보다는 증시수급과 같은 시장의 힘에 더 관심을 기울일 것이다. 하지만 뚜렷한 상승과 하락국면으로 넘어서면 투자심리와 행동이 중요 요인으로 부상하게 된다. 증시에도 자극적 문구들이 확산되며 투자패턴과 주가지수 흐름에도 양 떼의 속성이 감지된다. 상승을 넘어 과열, 하락을 지나 붕괴로 접어들면 우리는 인간 본성의 밑바닥을 보게 된다.

공황국면은 버블 이후 갑자기 표면화되며 대체로 산업공황에서 시작하여 은행공황, 신용공황을 거쳐 다시 산업공황 심화로 이어지는 악순환을 반복한다. 파괴적 조정과정을 통하여 새로운 시스템이 부상하게 되며 경제는 안정화 상태로 접어든다. 2008년 하반기 이후 국내외에서 논의되고 있는 모든 대책들은 새로운 질서의 밑거름에 불과하며 그 첫걸음은 아직 표면화되지 않고 있다.

그럼 공황 사이클이 어떻게 전개되는지 구체적으로 살펴보기로 하자. 일반적으로 특정산업이 호황세를 보이면 그쪽으로 자본이 집중된다. 그 결과 해당산업에 종사하는 기업 수와 설비규모는 팽창한다. 부동산, 자동차처럼 파급효과가 큰 업종이라면 관련 산업의 동반팽창이 일어나며 고용은 확대되고 소비는 촉진된다. 국민경제 전반에 걸쳐 호황이 초래되며 전 산업에 걸쳐 투자가 경쟁적으로 증가한다. 자원과 노동비는 한층 인상될 것이며 거품이 만연하게 된다. 2008년 이전 한때나마 관찰한 바로 그 모습이다.

하지만 호황이 무한정 지속될 수는 없다. 확대된 생산능력만큼 소비가 증가되지 않는다면 재고는 누적될 것이며 시장환경은 악화된다. 유동성 확보를 위해 기업은 생산원가 이하로 제품을 처분할 것이며 이익은 급감하게 된다. 결국 전 산업에 걸쳐 축소작업이 이루어지며 상당수 기업이 파산의 길로 접어든다. 소위 산업공황이 발생하는 것이다. 1970년대 미 제조업 붕괴, 최근의 글로벌단위 산업위축이 그 좋은 사례이다.

기업들이 파산함에 따라 주가는 폭락하며 증시는 패닉에 빠진다. 자금조달 통로는 막히고 헐값으로 보유자산을 내놓지만 쉽게 처분되지 않는다. 부실대출은 어깨를 짓누르고 신용등급 하락으로 이어지면서 금융시장 전반에 걸쳐 유동성 압박이 가해진다. 뱅크런Bank-run 사태가 발행하고 일부 기관은 디폴트를 선언을 하기에 이른다. 대형은행의 경우 미 정부의 보증과 긴급수혈로 버티고 있지만 중소은행을 필두로 은행권의 도미노 파산은 현재 현실화되고 있다. 미국연방예금보험공사FDIC 의장은 2011년까지 은행파산은 지속될 것으로 전망하고 있으며 2009년 10월 현재 100개를 돌파하고 있다. 1997년 IMF 외환위기 당시 한국에서도 수많은 금융기관이 무너졌으며 현재도 안전영역에 있다고 100% 장담하기 힘들다.

　금융시장이 제 기능을 못 함에 따라 정부는 통화공급을 확대하고 은행권 부실대출을 인수한다. 하지만 유동성은 대출로 전환시키지 않고 금융권 내에서만 회전을 반복하는데, 이것을 신용공황이라 부른다. 신용공황은 경제시스템 전체를 마비시키며 경제위기를 깊은 침체의 늪으로 몰고 갈 것이며 각종 실물경제 수치들이 악화되고 실업자가 급증한다. 최근 우리가 직면하고 있는 위기국면 역시 상기 과정을 크게 벗어나지 않으며 신용공황이 초래된 현상들을 직접 눈으로 목격하고 있다. 전 세계적으로 실업률이 늘고 있으며 현재가 최악이라고 단정하기도 힘들다.

　공황사이클에 따른 개별 위기과정을 모두 겪고 있지만 1929년 대공황만한 파괴력을 아직 분출하지 않는 이유는 각국이 통화량 팽창과 재정확대를 통하여 안정화 작업에 들어가고 있기 때문이다. 최대한 그 파괴력을 제어하고 있지만 성공하지 못한다면 누른 압력만큼 그 반탄력도 클 것이다. 마르크스가 주식투자자들에 던져 주는 교훈은 단순하다. 증시는 구조적 버블과 폭락을 반복할 것이며 그것을 인정하면서 투자하라는 것이다. 또한 인간이 기계가 아니라면 탐욕은 제어하기 힘들며 시장은 믿을 것이 못 된다는 사실이다. 그럼 애덤 스미스와 마르크스 사이에서 자신만의 길을 모색하고 있는 케인스를 들여다보자.

1929년에 시작된 세계적 공황을 배경으로 주목받게 된 케인스의 〈일반이론〉은 이전까지 가정되어 왔던 J. B. 세이의 법칙을 부정하고, 유효수요론과 승수이론을 2개의 축으로 한 유동성 선호이론을 도입했으며 실업과 불황의 원인을 해명하고 새로운 경제체제 메커니즘을 이론화하여 많은 경제학자의 동의를 이끌어 내었다. 케인스학파는 유효수요원리를 바탕으로 재정, 금융정책을 통해 완전고용을 실현하는 데 정책목표를 두고 있다.

그러나 1970년대 경제위기를 기점으로 케인지언은 역사의 전면에서 퇴장하는 비운을 겪었다. 이는 스태그플레이션이라는 특수 상황하에서 케인스적 처방이 효과를 발휘하지 못했기 때문이다. 그 자리를 레이거노믹스 Reaganomics로 대변되는 신자유주의가 차지하였는데, 레이거노믹스는 i)감세 ii)재정지출 삭감 iii)정부규제 완화 iv)안정된 통화공급 4가지로 집약될 수 있다. 앞서 3가지는 공급경제학파의 아이디어고 마지막은 통화주의자의 몫이다. 케인스학파에 대항한 공급경제학파와 통화주의자의 합종연횡인 셈이다.

역사의 수레바퀴는 돌고 돌아 2009년 레이거노믹스는 공식적으로 역사의 뒷면으로 물러났다. 통화정책으로 대공황을 사전에 예방할 수 있다는 신념은 현실화된 대공황으로 설 자리를 잃었으며 시장 만능주의는 부패와 무능으로 귀결되었다. 레이거노믹스 뒤를 이어 등장한 신조어는 오바마노믹스Obamanomics인데, 그 기본 철학은 2008년 민주당 대선강령에 잘 나타나 있다.

이 강령은 아메리칸 드림, 미국지도력, 미국 지역사회, 미국 민주주의 회복 순으로 열거되어 있다. 아메리칸 드림은 부자보다는 중산층을 근간으로 두고 있으며 이는 '로빈후드식 세제개혁', '미국 현대사와의 결별', '미국호의 의미 있는 진로변경' 등 현란한 수식어가 따르는 2010년 미 회계 예산에도 잘 반영되어 있다. 레이거노믹스는 첫 타이틀을 '감세'로 장식했지만 오바마노믹스는 부유층에 대한 '증세'를 전면에 내세우고 있다. 경제정책적 기조도 '자유'보다는 '관리와 개입'에 무게를 두는 것 같다. 하지만 레이거노믹스 잔재를 완전히 제거하고 오바마노믹스로 안착시키기는 힘들 것 같다. 미국 의료보험법 개정문제로 대변되는 지루한 발걸음에서 그 한계는 뚜렷이 나타나고 있다.

또한 파산위기로 수천억 달러의 구제금융을 받은 미국 월스트리트 금융업체 경영진이 200억 달러에 육박하는 보너스를 나눠 가진 사실에 오바마 미 대통령은 "무책임의 극치이자 파렴치한 행위"라고 분노감을 표출하고 있으며 현실화될지는 미지수이지만 크리스토퍼 도드 미 상원 금융위원장은 "가능한 모든 수단을 동원하여 그들이 나누어 가진 보너스를 환수하겠다."라고 밝히고 있지만 이런 엄포를 비웃듯이 월가는 2009년 사상 최대의 보너스를 준비하고 있다. 신자유주의 물결이 일순간 사라지지 않을 것이며 또 다른 모습으로 다가올 것이다. 오바마 정부는 집권한 지 반년도 지나지 않아 월스트리트 사상에 물들었다는 비난을 진보 경제학자들로부터 듣고 있다. 아마 케인스적인 정책에 신자유주의를 가미한 변종이 탄생할 가능성이 높다.

오바마의 경제자문을 맡고 있는 4명의 노벨경제학상 수상자 가운데 한 사람인 에드먼드 펠프스 교수 역시 이 점을 분명히 하고 있다. 그는 영국 파이낸셜타임스에 기고한 칼럼에서 대공황 때처럼 막대한 재정지출과 대규모 공공사업으로 현 위기를 헤쳐 나갈 수 없다는 견해를 표명하였다. 주택가격 폭락으로 초래된 글로벌 금융위기는 통화량 변화가 아닌 미래 기대수익률 하락에 따른 결과라는 것이다. 정부의 과도한 시장개입이 혁신을 제약하고, 혁신의 질을 떨어뜨릴 수 있다고 경고하면서 "주주는 투자한 지분을 초과한 어떠한 책임도 지지 않는다."라는 자본주의 경구를 새삼 일깨우고 있다.

또한 「맨큐의 경제원론」으로 유명한 그레고리 맨큐 하버드대 교수 역시 비난의 대열에 가세하였다. 그는 레이건 행정부 시대부터 부시 행정부에 이르기까지 학계를 주름잡던 경제학자로서 통화주의자에 가까운 성향을 보인다. 현재 케인지언으로 알려진 폴 크루그먼 교수와 블로그를 통하여 빈번한 신경전을 벌이고 있기도 하다.

사후 사회주의 정책이라는 비난을 우려해서인지 케인스는 "정부기능 확대는 자유방임에 대한 심각한 침해는 아니다. 그것은 현존하는 경제체계의 전면적 붕괴를 회피하는 실행 가능한 유일한 수단이며 개인의 창조적 기능이 성과를 거둘 수 있는 유일한 환경조건이라는 점에서 지지한다. 유효수요가 불충분하다면 자원낭비에 대한 대중의 비난이 심해질 뿐만 아니라 자원을 활용하려는 기업가도 상당히 불리한 처지에 놓일 것이다."라는 문구를 살짝 첨부하였다. 오바마노믹스Obamanomics도 원안보다는 잦은 수정을 통하여 이전 세력과의 타협을 이끌어 낼 것이다.

케인스는 마르크스주의자는 아니지만 사회주의를 무시한 것도 아니다. 개인의 자유와 함께 전체의 필요성도 존중하였다. 굳이 고착화된 카테고리에 그를 포함시킨다면 현실적인 니체 정도로 표현할 수 있다. 권위주의적 지배계층이 아닌 깨어 있는 천재들이 대중을 인도하는 자칫 위험한 세상을 꿈꾸었을 수도 있다. 현 글로벌 경제위기는 경제영역에 국한된 문제가 아니다. 실물영역인 경제에서 그 현상이 뚜렷이 나타났을 뿐이다. 새로운 패러다임이 체계를 잡을 때까지 보이는 손에 의한 시장개입이 불가피할 것이다. 하지만 금융과 서비스업이 주축인 미 경제구조를 감안할 때 결국 경제주도권은 정부보다 시장이 움켜질 가능성이 높다.

또한 시장 그 자체는 아니지만 시장을 움직인 이들 입장에서는 상당히 남는 장사이다. 약간의 간섭과 굴욕을 대가로 흥청망청 써 버린 파티비용과 청소비를 정부가 부담하니 말이다. 구제금융으로 천문학적 지원금을 받은 AIG 임직원이 그 자금으로 막대한 보너스 지급하고 세금 추징한 정부를 상대로 소송을 제기하는 단면을 보면 자본주의를 파괴시키는 것은 공산주의도, 사회주의도 아닌 자본주의 그 자체라는 말이 틀린 것 같지는 않다.

끝으로 케인지언이 역사의 전면으로 들어선다면 이원화시켜 투자대상을 살펴볼 필요가 있을 것이다. 말하자면 보호받을 업종과 그렇지 않을 업종으로 말이다. 또한 이전과 달리 비체계적 위험이 증시에 큰 영향을 미칠 수 있으며, 원하든 또는 원하지 않든 소비보다는 투자에 힘이 실리는 환경이 조성되어 있을 것이다. 다만 증시로 막대한 돈이 쏟아질지는 미지수이다.

4. 기업을, 기업을 위한, 기업에 대한 공급경제학파

거시는 미시로 미시는 기업논리로 해석해 보자.

1970년대 전 세계적으로 스태그플레이션 현상이 발생함에 따라 기존 케인스의 총수요이론은 한계에 도달하였다. 이때 다크호스로 떠오른 것이 공급경제학Supply-side Economics이다.

공급경제학은 케인스이론에서 경시된 공급 측면을 강조하였으며 정책처방도 이에 맞추어야 한다고 주장하였다. 하지만 이들 이론이 전혀 새로운 것은 아니다. 고전학파 이론의 모토인 "공급은 그 스스로 수요를 창출한다."라는 세이의 법칙에서 보듯이 고전학파 역시 공급을 중시하였다. 다만 고전학파가 정책의 공급에 대한 영향력을 제한적으로 보고 자유방임주의를 주장한 반면, 공급학파는 공급에 대한 정책 영향력을 인정하였다.

이들은 수요경제하에서는 기업의 창조적 활동이 제한을 받는다고 생각하였다. 그 결과 기업들은 신상품 개발보다는 기존 제품을 개량하고 생산효율을 높이는 데 자금을 투입한다는 것이다. 제품차별화라는 명목으로 포장지, 상품명, 제품색깔 등을 바꾸고 광고에 쓸데없는 자금을 쏟아붓는 것은 자원낭비라고 생각했다. 불충분한 수요로 시장에 미치는 정부 영향력은 확대되고, 정부지출 규모 역시 팽창된다고 주장하였다. 정부지출 확대는 곧 더 많은 세금징수로 이어지며, 이는 가계소비 축소와 생산비 상승으로 연결된다고 보았다. 그들은 이런 악순환이 총체적으로 표출된 것이 바로 스태그플레이션이라고 생각했다.

공급경제학자들은 정부 간섭과 개입을 축소하고 시장메커니즘에 따른 운용 확대를 주문하였다. 정부역할 축소는 지출감소를 의미하며 이는 곧 세금인하 요인으로 작용한다. 구체적으로 정부지출 감소는 복지후생, 환경과 소비자 보호, 근로자 권익보호를 위해 설치된 각종 규제와 장벽을 제거함으로써 이에 수반된 관리, 감독비 인하로 실현될 수 있으며, 이는 민간부문에 새로운 시장을 제공한다고 보았다. 또한 세율인하는 가처분 소득을 증가시켜 저축을 촉진하며 투자증대에 필요한 자금을 낮은 이자율로 조달할 수 있도록 한다고 생각했다. 이렇게 확대된 투자는 고용기회를 창출하고 실업을 감소시켜 결국 소비를 촉진하는 선순환 구조를 확립한다고 주장하였다.

통화정책 면에서는 인플레이션이 공급에 미치는 부정적 영향을 제거하기 위해 그들은 안정적인 통화정책을 지지하였는데, 이는 시카고학파로 불리는 통화론자 주장과 맥을 같이하고 있다. 통화론자들은 인플레이션 대응방안을 수립할 때 경제주체들의 인플레이션 예상심리를 고려할 것을 원하였다. 예상심리는 정책에 대한 국민의 신뢰도에 기인하며 그 판단기준은 정책목표 달성 유무에 놓여 있다. 통화론자들은 잠재성장률과 일치하는 수준에서 통화량이 고정되기를 권장하였으며, 이를 통하여 과도한 인금인상 요구와 가격인상은 억제될 수 있다고 판단한 것이다. 여기서 공급경제학과 통화론의 합종연횡이 가능하게 된다.

경제성장률 제고를 위해서는 물가를 다운시켜야 하지만 개방경제하에서 정부가 조절할 수 있는 부문은 그리 많지 않다. 석유, 철, 구리 등 생산재뿐만 아니라 육류, 밀, 쌀, 설탕 등 생필품 역시 거의 대부분 국제시세로 가격이 결정된다. 또한 생산품에 대한 인위적인 가격인하 압력은 기업들의 조직적인 저항을 불러일으킬 수 있다. 정부로서는 상당히 부담이 되는 행위인 셈이다. 그 결과 눈을 돌린 영역이 바로 임금부문이다. 기업이윤을 저해하지 않고 물가인하(노동비 하락으로 인한 생산비 인하 혹은 생산비 상승완화)를 유도할 수 있는 부문인 셈이다. 인플레이션 예상심리에 대한 선제적 조치로도 볼 수 있다. 정부, 기업, 노동자 간의 마찰관계가 쉽게 해결되지 못하는 이유도 여기에 있다.

공급경제학은 레이거노믹스 시대를 끝으로 주류 경제학계에서 거의 물러났다. 케인스학파, 시카고학파와 달리 경제사 한 귀퉁이를 간신히 차지하고 있을 뿐이다. 공급경제학파 쇠퇴는 조세감면효과의 모호성, 계층 간 대립 유발 등이 원인으로 떠오르고 있지만 그건 부수적 요인에 불과하다. 공급경제학파가 몰락한 주원인은 '기업논리'에 매몰된 나머지 거시경제 자체를 미시적으로 바라본 이론적 결함 때문이다. 또한 철학의 차이가 극명한 케인스학파와 시카고학파와 달리 논리구조 완결성도 부족했으며 무엇보다도 그 타이틀과 달리 '공급'을 제대로 연구하지 않았다.

5. 합리적일 수 없는 합리적 기대학파

합리적 이론이 불합리한 분석대상을 만나면 괴리가 발생한다.

루카스를 중심으로 일어난 합리적 기대학파는 그 뿌리를 통화주의에 두고 있다. 그들은 금융정책 중심으로 경제정책을 수립할 것을 주장하였으며, 정부의 자유재량 정책을 부정하고 일정한 통화 증가율을 요구하였다. 사상 전개는 합리적 기대가설을 통하여 이루어졌는데, 합리적 기대가설은 사람들이 장래의 물가예상, 즉 인플레이션을 예상하는 데 있어서 장래물가에 영향을 미칠 것으로 보이는 변수들에 관한 모든 정보, 그리고 물가와 그런 변수들 간의 이론적 관계 그리고 정책입안자들의 행태에 관한 정보까지도 모두 감안하여 물가를 예상하여야 한다는 것이다.

따라서 합리적 기대는 가용한 모든 정보를 감안한 '최선의 추측'이라고 볼 수 있다. 이들은 과거 데이터에 기반을 둔 인과관계를 통한 정책평가와 예측의 불합리성을 역설하였다. 정부가 정책기조를 바꾸어 통화량을 매년 5%에서 10%로 조정할 것으로 예상할 경우 경제주체들의 물가에 대한 예상이 달라지며 임금협상을 통하여 실제물가에 영향을 미칠 수 있다는 것이다. 그 결과 물가와 통화량 사이의 관계 자체가 변경된다고 보았다. 즉 현실적으로 통화정책 기조가 자주 바뀌는 상황에서 수십 년간의 데이터로 추정된 통화량과 물가 사이의 관계를 불변으로 둘 경우 잘못된 정책이 제시될 수 있다고 보았다. 합리적 기대가설에 근거한 신고전거시경제모형은 다음과 같은 정책적 함의를 가지고 있다.

첫째, 민간경제주체들이 사전에 예상하지 못한 정책만 효과가 있을 뿐 사전에 예상한 정부의 경제정책은 비록 단기에도 효과가 없다는 것이다. 그린스펀 전 FRB의장의 모호하면서 수사적인 언어패턴도 이런 논리에 기반을 두었다. 때때로 시장예상과 상이한 금리변동 폭을 제시하여 시장 영향력 확대를 역시 꾀하였다. 그를 원칙주의자가 아닌 기교가라 보는 이유이기도 하다.

둘째, 그들은 정책당국이 정책기조를 변경할 때 점진적으로 할 것을 주문하였다. 급격한 정책전환은 경제주체들의 합리적 예상에 불확실성을 초래하여 실물경제에 부정적인 영향을 미친다는 것이다. "통화량 증가를 일정하게"라고 주문한 이유이기도 하다.

그러나 이들의 주장은 경제분야보다는 증시에 더 적합한 이론이었다. 경제는 실물을 중심으로 움직이는 시장이다. 정보에 대한 반응속도와 패턴이 증시와는 다르다. 주식투자자라면 눈치챘겠지만 합리적 기대가설은 효율적 시장가설과 일맥상통하는 면이 많다. 새로운 정보가 증시를 강타할 경우 그 정보는 즉시 시장에 반영되며 누구나 아는 정보는 이용가치를 잃게 된다. 그래서 과거 주가와 거래량을 기반으로 한 기술적 분석은 허무맹랑한 모형에 불과한 것으로 평가 절하된다.

하지만 여전히 많은 투자자들이 기술적 분석을 하고 있으며, 경제학자들은 과거 데이터를 기초로 계량분석을 수행하고 있다. 다만 과거정보와 현재정보 그리고 미래정보의 가치가 다르다는 아이디어만은 인정할 필요가 있다. 경직되기 쉬운 모형분석을 통태적 흐름으로 이끈 것 역시 평가될 만하다. 아쉬운 점은 주식투자에 사용될 개념을 경제와 통화정책으로 확대 해석하였다는 점이다. 증시와 경제는 시간의 추가 근본적으로 다르다.

5장

균형, 동물적 감각 그리고 카오스

균형론적 세계에서 케인스는 동물적 감각을 불어넣었으며, 카오스이론은 혼돈 속에서 질서를 발견하고자 노력하였다. 복잡하고 불안정한 현상 속에서 결정론적 법칙에 따라 개별주체 간의 상호작용을 통하여 증시를 풀어 가는 것이 카오스이론의 핵심이다.

1. 카오스이론과 기존 경제학의 차이

현실은 비선형적이고 수확체증 법칙이 지배한다.

카오스이론은 이론체계의 비非완전성과 해석의 불명확성으로 주류학파로 발돋움하는데 적지 않은 난관이 존재한다. 하지만 경제, 금융현상을 어떻게 볼 것이며, 어떤 식으로 미래를 예측할 것인가라는 문제에 신선한 아이디어를 던져 주고 있다. 애덤 스미스에 기원을 둔 근대경제학은 케인스를 끝으로 새로운 돌파구를 마련하지 못하였다. 경영, 투자를 포함한 넓은 의미의 경제학은 귀납적 사고체계에 매몰된 나머지 연역법을 무시하는 우를 범하였다. 경험과 사례를 통하여 이론을 이끌어 내는 것에는 능숙하지만 이론으로부터 경험과 사례를 만드는 것에는 약하다. 이론과 현실을 연결시키는 철학 부존재에 그 원인이 있다고 하겠다.

그리스 문자 경제학은 현실세계보다는 수학적 화려함에 도취된 측면이 강하다. 이를 체계적으로 뒷받침한 것이 금융공학이며, 그 극단에는 파생상품이 존재한다. 철학으로서의 경제학이 아닌 모형과 데이터로서의 경제학은 모형의 적합성은 높일 수 있어도 현실을 통찰하기는 힘들다.

　신고전학파와 케인스학파 모두 폐쇄적 모형을 기초로 이론을 전개하고 있으며, 모형적으로는 선형적 개념을 들고 있다. 이에 반하여 카오스이론은 비선형적 접근이다. 대공황, 블랙먼데이 같은 극단적 사태는 선형모형으로 해석하기는 힘들다. 신고전학파는 변동의 주요인을 외생적인 확률적 충격에서 찾고 있다. 경제는 원래 안정적 상태이지만 외부에서 가해진 충격으로 균형상태가 일시적으로 이탈한다는 것이다.

　한편 케인스학파는 경제를 불균형 상태로 본다. 경기변동은 외생적 요인뿐만 아니라 내생적 요인 역시 작용된 것으로 동물적 감각, 시장심리 등도 주요 요인으로 간주한다. 단순한 기술적 거래규칙들도 미래주가를 예측하는 데 도움이 된다는 견해 역시 인정한다. 두 이론과 달리 카오스이론은 경제가 구조적 불균형 상태에 빠져 있다고 보며 외생이 아닌 내성적 요인에 따라 움직인다고 생각하였다.

　경제메커니즘 측면에서도 카오스이론과 상기 두 학파는 다른 견해를 나타내고 있다. 신고전학파와 케인스학파 모두 가계, 기업, 정부라는 개별 시장주체를 두고 그 주체들에 대한 분석에 집착한다. 개별 주체를 통하여 전체시장으로 나아가는 논리적 체계를 가지고 있다. 반면 카오스이론은 전체 시장을 두고 그곳에 속한 주체(전체 틀에서는 개체로 해석될 수 있음)들의 상호작용에 관심을 둔다. 카오스이론이 복합계로 넘어가는 이유도 여기에 있다. 카오스이론은 시장에 속한 모든 요소들을 한 테두리 속에 두고 현상을 파악하는 것이다.

　신고전학파와 같은 균형모형은 일반적으로 규모에 대한 수확체감 법칙에 기초하고 있다. 증대된 투입량 대비 산출량은 점차 감소한다는 의미이다. 만약 증시가 균형모형, 즉 수확체감 법칙에 따라 움직인다면 투자자금 확대는 곧 수익률 감소를 의미한다. 거래량이 확대될수록 여러분의 수익률은 감소하는 것이다. 증시 거래량이 한계치를 넘어선다면 주가는 고점에서 균형상태로 떨어질 것이다. 균형론적 관점에서 활황장 속 거래량 확대는 결코 반가운 시그널이 아니다.

이에 반하여 카오스이론은 수확체증의 법칙을 지지한다. 증대된 투입량보다 더 많은 산출량이 나오는 구조이다. 투입자금이 확대될수록 주가는 상승하며, 자금확대가 위축되지 않는다면 상승세가 지속한다고 생각한다. 일반적으로 수확체감 법칙은 굴뚝주로 알려진 제조업, 수확체증 법칙은 IT, 신소재 같은 최첨단 산업에서 자주 관찰된다.

2. 카오스이론의 주요 개념들

페쇄성을 깨고 불안정을 받아들이며 상대적 시각을 가졌지만
결정론의 틀은 벗어나지 못한 카오스의 한계를 직시해 본다.

본 단락에서는 카오스의 기원과 주요 개념적 특징을 살펴보기로 한다. 이런 개념들이 독자 여러분에게 무엇을 안겨 줄지는 알 수 없다. 관념에서 관념으로 끝날 수도 있다. 하지만 그런 관념들이 주식시장이라는 세계를 직시하는 다양한 사고를 배양할 수 있다면 그것으로 저자는 행복할 것이다.

카오스의 기원

카오스Chaos는 질서를 나타내는 코스모스Cosmos의 반의어로 '혼돈' 이나 '무질서' 로 해석되지만 원뜻은 '컴컴한 텅 빈 공간' 정도로 해석될 수 있다. 경제학이 아닌 우주론에 그 뿌리를 두고 있으며, 만물이 생겨나기 이전의 시원적 공허를 의미한다. 현대적 의미의 카오스를 정립한 사람은 로마 시인 오비디우스Ovidius인데, 그는 카오스를 무질서하고 정형이 없는 덩어리로 해석했으며, 우주의 창조자가 그 덩어리로부터 질서정연한 우주를 만들었다고

생각했다.

혼돈에서 질서를 뽑아 낼 수 있다는 사고는 카오스이론에 깊은 영향을 미쳤으며 과학발전은 현실화에 대한 기대를 한껏 북돋았다. 경제학적으로 카오스에 대한 정의는 학자들마다 조금씩 다른데, 일반적 개념으로 통칭할 경우 다음과 같다. 카오스란 실제로는 결정론적 법칙Deterministic rule에 따라 움직이지만 매우 복잡하고 불규칙하면서 동시에 불안정한 형태를 띠고 있어 먼 미래를 예측할 수 없는 현상을 일컫는다. '창조자'라는 말이 카오스에 녹아든 순간 결정론적 세계관은 이미 필연이었을 것이다.

불균형과 비선형성

폐쇄적 상태는 충분한 시간이 지나면 균형에 도달한다고 본다. 시간이 흐름에 따라 정해진 모형, 즉 틀은 변화하지 않으며 외부충격에 대한 반응만이 바뀔 뿐이다. 그 틀 자체가 근본적으로 바뀌지 않으니 균형상태도 부서지지는 않는다. 충격에 따라 균형점만 이동될 뿐이다. 좀 극단적으로 말해 설혹 경제위기와 공황이 시장을 강타해도 모형적으로 보면 그 대책은 결국 '그 나물에 그 밥'인 상태가 된다.

대부분의 경제모형과 투자모형, 예를 들어 자본자산가격결정모형CAPM, 차익거래가격결정이론APT, 포트폴리오 최적화 이론들이 모두 폐쇄적 모형Closed Model에 속한다. 가치투자도 이 범주에 속하는데, 가치투자의 핵심은 주가는 결국 균형상태인 가치로 회귀한다는 것이다. 균형상태를 사상적 기초로 두고 있는 셈이다.

불균형 상태는 비선형을 잉태하는데 비선형은 결과가 투입에 비례하지 않는 상태를 의미한다. 자본자산가격결정모형(CAPM)를 예로 들면 부담한 위험만큼 수익을 얻지 못하는 상태로 해석할 수 있다. 주변에서는 흔히 볼 수 있는 것이지만 책 속에서는 드물게 언급된다. 균형을 놓고 설킨 그물망이 찢어지는 것을 원하지 않는 것이다. 균형의 저편에 불균형이 아닌 혼란이 서 있다고 생각한다. 균형과 불균형은 한 몸이며 그 속에 우월은 존재하지 않는다.

여러분은 중고차 가격이 사용 연수에 따라 일정하지 않음을 알 것이다. 구입 1년차라면 200만 원 차감되던 판매가격이 2년에는 500만 원, 3년에는 1000만 원, 5년 정도 되면 거의 폐차가격에 팔린다는 것을 우리는 경험적으로 알고 있다. 5년 지난 컴퓨터는 대게 거들떠보지도 않는다. 이것이 바로 비선형 거래이다. 연도와 차감액이 일치하지 않은 것이다.

비선형적 특성은 그 어떤 곳보다 주식시장에서 자주 관찰되지만 아이러니하게도 대다수 투자모형은 선형적 구조를 띠고 있다. 선형적 균형모형은 대부분의 투자모형에 적용되는 핵심이론이지만 그가 함유한 폐쇄적 모형체계는 현상과 이론의 적합성을 떨어뜨리며, 변수 간의 해석(단순한 인과관계)에 만족하도록 한다. 투자이론과 모형에 따른 주식매매가 현실적 수익으로 연결되지 않은 것도 일부 여기에 기인한다. 새장 속의 새처럼 개개인의 투자 관념 자체가 폐쇄적 매트릭스(주어진 모형)에 갇혀 균형적 손실을 반복하는 셈이다.

상대적 척도개념

상대적 척도개념은 개념설명보다는 사례를 통하여 파악하는 것이 더 쉬울 것 같다. 단순하지만 이론적으로 들어가면 그 속에서 헤어나지 못할 수도 있다. 일례로 주가지수를 놓고 설명해 보자. 코스피는 시시각각 변화하면서 톱니처럼 삐쭉 빼쭉 솟았다 내려갔다를 반복한다. 월, 주간 단위로 사이클을 그린다면 좀 부드럽게 나타날 수도 있고 일 단위, 시간, 분 단위로 보면 거칠게 모난 형태로 잡힐 수 있다. 또한 측정 눈금자에 따라 코스피는 상승, 하락이라는 답 대신 그때그때 달라진다는 모호한 결론이 도출될 수 있다. 1시간 전은 상승했지만 1분 전은 하락하였고 오늘 하루는 보합으로 결론 날 수도 있다.

상기 개념을 좀 멋있게 부른 것이 바로 프랙털 구조이다. 프랙털Fractal은 조각난 도형을 의미하는데, 수학자 브루아 만델르보에게서 유래되었다. 그는 프랙털 구조란 "아무리 확대해도 들쑥날쑥한 것이 지속되고 깨지지 않는 형태"라고 정의하였다. 코스피를 놓고 보아도 마치 삐쭉 빼쭉한 크고 작은 산들이 연결된 것 같은 느낌이 들 것이다. 한편 프랙털 구조는 자기유사성을 핵심개념으로 가지고 있다. 쉽게 말해서 주가의 단기움직임은 장기움직임 일부라는 뜻이다. 즉 내일 주가는 오늘 주가와 전혀 별개, 즉 독립적인 것이 아닌 과거 주가흐름의 연속선상에 있다는 의미이다.

투자자는 주가를 향해 모여든다

아마 끌개Attractor라는 말을 최초로 들어 보는 이들이 대부분일 것이다. 영어로는 '끌어당기는 것'으로 해석될 수 있는데, 그냥 매력덩어리로 생각해도 된다. 매력덩어리의 형태에 따라 끌려드는 대상의 움직임도 달라진다. 만약 점이라면 사방에서 그 점 한 곳으로 몰려들 수 있으며 주기적으로 움직인다면 회전하는 형태를 보일 수도 있다. 개념의 모호함을 피하기 위해 생활상의 사례를 들어 보자.

　　사무실에 매력적인 여성이 등장한다면 일순간 남자사원들의 시선은 그녀에게 집중될 것이다. 그녀가 그곳에 서 있다면 흥미를 잃을 때까지 그 상태 그대로 지속될 것이다. 사무실을 한 바퀴 돈다면 주위 시선들 역시 그 궤도를 따라 한 바퀴 선회할 것이다. 만약 한 명이 아닌 여러 명이 동시에 등장한다면 각자의 선호도에 따라 시선 방향은 갈릴 것이다. 이 경우 끌개의 형태는 좀 더 고차원적으로 변한다.

　　이해의 편의를 위해 위 사례를 주식시장에 다시 대입해 보자. 사무실은 주식시장이고, 매력적인 여성은 주가, 주위 남자사원은 투자자이다. 매력적인 남자가 주가이고 여자사원이 투자자일 수도 있다. 본서가 말하고자 하는 것은 끌개에 관한 개념이지 마초적 편입견이 아니다. 우선 이 점을 양해하길 바란다. 투자자는 대개 주가를 염두에 두고 매매행위를 할 것이며 주가가 이동함에 따라 투자자는 쫓아가는 경향이 있다. 그 결과 주가는 주식시장이라는 공간에서 하나의 궤적을 그리게 되는 것이다. 그녀가 사무실을 수차례 돈다면 그 궤적은 동일할 수도 또는 다를 수도 있다. 다만 사무실 밖을 나서거나 또는 사무실 환경이 180도 바뀌지 않는 한 과거 경험을 토대로 비슷한 패턴을 보일 가능성이 높다. 카오스이론이 과거 데이터에 기초한 기술적 분석을 긍정적으로 보는 이유도 여기에 있다.

나비효과로 본 민감성

　　민감성을 가장 쉽게 표현한 것이 바로 ‘나비효과’ 이다. 가끔은 ‘나비효과’ 자체가 카오스이론의 전부인 것처럼 오도되기도 한다. 나비효과는 불안

정한 상태에서 초기 값의 미세한 차이가 기하급수적으로 증폭되어 차후에는
전혀 예측할 수 없는 상태로 확대된다는 의미이다.

즉 나비 한 마리가 북경에서 공기를 살랑거리면 다음 달 뉴욕에서 폭풍
이 일어날 수도 있다는 것이다. 사라예보 사건이 1차 세계대전으로, 리만 브
러더스 파산이 글로벌 공황으로 연결된 것이 그 좋은 예이다. 참고로 나비효
과는 불안정한 상태를 그 밑바탕에 두고 있다는 점을 인식하길 바란다.

3. 카오스이론과 주가의 연결고리

카오스이론을 통해 우리는 현실을 보는 또 다른 눈,
주가와 정보에 대한 또 다른 해석이 가능하다.

카오스이론이 주목받는 것은 기존 이론의 한계가 곳곳에서 관찰되고 있으며 그것이 이론적 결과물이 아닌 현실의 한 단면이라는 데 있다. 본 단락에서는 주식시장에서 관찰, 적용되고 되고 있는 몇 가지 현상과 개념에서부터 카오스이론의 토대를 찾아보기로 하자. 먼저 주식시장에는 주가가 대체로 정규분포를 그린다고 정의한다. 하지만 현실은 비정규분포임을 강변하고 있다.

정규분포의 철학적 의미는 '관점의 함정'에서 다루었으므로 생략한다. 여기서는 이론적 측면을 부각시켜 보겠다. 금융모형에서는 주가가 연속적이고 독립적이라면 주가수익률은 확률적 성격을 띠게 되며 중심극한정리 Central Limit Theorem에 따라 정규분포를 따르게 된다고 가정한다. 물론 극단치 이론EVT처럼 파레토 분포Pareto Distribution를 가정하는 모형들도 있다.

주식시장에 대한 실증적 분석결과는 주가수익률이 정규분포보다는 비정규분포를 그리고 있다는 데 손을 들어주고 있다. 하지만 금융모형들은 여전히 정규분포를 가정하고 있는데, 그 이유는 설명하기 쉽고 잘 이해되기 때문이다. 모형구축의 편의성 역시 일부 작용하였을 것이다. 현실보다는 이론과 적용상의 편의성으로 현상을 일반화시키는 것이다. 이는 자칫 투자위험을 저평가할 소지가 있는데, 일례로 VaR^{Value at Risk} 모형은 체계적으로 위험을 저평가할 개연성을 내포하고 있다. 따라서 일부 분석가는 표준편차를 이용하는 모수적^{Parametic} 방법 대신 일정한 분포를 가정하지 않은 비모수적^{Non-parametric} 방법, 퍼센타일 순위법^{Percentile Ranking Method}, 극단 값 이론을 선호하기도 한다.

여기서 주가수익률이 비정규분포라는 말은 도대체 무엇을 뜻할까? 이는 생각하는 것보다 주가 급등락이 빈번히 발생되며 비연속적 흐름도 감지된다는 의미이다. 정규분포에서는 규모가 큰 변동은 작은 변동들의 누적으로 본다. 즉 작은 변동의 연속과정으로 생각하며 추세가 매끄럽게 이어진다. 하지만 시장에 큰 충격이 가해질 때 주가는 비연속적 성질을 나타내며 구조적인 단절도 관찰된다. 물론 수익률 분포에도 두꺼운 꼬리가 생기는데, 이는 추세가 이어지지 않고 뚝뚝 끊어지는 것으로 해석할 수 있다. IMF 외환위기, IT버블 붕괴와 최근 증시상황에서 이런 현상은 자주 관찰된다. 예상보다 갑자기 뚝 끊어지는 구간들이 눈에 많이 띌 것이다.

정규분포와 함께 주가의 임의보행에 대한 의문도 카오스이론에게 숨 쉴 공간을 열어 준다. 대부분의 금융모형이 주가는 마팅게일 과정^{Martingale Process}을 따른다고 본다. 즉 내일 주가에 대한 최선의 예측치는 오늘 주가라는 것이다. 지난 과거에서 누적된 정보들은 오늘 주가에 모두 반영된 상태로 내일 주가에는 전혀 영향을 주지 않는다고 생각한다. '잠자리에 들기 전 오

늘의 나(오늘 주가)' 와 잠자리에서 깨어난 '내일의 나(내일 주가)' 는 근본적
으로 차이가 없다. 즉 동일한 인간이라는 것이다. 주가가 마팅케일 과정을 따
를 경우 과거 자료를 통한 주가예측과 분석이 의미를 잃게 된다. 따라서 기술
적 분석은 전혀 의미 없는 행위로 여겨진다.

임의보행Random Walk은 마케팅게일보다 좀 더 엄격한 개념인데, 이용 가
능한 정보에서 독립적일 뿐만 아니라 확률분포에도 독립적일 것을 요구한
다. 말하자면 무작위의 확률 과정이라는 의미이다. 여기서 정보로부터 독립
적이란 의미는 앞서 살펴본 것처럼 획득 가능한 과거 정보들과 주가가 의존
관계에 있지 않다는 말이다. 또한 확률분포 독립이란 정보가 주가의 분포, 왜
도Skewness, 비대칭성, 첨도Kurtosis, 집중도와 같은 구조적 특성과 의존 관계가 아니
라는 의미이다. 쉽지 않은 개념이므로 깊게 생각할 필요는 없다. 다만 대부분
의 주가예측모형은 폐쇄모형으로 미래주가는 새로운 충격에만 움직이도록
설정된다는 점 기억하길 바란다.

하지만 현실세계는 이런 논리들이 그대로 적용되지는 않는다. 개별투자
자마다 주어진 정보에 대한 반응속도가 다르기 때문이다. 9·11 테러사태 같
은 충격에 즉시 반응하는 투자자도 있지만 다른 투자자의 행동을 지켜본 후
매매판단을 내리는 이들도 있다. 또한 며칠을 심사숙고한 이후 매매포지션
을 결정하는 투자자도 있을 것이다. 이런 행위는 주가가 시계열적으로 상관
될 수 있다는 개념을 내놓는다. 즉 오늘 주가를 상승시킨 충격이 모두 반영된
것은 아니며 그 여파가 잠복해 내일 주가를 밀어 올릴 가능성이 있다는 추론
을 이끌어 낸다. 주가가 상승과 하락을 번갈아 가는 것이 아닌 연속 상승 혹
은 연속 하락하는 모습을 자주 보이는 것도 이런 논조에 바탕을 둔 것이다.

카오스이론은 효율적 시장가설과 다른 시각에서 증시를 바라보는데, 효율적 시장가설은 균형모형의 핵심으로 이성적이고 합리적인 시장과 투자자를 전제로 둔다. 하지만 시장은 비이성적으로 반응할 때도 있고 투자자는 합리적이지 않은 결정도 종종 내린다. 동일 정보에 대한 투자자의 반응 정도는 똑같을 것으로 가정하지만 현실은 그렇지 않다. 동일한 정보충격이 시장을 때려도 투자자는 독립적 반응을 내놓는다. 데이트레이더는 1~2% 변화에도 촉각을 곤두세우지만 장기투자자는 무시하고 지나간다. 어떤 이는 동일 정보라도 긍정적으로 보지만 또 다른 이는 부정적으로 해석한다. 정보가 동일하다고 그 반응 정도도 같은 것은 아니다.

로그주기성과 거듭제곱법칙도 적용해 볼 수 있다. 앞서 살펴본 프랙털과 끌개 개념과도 일부 연결되는 특징으로 이들은 복잡계 이론의 한 파편으로 생각할 수 있다. 주가가 로그주기성을 따른다면 그 모양의 찌그러짐 없이 사이클의 관찰이 가능하고 진동속도의 강약을 통하여 추세구조 전환, 주가 폭등과 폭락 등을 예측할 수 있다고 본다. 또한 거듭제곱법칙은 강도가 큰 지진 발생확률은 낮고 강도가 약한 지진 발생확률은 높다는 의미로 해석될 수 있다. 주식시장에 대입할 경우 버블 붕괴와 같은 대폭락 가능성은 상대적으로 낮지만 소규모 폭락이 올 확률은 높다는 뜻으로 볼 수 있다. 이런 현상은 현실적으로도 자주 관찰된다. 코스피가 5% 빠질 가능성보다 2% 떨어질 확률이 높고 또한 더 빈번히 나타난다. 로그주기성과 거듭제곱법칙을 혼합한 모형을 통하여 금융상품의 버블과 주가향방을 측정하기도 한다.

6장

먼 산의 경제논쟁이
나의 투자수익에 미치는 영향

통화론자들은 통화량을 물가수준과 명목소득 결정에 가장 중요한 변수로 보고 통화의 공급량이 단기적으로는 생산과 고용을 결정하는 지배적 결정요인이며 장기적으로는 오직 물가에만 영향을 미친다고 보았다. 그리고 실물생산은 장기적으로 변할 수 있는 기술, 자원의 양과 질 등 실물적 요인에 의하여 결정된다고 보고 있다.

바꿔 말하면 단기적으로도 생산, 고용 등에 영향을 미칠 수 있는 여타 실물요인들이 있을 수 있지만 그 결정적 영향력에 있어서 통화량에 비할 수 없다고 주장한 셈이다. 이는 경제가 유동성 함정에 빠져 있을 때에는 통화정책이 무력하다는 케인스 주장을 번복하는 정도가 아니라 총지출 결정에 통화를 가장 지배적이고 결정적인 요인으로 파악하여 단기적으로 통화량 변화 없이는 재정정책도 생산과 고용에 별로 영향을 미칠 수 없다고 단언한 것과 동일하다.

통화논쟁에서 케인지언과 통화론자 사이에 가장 첨예한 대립을 보인 부문은 통화 유통속도에 관한 가변성 문제이다. 유통속도에 관한 고전학파의 견해와 케인스의 견해차는 극명한데, 통화론자는 대개 고전학파의 견해를 지지하는 입장이다.

주식투자자에 있어서 이 모든 논쟁이 먼 산의 메아리처럼 들릴 것이다. 하지만 이론적 대립은 정책으로 표면화되고 정책은 경제와 금융시장에 영향을 미친다. 본 장은 이런 논쟁들 몇 가지를 소개하고, 그것이 증시에 어떤 영향을 미칠지 살펴보기로 한다.

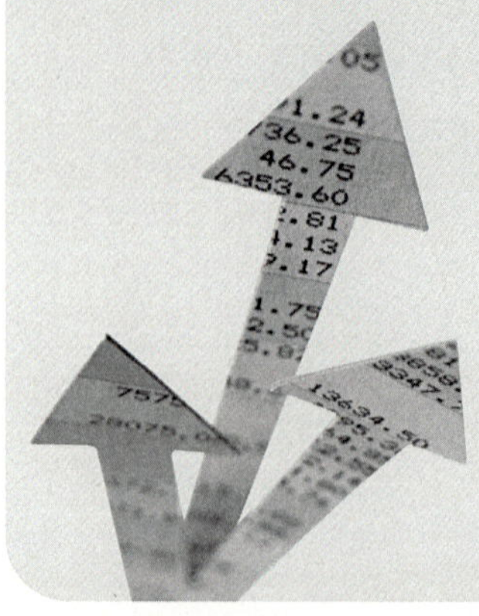

1. 통화량 증가는 주가를 끌어올리는가

풀린 지폐들이 주가를 끌어올리지만
부富는 그보다 더 축소될 것이다.

단기적으로 통화량 확대는 주가를 상승시키는 것으로 알려진다. 우리도 익히 알고 있는 유동성장세가 바로 그것이다. 글로벌 경기침체로 패닉에 빠질 것 같던 2009년 글로벌 증시를 떠받친 것도 유동성이다. 펌프질을 계속한다면 유동성이 폭발해 '에코버블'을 불러올 수도 있다. 몇 년이 흐른 후 지금 이 시기를 뒤돌아보면 현 단계가 에코버블이었을 수도 있다.

블룸버그 통신에 의하면 미국이 구제금융(대출, 보증 포함)에 쏟아부은 자금규모는 12조 8,000억 달러에 이르는 것으로 나타났다. EU는 2,000억 유로 상당의 자금집행 계획을 내놓았으며, 중국과 일본 역시 4조 위안과 27조 엔 규모 경기부양책을 공포하였다. 글로벌 단위의 돈 잔치가 벌어지고 있는 셈이다.

다만 중장기로 시점을 이동할 경우 그 영향력은 불투명하다. 팽창된 통화는 우선 시간차를 두고 물가상승을 부채질할 것이다. 수요감소로 물가상승 압력이 사라진 것처럼 보이지만 머지않아 인플레이션이 세계를 뒤덮을 것이다. 찾아오지 않을 것 같지만 항상 불길한 예감은 현실화된다. 뿌린 씨앗이 어디로 사리지는 것은 아니기 때문이다.

유럽은 하이퍼인플레이션Hyper-inflation까지 염두에 둔 행보를 보인다. 물가상승은 보통 화폐가치를 하락시키고 자산가치를 상승시킨다. 이런 사이클이 안정적으로 이루어진다면 주가는 올라갈 것이다. 안정적 인플레이션은 증시에 분명 긍정적이다. 하지만 관리범위를 넘어선다면 지금 우리가 겪고 있는 버블과 그 붕괴 과정을 가까운 장래에 재확인할 것이다.

그럼 왜 안정적 인플레이션이 힘든지 그리고 중장기적으로 주가에 부정적인지 간략히 살펴보자. 이론적으로 물가상승은 생산비(원자재, 임금, 토지)를 상승시킨다. 하지만 대다수 기업들이 공장부지를 직접 소유하고 있으며 일부 제조업은 필요 이상의 막대한 토지를 보유하고 있다. 계열사를 통하여 간접적으로 부동산 투자를 병행하기도 한다. 주 영업이익보다 투자이익이 더 큰 경우도 흔히 있다. 이윤 측면에서 통화량 확대가 고정비인 토지에 오히려 긍정적으로 작용하게 되는 것이다.

반면 변동비인 원자재와 임금에는 분명히 부정적 영향을 미친다. 현실적으로 임금은 반변동비로 보는 것이 합당하다. 시장경쟁이 치열하지 않다면 기업은 생산원가 상승분을 판매가격으로 이전시킨다. 독점과 과점기업 이익이 대폭 신장될 수 있는 여건이 조성된다. 경제구조를 불안정하게 몰고 갈 수 있겠지만 시가총액 상위종목 영향력을 감안할 때 증시에는 일단 긍정적이다. 다만 경제시스템 자체를 날려 버리는 하이퍼인플레이션, 스태그플레이션, 버블 붕괴로 이어진다면 증시도 더 이상 버티지 못할 것이다.

이 문제를 좀 더 전진시켜 보자. 통화와 물가의 일반적인 관계는 피셔 방정식으로 파악할 수 있다. 피셔는 통화량과 통화유통속도의 곱은 물가와 통화거래량과 일치한다고 보았다. 일반적으로 통화유통속도와 통화거래량이 일정하다면 물가는 통화의 공급량에 정비례한다는 사실을 알 수 있다. 통화정책을 둘러싸고 정부와 중앙은행이 종종 힘겨루기를 하는 원리도 이 속에 숨어 있다.

경제를 움직이는 철학적 시스템이 자유경제이든 혹은 계획경제이든 매년 각국은 목표 경제성장률을 설정한다. IMF와 각종 민간연구소 역시 예상 경제성장률 수치를 발표하고 있는데, 이는 통제보다는 관리와 예측에 무게를 둔 것이다.

정부는 태생적으로 물가안정보다는 성장에 더 높은 관심을 가질 수밖에 없다. 디플레이션보다는 인플레이션에 더 관대한 자세를 보이는데, 이는 경제성장률이 정권의 정당성을 대변해 주기 때문이다. 글로벌위기가 전 세계를 강타할 때도 중국은 홀로 고성장을 지속하고 있다. 2009년 3분기 말 현재 경제성장률은 7.7%로 0.6%에 그친 한국과 상당히 대비되는 수치를 내놓고 있다. 관료계급 인사평가 항목에 경제성장률 수치가 포함되어 있기도 하다.

중국과 같은 극단적 상황은 아니지만 미국, 유럽 역시 안정보다는 성장에 무게를 두는 것은 매한가지이다. 대부분의 투자자가 비관보다는 긍정에 열광하듯이 대다수 국민도 안정보다는 성장에 더 높은 점수를 준다. 시스템적으로 안정을 퇴보로 인식하는 잘못된 견해들이 팽배해 있다. 혼란 속에 기회가 오듯이 성장 속에 이권이 존재한다.

정부와 중앙은행의 정책충돌 양상을 간단한 논리식으로 살펴보자. 통화증가율은 물가상승률과 경제성장률에 통화유통속도를 제한 값이다. 개별수치 모두에 목표 혹은 예상이라는 문구를 삽입해도 된다. 여기서 통화유통속도는 일정한 것으로 가정한다. 그 결과 경제성장률은 통화증가율과 물가상승률에 따라 좌우되게 된다. 즉 경제성장률을 높이기 위해서는 통화증가율을 상승시키든지 혹은 물가상승률을 하락시키면 된다. 가장 이상적인 형태는 통화증가율 상승과 물가상승률 하락이 조합된 모습일 것이다.

위 논점을 간단한 사례로 풀어 보자. 정부는 한 해 성장률 수치를 5%로 설정한 반면, 중앙은행은 물가안정을 고려하여 통화량 증가율을 최대 8%로 두었다. 그럼 성장률 5% 달성을 위하여 물가상승률을 3% 이내로 억제해야 한다는 결론이 도출된다. 그러나 개방경제하에서 한 국가의 물가는 통제변수가 아니다. 중국, 일본, 한국과 같은 통상주도형 국가의 경우 물가통제는 더욱 힘들다. 공공과 민간부문을 통틀어 노동비용을 제외하고 손댈 곳이 그리 많지 않다. 따라서 정부는 목표 경제성장률 실현을 위하여 인건비 하락에 개입하게 되며 이는 노동조합의 저항을 불러일으킨다.

중앙은행 독립성을 침해하면서 통화증가율을 10%로 상향시킨다면 어떤 결과가 발생할까? 중앙은행 반발과 시장 우려는 무시하더라도 앞서 피셔 방정식에서 보듯이 통화량 증대는 물가상승을 초래하며, 이는 경제성장률을 갉아먹는 요인으로 작용한다. 통화론자들이 정부정책과 별도로 통화증가율을 매년 일정하게 유지할 것을 주장하는 이유이다. 실질효과는 뚜렷하지 않고 물가상승은 명확하다는 것이 대체적 견해이다.

통화량 확대는 단기 주가에는 이롭다. 베어마킷 랠리(약세장 속의 일시적 상승)가 올 수도 있다. 하지만 중장기적으로는 화폐가치를 떨어뜨리고, 물가상승을 부채질하여 결국 주가폭락을 유발할 것이다. 안정적 버블이 모순적인 것만큼 안정적 인플레이션 역시 실현되기 힘들다. 통화량이 비정상적으로 확대된다면 버블 붕괴를 고려한 중장기투자전략을 수립하길 바란다. 주식이 인플레이션 헤지효과가 있다는 견해도 있지만 그 결과는 뚜렷하지 않다.

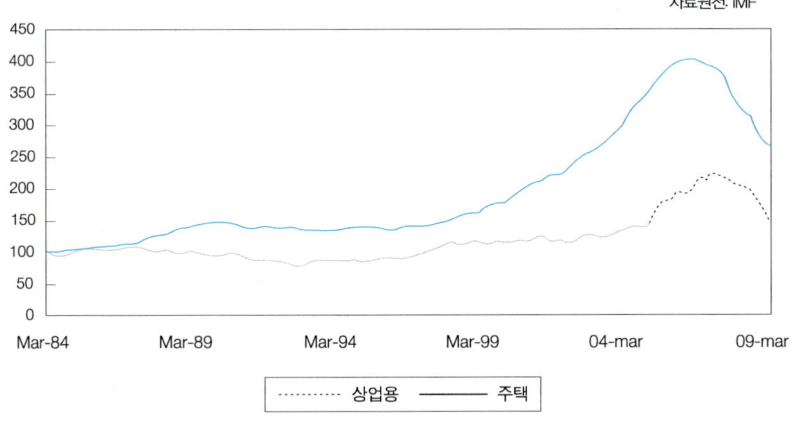

〈그림 6-1〉 미 부동산 가격추이(1984=100)

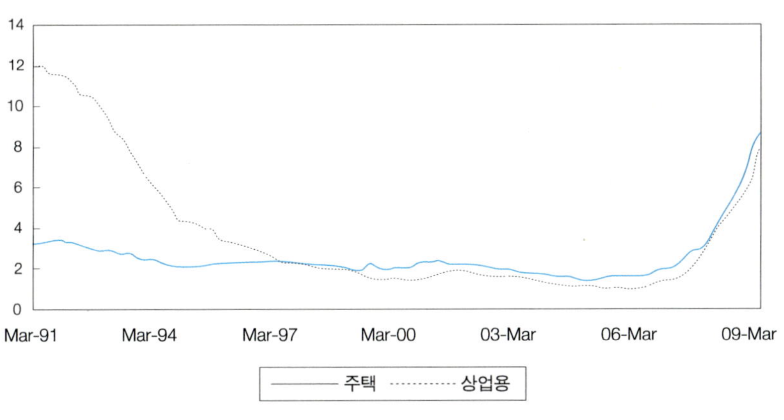

〈그림 6-2〉 미 부동산 가격추이(1984=100)

참조: 과도하게 풀린 유동성은 부동산 시장에 거품을 잔뜩 끼웠으며 2006년 하반기 버블이 붕괴
되자 주택가격은 떨어지고 연체율은 치솟는 모습을 그리고 있다. 2009년 상반기 주택과 상업용
부동산 가격은 1984년 대비 2.7배와 1.4배 수준을 유지하고 있다. 한편 주택과 상업용 부문 연체
율은 8.8%와 7.9%로 주택 부문이 조금 앞선다. 부동산 가격이 하락할수록 연체율은 상승할 것이
며 경제와 증시에 짐으로 다가올 것이다.

2. 이자율이 주가에 미치는 영향

보통 금리와 주가는 반대로 움직인다.
그러나 '항상' 은 아니다.

연방준비제도이사회가 금리를 변동시킬 때마다 미 증시는 요동을 치고 글로벌 증시에 파랑을 일으킨다. 일반적으로 금리를 인상하면 주가는 떨어지고 인하하면 올라가는 경향이 있다. 반등에 성공한 2009년 글로벌 증시가 금리인상으로 대변되는 출구전략에 촉각을 기울이는 이유도 여기에 있다. 시중에 풀린 통화를 회수하면 실적장세가 오지 않는 한 위태위태하게 지속되고 있는 유동성 장세는 양날의 칼로 작용하기 때문이다. 특별한 이론을 굳이 끌어내지 않더라도 수시로 관찰되는 현상이다.

통속적으로 주식과 채권은 대체관인데, 금리가 인상될 경우 주식보다는 채권이 더 매력적이며 자금은 주식시장에서 채권시장으로 이동하게 된다. 채권왕 빌 그로스가 "주식을 팔아라. 지금이 채권을 살 때"라고 매년 나팔을 불고 있는 것만 보아도 두 시장 간의 관계를 짐작할 수 있다.

금리인상은 기업의 자본비용 확대로 연결된다. 경기상승에 따른 자금수요 확대라면 투자자는 일단 넘어간다. 상식선에서 이해되기 때문이다. 미래 수익 확대를 위한 경영적 측면으로 보며 경기 상승국면에서는 대개 부채보다는 이익에 투자초점이 맞추어진다. 영업이익이 금융비용을 충분히 커버한다면 부채규모에 대하여 너그럽게 눈감아 준다. 하지만 금리가 일정 수준을 넘어선다면 즉 투자수익률과 무위험수익률 간의 격차가 상당히 축소된다면 자금은 점차 예금과 채권에 몰리게 된다. 경기과열 방지를 위한 통화당국의 사전적 조치일 수도 있지만, 대개 버블이 만연될 때 관찰되는 현상이다.

경기과열을 막기 위해 정책당국이 긴축통화정책을 시행하면 이자율이 일시적으로 최종 균형이자율 수준을 크게 상회하게 된다. 이것을 통화정책의 '오버슈팅' 현상이라고 한다. 긴축통화정책에 따른 오버슈팅 현상이 발생하면 이자율 급상승을 불러일으킬 수 있다. 차입금 비중이 높은 기업은 금융비용 심화로 부도위험에 직면하기도 한다. 만약 긴축에서 확장으로 통화정책 기조를 바꾼다면 단기 이자율은 하락하게 되며 기업 금융부담은 감소하게 된다. 다만 그 방향이 어떠하든지 구조적 경제위기에 대한 근본적 대책은 될 수가 없다.

한편 시장이 유동성 함정에 빠진다면 금리를 아무리 낮추어도 주가향방은 뚜렷하지 않은데 이는 통화문제가 아닌 가치와 심리적 요인이기 때문이다. 10억짜리 아파트가 매달 5,000만 원씩 떨어지는 상황이라면 연 10% 이자율을 제로금리로 두어도 투자심리는 회복되지 않을 것이다. 주가에 대한 금리효과는 가격과 가치가 일정한 범위 안에서 움직일 때만 유효하다. 일단 주가가 가치를 압도한다면 금리향방에 따라 주가가 움직이는 것이 아닌 가치로의 회귀수준에 따라 좌우된다.

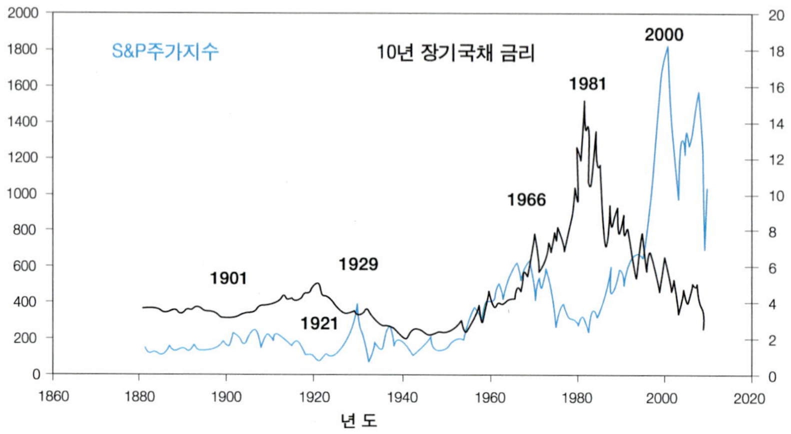

[그림 6-3] S&P 조정 주가지수와 10년 장기국채 금리

솔직히 말해 이자율을 둘러싼 경제변수 움직임은 학문적으로 그리 명확하지 않다. 모든 경제변수들을 폐쇄적 모형 틀 속에서 넣을 수도 없을뿐더러 검증과정 역시 주관적 요인에 따라 좌우되기 때문이다.

그럼 케인스학파에 대한 프리드먼의 반박을 통하여 금리를 둘러싼 일부 논쟁을 살펴보기로 하자. 이런 논쟁을 통하여 우리는 통화정책 일면을 살펴볼 수 있으며, 그에 따른 주식투자전략을 재점검할 수 있다. 참고로 통화론자들은 투자가 이자율에 탄력적인 것으로 보지만 케인지언은 그 반대로 매우 비탄력적인 것으로 해석한다. 다음은 프리드먼의 주 반박 내용이다.

첫째 통화수요는 소득, 이자율 등 그 결정요인과 안정적인 관계를 가진다. 이 말은 유통속도 역시 소득과 이자율 등 경제변수와 안정적인 관계를 가지고 있다는 것을 의미하며 소득이나 이자율과 같은 경제변수 움직임을 통하여 유통속도를 사전에 예측할 수 있다는 말이다. 케인스가 주장한 대로 유통속도의 가변성을 인정한다 하더라도 통화정책 시행에 문제가 없다는 것을 뜻한다.

둘째 이자율은 통화수요에 중요한 역할을 하지 못한다. 이것은 통화수요와 이자율 간의 연관성이 그리 크지 않다는 것을 의미한다. 고전학파가 통화수요함수를 설정할 때 소득함수인 거래적 수요만을 상정하고 이자율함수인 투기적 수요를 무시한 것도 무리한 가정은 아니라는 점을 뒷받침한다.

셋째 장기적으로 통화량 증가는 오직 물가에만 영향을 미칠 뿐 생산량, 실질소득에는 영향을 미치지 못한다. 다만 단기적으로는 생산과 고용수준에 통화량이 결정적 요인으로 작용할 수도 있다.

상기 주장 이외에 프리드먼은 통화정책에 따른 이자율 효과를 다음과 같이 설명하고 있는데, 시사용어로도 자주 등장한다. 통화공급이 일순간 확대되면 유동성 초과공급이 발생하며 현물과 채권을 매수하려는 투자자가 증가하게 된다. 글로벌 경기침체 속에서 금값은 뛰고 부동산 과열이 감지되는 것도 같은 이치이다. 또한 미국은 막대한 국채를 팔아 제쳤다. 변수 간 인과관계는 논외에 두고서라도 결국 이자율은 낮게 유지되고 있는데, 우리는 이를 유동성 효과Liquidity Effect라 부른다.

하지만 투자증대로 소득이 확대되면 통화수요를 촉진시키고 결국 이자율 인상을 부른다. 즉 소득효과Income Effect가 발생하는 것이다. 현실적으로는 시장요인보다 과도하게 풀린 유동성을 흡수하려는 정책요인이 더 큰 영향을 발휘하였을 수도 있다. 한편 통화증대가 인플레이션으로 이어진 경험을 토대로 투자자들은 통화량 증가 그 자체를 인플레이션 예상 시그널로 받아들이며 따라서 인플레이션 프리미엄을 요구하게 된다. 명목이자율은 상승하게 되고 자금수요는 한층 조장하게 된다. 소위 가격효과Price Effect가 발생하는 것이다.

한편 케인스가 '깁슨의 역설Gibson's Paradox'로 통화량 증가와 이자율 간의 역의 관계를 비판한 것과 달리 통화론자들은 이를 당연한 결과로 생각한다. 통화량 증가가 이자율에 미치는 이러한 조정과정은 케인스가 믿었던 통화량 증가가 이자율을 하락시킬 것이라고 본 바와는 상당히 다른 결론이다. 즉 통화와 이자율 관계가 매우 불확실하다는 것이다. 이 문제는 현재까지도 논란이 되고 있는데, 이자율을 낮추기 위하여 통화공급을 확대할 것인가 또는 확대해서는 안 될 것인가에 관한 문제를 낳고 있다.

3. 투자승수로 본 소비와 투자

한계소비성향이 1을 초과하면
투자할수록 오히려 경제는 축소된다.

본 단락에서는 케인스의 단순모형을 통하여 승수효과를 간단히 풀어 보자. 승수효과가 중요한 이유는 투자 파급력을 쉽고 명확히 설명하기 때문이다. 또한 왜 글로벌 경기침체 과정에서 각국 정부들이 재정확대 정책을 취하고 중국이 기초인프라와 10대 전략산업을 선정해 자금을 집중 투하하는지 그 이유도 알 수 있다. 부과적으로 미국 경제구조의 본질적 한계 역시 직시할 수 있을 것이다.

흔히 국민소득이나 이자율과 관계없는 지출을 독립지출이라고 한다. 케인스 이론에 의하면 독립지출이 증가하면 국민소득은 독립지출 증가분 그 이상 몇 배 확대된다. 이것을 우리는 승수효과라 부른다. 이때 승수는 균형국민소득증가분을 최초 총수요 증가분으로 나눈 값이다.

먼저 한계소비성향이란 개념을 파악해야 되는데, 본인이 가진 돈을 모두 저축하면 0, 반대로 모두 소비하면 1의 값을 가진다. 현실적으로 모두 사용하지도 또는 저축하지도 않기 때문에 한계소비성향은 대개 0과 1 사이의 값을 가리킨다.

승수효과는 한계소비성향에 따라 좌우되는데, 간단한 사례를 통해 그 의미를 알아보자. 만약 한 국가가 댐을 짓기 위하여 1조 원을 투자한다면 최초로 1차 발주업체가 공사대금을 수령할 것이며 그 가운데 일부는 이익으로 유보될 것이다.

한계소비성향 즉, 공사비가 공사대금의 80%를 차지한다면 1조에 0.8을 곱하여 8,000억 원이 순수하게 댐 공사에 투하될 것이다. 그럼 8,000억 원은 어떤 형태로든지 2차 발주업체에게 넘어갈 것이고, 2차 발주업체도 8,000억 원을 모두 투입하지는 않았을 것이다. 이익이 없다면 댐 건설에 참가할 이유가 없기 때문이다. 만약 2차 발주업체도 20%의 이익만 보고 80%는 3차 발주업체에게 넘긴다면 총 6,400억 원이 이전된다.

상기의 순환과정을 통하여 우리는 투자는 1조 원이지만 총 파생효과는 5조 원이 되는 결과를 얻게 된다. 투자승수를 구하는 공식은 $1/(1-b)$로, 여기서 b는 한계소비성향, 위 예의 경우 이익으로 유보된 20%를 제한 투입비 80%를 의미한다.

투자승수와 같은 효과를 내는 것으로는 화폐유통속도가 있다. 통화론자와 케인지언이 가장 첨예하게 대립되는 부분이기도 하다. 투자승수가 안정적이라면 소득을 예측하고 그것을 기반으로 정책을 입안하는데, 케인스 이론이 보다 유용하고 만약 화폐유통속도가 더 안정적이라면 통화론자의 주장이 더 설득력을 갖게 될 것이다.

위 내용을 좀 더 확대하면 우리는 미국경제가 내포한 문제점들을 간단히 유추할 수 있다. 미국은 대규모 자본유입을 통하여 경제를 지탱하고 있다. 능력 이상으로 소비를 하고 있는데, 이는 한계소비성향이 1을 초과한다는 의미이다. 투자승수는 확대보다는 오히려 축소되며 투입량보다 국민소득을 감퇴시킨다. 즉 마이너스(−) 성장이 일어나는 것이다. 이런 경제구조하에서는 경제성장률이 플러스(+)인지 혹은 마이너스(−)인지는 중요하지 않다. 경제 본연의 능력이 퇴보하고 있는 셈이다.

이론적 고찰을 하지 않더라도 현실적으로 느끼는 상황이며 이에 관한 수많은 문헌 역시 동일한 방향을 가리키고 있다. 경제와 증시 반응속도가 반드시 일치하는 것은 아니지만 침몰하는 경제에 높은 점수를 매길 투자자는 없을 것이다. 일례로 투자전설로 불리는 타이거펀드의 쥴리언 로버트슨^{Julian Robertson} 회장은 2009년 9월 CNBC와의 인터뷰에서 침체는 일시적으로 중단되었지만 미국은 갚을 수 없는 너무 많은 돈을 중국과 일본으로부터 빌렸다고 판단했다. 이들이 미 국채를 매입하지 않았다면 미국은 아마겟돈적 상황에 빠졌을 것이며 우리는 디플레이션보다 인플레이션을 더 걱정해야 된다고 생각했다. 치솟는 물가는 미국인을 쓸어버릴 것이며 빌린 돈으로 이끌어 낸 소비와 투자가 얼마나 경제를 안정화시키고 실질 성장으로 이끌지는 여전히 의문시된다.

4. 재정, 통화정책의 차이로 본 투자환경

가치유지와 경기안정화, 어디에 방점을
놓는지에 따라 정책은 바뀔 수 있다.

재정과 통화정책이 글로벌 경제위기 탈출이라는 사명을 부여받고 쌍두마차처럼 함께 내달리고 있다. 시스템 붕괴 문턱에서 일단 한숨은 돌렸지만 그 후유증은 상당히 길고 넓게 이어질 것이다. 구조론적으로 보면 화폐와 자본으로 구분된 금융시장이 통합화 과정을 겪으면서 중앙은행들이 자본친화적으로 탈바꿈한 것 역시 금번 위기를 촉진한 것 같다.

증시는 실물경제보다 심리적 요인에 강한 지배를 받는다. 대규모 경기부양과 유동성 공급으로 점차 투자심리는 회복되겠지만, 그 구체적 방법에 따라 다른 반응을 보일 것이다. 즉 각국의 부양책이 누구를 중심에 두고 있는지에 따라 그 효과는 상이할 것이다. 그럼 재정과 통화정책의 차이를 5가지 측면에서 알아보고 그것이 경제와 투자환경에 어떤 영향을 미칠 수 있는지 간단히 살펴보자.

첫째 통화정책은 통화가치 안정화, 즉 부의 실질적 가치 유지에 중점을 두고 있다. 반면 재정정책은 경기안정화에 무게를 둔다. 이자소득자는 재정정책보다 통화정책에 더 친화적인데, 케인스는 이들에 대한 경멸적 감정을 숨기지 않았다. 경제가 파멸로 돌진해도 그들은 돈놀이에만 관심을 가진다고 본 것이다. 하지만 최근 금융가들은 이자보다 자본이득에 더 관심을 가지며 실물경제에 적극적으로 뛰어든다. 따라서 어떤 정책이 더 유리한가는 투자자 입장에서 단정 짓기 힘들다.

둘째 케인지언은 경제란 본질적으로 불안정한 것이어서 완전고용, 물가안정, 경제성장 목표 등을 달성하기 위해서 경제흐름에 정부가 안정화 정책, 즉 재정정책을 통하여 적극 개입할 필요가 있다고 주장한다. 반면 통화론자는 경제란 본질적으로 안정적이며 균형상태를 단기적으로 이탈할 수는 있지

자료원천: dshort.com

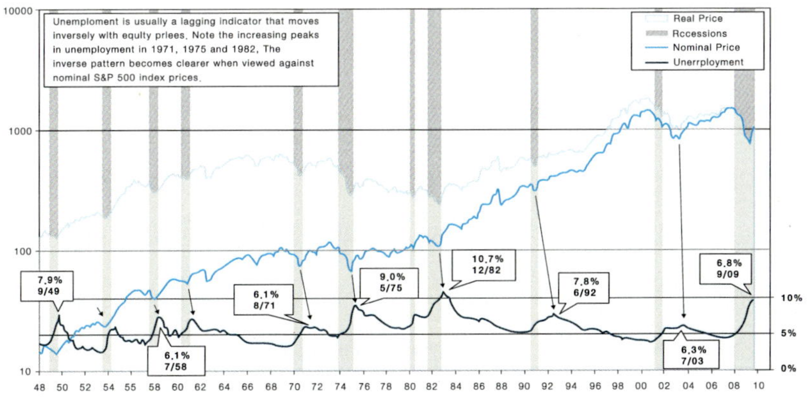

[그림 6-4] 실업률과 S&P 주가흐름

만 장기적으로는 회귀한다고 믿는다. 이들은 심각한 경제문제는 정책실패에 따른 결과이지 시장문제는 아니라고 생각한다. 하지만 시장시스템 자체가 빈번히 붕괴됨에 따라 그 논리적 타당성이 의심받고 있다.

셋째 재정정책이 실물경기에 미치는 영향은 직접적이지만 통화정책은 간접적이다. 그 결과 효과의 즉시성과 정치적 매력 면에서 재정정책보다 뒤처진다. 재정정책 효과는 어떤 재원을 통하여 정부지출을 조달하는가에 따라 다르다. 일반적으로 필요자금을 중앙은행에 국채를 매각해서 조달할 경우 효과가 가장 크고, 그 다음이 민간부문에 국채를 매각하는 경우이다. 세금으로 조달한다면 재정효과는 낮은 것으로 알려진다. 한국은행이 국채매입을 최후의 카드로 생각하고, 다급한 미 연준이 2009년 3월 3,000억 달러 국채매입을 실시한 것도 금리카드로는 약발이 부족했기 때문이다.

넷째 정책 실행통로가 다르다. 통화정책은 기업 자율성에 의존하지만 재정정책은 정부가 투자 우선순위를 사전 결정한다. 그 결과 집중과 다양성 문제에 직면하게 된다. 통화정책은 다양성은 확보되지만 집중성은 떨어지며 장기보다는 단기 프로젝트에 자금이 흐를 소지가 높다. 반면 재정정책은 집중성은 확보하고 있지만 그 투자대상이 제한적이라는 문제점이 존재한다.

철도, 도로, 댐, 전력 등과 같은 기초인프라 부문에만 투하된다면 특정 자원과 업종 거품을 유발할 수 있다. 오바마 정부가 전통 인프라 산업이 아닌 그린뉴딜을 추구하는 원인도 여기에 있다. 1930년대와 현 21세기 미 경제구조는 상이할 뿐만 아니라 투자파급 효과와 지속성 면에서 기초인프라는 한계점이 있다. 또한 부동산버블 붕괴로 촉발된 현 위기 치유책을 건설에서 찾기는 힘들었을 것이다.

다섯째 이자율에 미치는 두 정책 영향력은 대개 상반된 입장을 취한다. 앞서 살펴보았듯이 재정확대 정책은 이자율을 상승시키지만 통화확대 정책은 오히려 이자율을 하락시킨다. 글로벌공황이 현실화된 현재 각국은 재정과 통화정책을 동시에 배합하는 전략을 취하고 있는데, 이를 특수한 상황에서는 특수한 대책이 필요하다는 말로 대신하고 있다. 차후 부작용이 발생하더라도 시장기능에 대한 개입을 통해 발등의 불을 우선 끄겠다는 의도로 생각된다.

현시점에 집행되고 있는 각종 정책에 대한 평가는 현재보다는 역사의 몫으로 돌려야 할 것 같다. 다만 지금 상황이 최선은 아닌 것 같다. 투자 측면에서 재정정책이 단순한 기초인프라에 집중된다면 수혜업종과 종목은 제한될 것이며 증시탄력성은 상대적으로 떨어질 것이다. 또한 재정의 원천이 세금이라는 점에서 증시로 흐를 유휴자금을 감소시킬 것이다.

재정지출 확대 수혜층이 상위계층으로 몰리고 그 비용부담이 일반대중에게 이전된다면 증시 지지기반은 취약해질 것이다. 증시는 개인, 기관투자자, 외국투자자로 구분된 삼두마차에 의해 굴러가게 되어 있으며, 그 가운데 한 축이 완전히 무너진다면 중장기 상승 그래프를 기대하기는 힘들다.

5. 신자유주의는 나의 투자수익을 끌어올렸는가

신New이라는 말이 여러분의 수익을 보장하는 것은 아니다.

이론적으로 신자유주의는 신자유제도주의Neo-liberal Institutionalism의 약칭으로 제도주의적 관점에서 문제를 풀어내는 사상이다. 하지만 정책분야로 넘어설 때는 사뭇 그 의미가 달라지는데, 일례로 경제정책에서는 자유무역, 시장개방을 도모하는 형태로 표출되고 외교정책에서는 서방, 특히 미국 주도의 민주주의와 자본주의 정치체제로의 전환을 요구하게 된다. 최근에는 환경이 환경상태를 넘어 경제영역으로 들어옴에 따라 환경문제에 부쩍 관심을 보이고 있다. 1990년대 이후 '레짐Regime' 혹은 '글로벌 스탠더드' 라는 용어가 빈번하게 등장한 이유도 이들의 영향에 기인한 것이다.

신자유주의는 양적으로 팽창된 경제와 달리 질적 지표는 점차 쇠퇴해져 가는 경제환경 속에서 태동하였다. 내부적 경쟁과열과 대비되는 협소한 시장, 쉴 없는 노동자들의 요구, 제한된 투자기회 등은 기업 수익성을 떨어뜨렸는데, 그 결과 이들은 제약 없는 환경 속에서의 자유로운 투자활동에 목매달

대한민국 100%를 위한 1%만의 투자정보

게 된 것이다. 시장제한은 세계화 개념으로 풀어 버리고 법적, 사회적 제약은 글로벌 스탠더드라는 표준정관을 통해 해결하였다. 비판 없이 보면 논리적 타당성도 확보하고 고객이익도 우선시되는 듯한 느낌을 준다. 큰 틀에서 보면 보호무역과 투자제한은 고객이익을 헤치고 귀족화된 노동자들과 노동조합은 기업경쟁력을 감퇴시키고 대승적으로는 세금을 축낸다고 주장하는 데 반론을 제기할 이는 드물 것이다.

다만 타당성이 없는 궤변은 존재하지 않으며 논리로 본질을 흩트리면 남는 것은 쟁점이고 결과는 힘에 의해 좌우된다. 완전자유는 방종으로 완전경쟁은 적자생존을 넘어 독점으로 귀착된다. 성인과 어린애를 원형 경기장에 넣고 죽을 때까지 검투경기를 시킨다면 절대적 확률로 생존자는 성인이 될 것이다. 스틸 없는 경기를 본 관중들은 만족했겠는가? 입장권이 아깝다는 생각이 들것이다. 설상가상으로 다른 채널을 선택할 권한이 없다면 체념하든지 아님 떠나는 방법밖에 없다. 이것이 바로 신자유주의가 가진 본질적 한계이다.

여기서 신자유주의가 가진 사상적 뿌리와 배경을 좀 더 살펴보기로 하자. 신자유주의는 보수주의와 자유주의에서 이념을 카피했는데, 때마침 미국과 영국에서 우파 행정부가 들어서고 여기에 IMF와 세계은행이라는 국제 금융기구가 합세하면서 케인스주의에 대한 반격의 닻을 올렸다. ‘신자유주의 세계화’ 라는 어색한 타이틀부터 명품의 권위를 상실하게 하였다. 여기서 신New은 보수와 등가이며 올바로 표현하지면 ‘보수적이고도 자유주의적인 세계화’ 정도로 요약할 수 있다. 진보보다는 덜하겠지만 보수와 자유는 공통분모보다 충돌할 영역이 많은 개념이다. 보수는 고립주의를 선호하며 불안정한 미래보다는 안정된 현재에 무게를 둔다. 기업들에게 PR하기 위해 '신'이라는 개념과 '세계화'를 굳이 끌어들였지만 철학체계의 취약성은 어쩔 수 없었을 것이다. 부시정책에 대한 조지소로스의 공공연한 반대, 현실주의자들과의 불편한 관계 등에서도 잘 알 수 있다. 세계화는 면면히 흐르는 시대적 요구이지 미사여구로 형용화될 주제는 아니다.

어쨌든 이들 연합으로 '워싱턴 컨센서스'라는 기조가 탄생되었다. 대처Thatcher, 전 영국총리로 1979~1990년 재임는 TINAThere is no alternative, 대안 같은 건 없다라는 슬로건을 내걸고 각국 정부를 압박하였다. 그 당시 영국경제는 금융을 제외하고는 대안이 없었으며 미 경제도 70년대를 정점으로 쇠퇴조짐을 보였다. 엄밀히 말해 대안이 없는 것이 아닌 새로운 대안이 필요한 상태였다.

워싱턴 컨센서스는 정부예산 삭감, 기간산업 민영화, 외국자본에 의한 M&A 허용, 정부규제 축소, 재산권 보호자본, 시장 자유화, 외환시장 개방, 관세인하로 집약된 8가지 조치를 담고 있다. 상기 컨센서스에 기초하여 세계경제가 돌아간 결과 케인스주의는 역사의 한편에 밀려났으며 동유럽, 소련은 무너지고 중국은 시장주의 사회경제체제를 내걸었다. 그러나 실물경제는 생각만큼 개선되지 않았으며 금융과 서비스부문만 비대해지게 되었다. 국제금융시장 전반에 거쳐 주기적 버블이 관찰되었으며 빈부격차는 확대된 것이다.

1990년대 중반으로 넘어오면서 세계화에 대한 반대 여론이 체계적으로 형성되었으며 "또 다른 세계는 가능하다."라는 슬로건도 등장하였다. 유럽이 다시 중립지대로 넘어갔으며 넘쳐나는 인구를 빼고는 내세울 것이 없던 중국과 인도가 팽창된 경제규모를 바탕으로 새로운 플레이어로 등장하였다.

러시아는 자원을 무기로 옛 영광을 회복하려고 시도했다. 이런 움직임에 반하여 신자유주의 세계화의 두 축인 미국과 영국은 IT버블 붕괴로 신경제 성장동력을 소진하였으며, 9·11 테러와 뒤이어 터진 이라크와 아프가니스탄 전쟁으로 깊숙한 수렁에 빠져들었다. 부동산에 이어 터진 신용버블 붕괴는 신자유주의 세계화 종말을 앞당겼으며 레이거노믹스는 오바마노믹스로 대체되었다.

『세계화의 종언』이란 책을 발간한 해롤드 제임스 교수는 '세계화'는 색다른 주제가 아니라고 말한다. 그는 16세기는 과학과 상업의 급격한 발달로 르네상스를 열었지만 그 이후 급격한 인플레이션과 전쟁 등의 반작용이 있었다고 보았다. 근대 3대 버블인 튤립버블Tulip Mania, 미시시피버블Mississippi Bubble, 사우스시버블South Sea Bubble 역시 이 무렵에 발생하였다. 상기 버블에 관한 자세한 내용은 11장에서 살펴보기로 한다. 1세기 동안 지속된 산업혁명이 19세기 후반 마침내 그 꽃망울을 터뜨렸으며 자본주의가 본격적으로 전면에 등장하였다. 과학기술의 발달과 물질적 풍요는 사람들을 지나친 낙관주의에 경도되게 하였다.

낙관의 정점이 바로 비관의 시작이라는 말처럼 1차 세계대전에 이은 대공황, 그리고 중상주의와 보호주의의 재등장으로 세계는 퇴보의 길을 걸었다. 이상적 낙관주의는 극단적 전체주의로 변질되었으며 세계는 또다시 2차 세계대전의 수렁에 빠져들었다. 그 결과 유라시아 지역은 역사상 처음으로 세계주도권을 상실하였으며 북미가 새로운 중심축으로 부상하였다. 고립적인 먼로주의를 포기하고 미국은 제국으로 거듭나게 된 것이다. 사실 제국의 출현이 투자자들에게 나쁜 것만은 아니다. 통제되지 않는 권력도 문제이지만 중심 없는 권력도 바람직한 현상은 아니다. 핵심은 제국이 어떤 이념을 가지고 있는지일 것이다. 일방인지 아님 다자인지, 명령인지 또는 협상인지 제국은 선택하여야 하는 것이다. 21세기 초 미국은 일방과 명령을 선택했으며 그 결과로 제국의 붕괴는 앞당겨졌다. 부시의 후임인 오바마 미 대통령은 다자와 협상을 선택했다는 이유만으로 2009년 노벨상을 수상하기도 했다.

경제적으로 신자유주의 세계화는 자본과 분업을 두 축으로 가동되는데, 그 배급권은 국제금융가들이 지배하고 있다. 그린스펀은 이들의 전위장교로 그는 정책결정에 있어 '인플레이션과 금리' 딱 두 가지만 훑어보았다. 인플레이션은 중국에서 생산되는 상품에 의해 관리되었으며 금리는 일본, 중국을 필두로 저축대국과 중동의 석유달러로 유지되었다. 그 결과 윤활유를 뿌리고 24시간 달러 인쇄기를 돌려도 경제는 환상적으로 돌아간 것이다. 풍부한 유동성, 낮은 이자율은 능력 이상의 소비를 부추겼으며 국제금융가들은 은행을 통하여 각종 모기지 상품과 할부 상품을 판매하였다. 제조업과 금융권을 연결고리로 막대한 이익이 국제금융가들에게 흘러 들어갔으며 그 후유증은 소비자, 기업, 금융기관을 거쳐 각국 정부에게 돌아갔다. 여러분도 직·간접적으로 부채를 나눠 짊어지고 있는 셈이다.

그럼 본 단락의 종착역에 도착한 지금 '신자유주의가 나의 투자수익을 끌어올렸는가?' 라고 자문해 보자. 만약 여러분이 먹이사슬 최상위에 있는 국제금융가라면 'Yes' 그렇지 않다면 'No' 라고 대답할 수 있을 것이다. 금융기관 구제에 천문학적 자금(결국 여러분 또는 후대의 돈)이 들어가고 있지만 그들만의 파티는 더욱 흥겹고 보너스 잔치는 갈수록 점입가경이다. 시장경제의 핵심은 분명한 손익구조와 책임소재에 있다. 하지만 신자유주의 시장경제는 손익은 불분명하며 책임은 항상 여러분의 몫으로 돌아온다. 이제는 팬트하우스에서 캐비어를 먹고 람보르기니 구매비용까지 부담해야 한다. 그렇다고 낙담하지 말자. 날아온 세금보다 향후 날아올 세금고지서가 더 많다. 게임의 룰이 변한 만큼 신자유주의라는 타이틀도 역사 속으로 사라질 것이다. 새로운 이름과 모습으로 여러분의 돈을 노릴 테제가 만들어질 것이다. 환경변화에 적응하지 못하는 공룡은 멸종하게 마련이며 정글의 법칙은 그 대상을 가리지 않는다. 지금은 여러분의 투자전략을 가다듬을 시기이다.

7장

경기변동과 매매사이클 패러다임

증시는 경제와 독립된 존재가 아니다. 경기상황과 별도로 유동성 장세가 도래할 수 있지만 그것은 순간 과부하에 불과하다. 결국은 시간차를 두고 경기와 비슷한 궤적을 그릴 것이다. 경기변동은 크게 장기, 중기, 단기로 구분되며, 경기동향지표를 통하여 미시적 터닝포인트를 추론할 수 있다. 증시에 경기변동이론을 적용한 것이 다우이론으로 우리는 이를 통해 6가지 투자국면을 유추해 낼 수 있다.

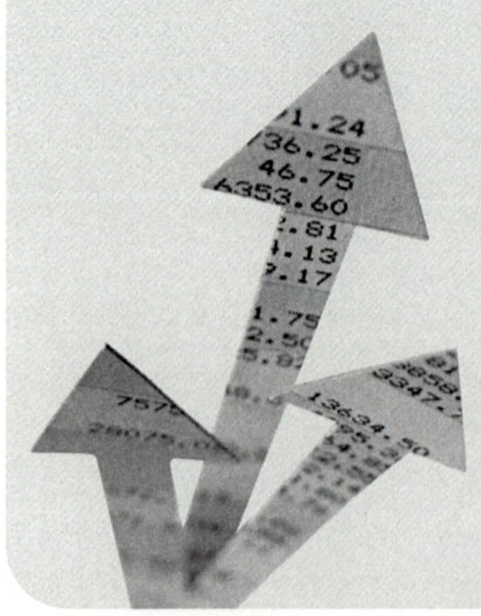

1. 콘트라티에프는 겨울과 봄을 이야기한다

경기는 움직이고 그 촉매제는 변화한다.

경기변동에 대한 연구는 산업혁명과 자본주의 발달로 경기국면이 주기적으로 관찰되면서 시작되었다. 경기변동은 자본주의 경제의 특수한 요소로 인식되었는데, 이는 정부가 자원을 통제, 배분하는 계획경제하에서는 이론적 전체가 불충분하기 때문이다. 여기서 경기란 무엇을 의미하는 것일까? 학자마다 다양한 정의가 가능하겠지만 보통 국민경제의 총체적인 활동수준으로 그 개념을 잡고 있다. 총체적 경제활동은 크게 생산, 소비, 투자, 고용으로 대변되는 실물부문과 통화수급으로 표현되는 금융부문, 그리고 수출입으로 정의되는 대외부문으로 구분된다. 이들 경제변수 움직임을 국내로만 한정할 경우 국내경기, 세계로 확대할 경우 세계경기라고 부른다.

경기변동은 크게 장기, 중기, 단기로 나뉘는데, 장기 경기변동으로는 50~60년 주기로 발생한다는 콘트라티에프 파동Kondratiev Wave, 15~20년 주기의 쿠츠네츠 파동이 있다. 콘트라티에프 파동은 산업혁명, 신자원 개발과 같은 대대적인 기술혁신에 의하여 초래되며 쿠츠네츠 파동Kuznets Wave은 인구이동, 이민 등과 같은 요인에 의하여 형성된다.

한편 주글라 파동Juglar Wave은 기술혁신, 설비투자 등에 의하여 초래되며 7~11년 주기를 가지고 있다. 마지막으로 키친 파동Kitchin Wave은 2~6년 주기로 일어나는데, 발생요인으로는 통화공급, 물가, 금리, 재고현황 등을 꼽고 있다.

경기변동 이론은 그 원인과 분석에 따라 여러 갈래로 나뉠 수 있지만 고전학파와 케인스학파를 축으로 뻗어 나가고 있다. 고전학파는 경기변동을 자연스러운 흐름으로 보고 인위적인 경기안정화 대책에 부정적 견해를 표시한다. 경기변동을 체계적으로 설명할 수 있는 일반이론을 먼저 정립한 후 그에 따른 조치를 강구할 것을 주장한다.

이들 사상을 기초로 신고전학파는 균형경기변동이론을 도출하였으며,

자료원천: The Long Wave Analyst

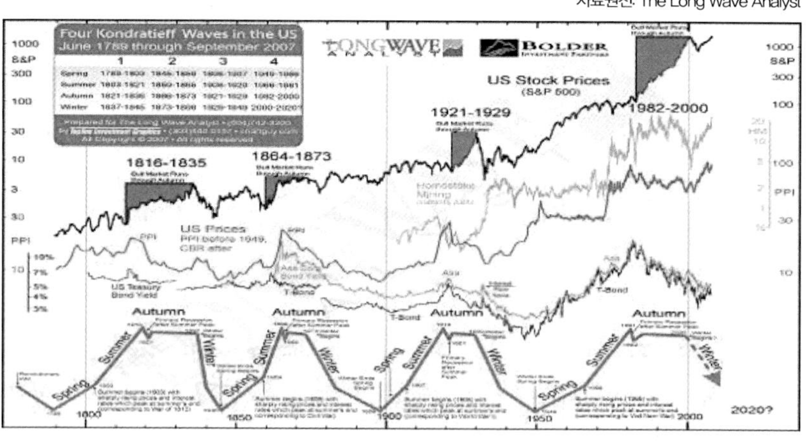

[그림 7-1] 콘트라티에프 파동과 사이클 연결고리

경기변동 촉발원인에 따라 다시 화폐적 경기변동이론Monetary Business Cycle Theory과 실물적 경기변동이론Real Business Cycle Theory으로 나누었다. 화폐적 경기변동이론은 루카스가 제시한 개념으로 불완전한 정보하에서 예상치 못한 통화량 변동과 같은 수요적 요인에 의해 경기변동이 발생한다는 것이다. 한편 키들랜드Kydland와 프레스콧Prescott은 예상치 못한 정책변화, 원자재 가격변화, 생산성 변화 등과 같은 공급충격에 의해서 경기변동이 일어난다고 판단했다. 이들은 또한 충격요인을 경기변동의 주원인으로 해석해서 충격의 속성에 따라 경기안정화 정책 사용 여부와 방향이 결정되어야 한다고 주장한다.

이에 반하여 케인스학파는 경기변동은 시장실패 요인으로 정부가 적극적인 안정화 정책을 구사하여 바람직한 방향으로 유도해야 된다고 주장한다. 케인스학파는 경제가 어떠한 경로를 통하여 현재 상황에 있는지를 따지는 것보다 주어진 상황하에서 생산량이 어떻게 결정될지에 포커스를 두었다. 쉽게 말해 경로보다는 결과와 대책에 방점을 둔다. 이런 관점은 현 글로벌 경기침체에 대한 시각 속에서도 깊게 묻어나고 있다. 통화팽창과 재정확대가 초래할 부작용들은 우선 현 위기를 돌파한 이후 논의해 보자는 견해를 고수한다.

대표적 케인지언으로 불리는 크루그먼 교수는 재정지출과 공공사업 확대를 강력히 주장하고 있으며 침체터널을 완전히 벗어나기 전에는 속도를 줄이면 안 된다고 경고하고 있다. 이들은 현 국민소득이 완전고용 상태하의 국민소득보다 낮으면 경기부양책, 그 반대면 축소를 권장한다. 참고로 위의 "어떠한 경로를 통하여 현재 상황에 있는지를 따지는 것보다 주어진 상황하에서 생산량이 어떻게 결정되어야 하는지에 포커스를 둔다."라는 말을 자세히 음미해 보길 바란다. 위기극복에 대한 미 정부 대책의 숨겨진 맥락을 잡을 수 있을 것이다.

프리드먼은 경제안정화 정책 그 자체가 경제의 불안정 요인이라고 비판하고 있다. 고전학파 이론을 동태적, 케인스학파 이론을 정태적 분석이라고 부르는 이유도 여기에 있다. 신케인스학파는 고전학파의 비판에 맞서 불균형경기변동이론을 제시하였지만, 모든 시장이 균형상태에 있다는 고전학파의 주장은 결코 받아들이지 않았다. 즉 노동시장에서 초과공급이 해소되지 않고 비자발적 실업이 항상 존재한다는 케인스 주장의 연장선에서 일부 시장이 불균형 상태에 있다면 정부의 안정화 정책은 유효하다고 강변한다.

성향상 케인스보다는 고전학파에 가까운 슘페터는 경제구조는 내부로부터 끊임없이 혁명하며, 낡은 구조를 끊임없이 파괴하고 새로운 구조는 끊임없이 창조된다고 주장하였다. 이런 창조적 파괴Creative Destruction 과정이야말로 자본주의의 필수 불가결한 순환구조로 보았다. 사실 그의 논리는 독창적인 것은 아니다. 베르그송은 1907년 〈창조적 진화〉를 발표하면서 '창조적 파괴'라는 슘페터 논리에 사상적 영감을 불어넣은 것 같다. 그 윗줄에는 아마 〈종의기원〉을 발표한 다윈이 자리 잡고 있을 것이다.

슘페터는 1825년, 1886년, 1935년 각각 혁신이 일어났으며 그 결과 전혀 새로운 산업부문이 탄생했다고 주장하였다. 철도, 전기, 자동차가 바로 그것이다. 이론 논리를 한 단계 더 진보시키면 1980년은 IT가 놓여 있을 것이다. 거의 40~50년 간격으로 장기발전을 이룰 존재가 부상한 것이다.

발전의 가속화 원칙을 감안한다면 2010년 이후는 '환경'으로 대변되는 녹색성장, 신재생에너지 등이 화두로 떠오를 것 같다. 다만 혁신은 종종 거품을 불러일으키며 그것은 경제패러다임 자체를 일순간 반전시킨다. 또한 그 부작용의 대가는 선진국보다는 개발도상국이 더 크다.

모든 주식투자자가 학문적 소양과 전문적 분석능력을 구비할 필요는 없다. 하지만 어떤 투자자라도 넓은 시각에서 시장을 바라볼 안목은 갖추어야 한다. 증시를 둘러싼 요인과 흐름 간의 관계를 직시하고 표면화된 현상의 진위 여부를 판단할 이성적 사고는 보유해야 한다. 다시 말해 추세를 예리하게 분석할 필요는 없지만 큰 물줄기는 가늠할 수 있어야 하는 것이다. 일 단위, 주 단위 주가흐름과 이를 움직이는 요인은 생략할 수 있지만 월, 분기 단위로 움직이는 변화는 느낄 수 있어야 한다. 이는 모형으로 도출되는 것이 아닌 현상에 대한 인식과 지속적인 관찰로 현실적 감각이 개안되어야 한다.

통찰력을 가진 투자자라면 그리 멀지 않은 미래는 예측할 수 있을 것이다. 이는 특별한 능력을 부여받았기 때문이 아니다. 사회시스템은 그 덩치만큼 복잡하고 느리게 흐른다. 또한 한 국가의 틀을 벗어나 타국의 사회시스템과 상호 영향력을 주고받는다. 그 결과 느리게 진행되지만 그만큼 뚜렷한 시그넘을 던져 준다.

그럼 왜 우리는 그것을 감지하지 못하는 걸까? 해답은 '느리게' 진행된다는 것에 있다. 느리게 진행된 나머지 그것을 추세로 인식하지 않는 것이다. 시간에 대한 상대성 이론으로 볼 수 있다. 추세가 다른 추세로 넘어가는 그 정점, 그 짧은 기간만을 우리는 원 추세로 받아들인다. 그래서 경제위기, 증시폭락, 대공황 등이 '갑자기' 왔다고 느끼는 것이다. 선만 쫓아가다 큰 수레바퀴가 그리는 궤적을 놓치는 셈이다.

경기종합지수는 경기추세를 파악하는 지표로 가장 많이 이용되고 있다. 경기종합지수CI: Composite Index는 경기변동의 방향, 국면, 전환점과 속도, 진폭을 측정할 수 있도록 고안된 경기지표의 일종이다. 1981년 3월부터 통계청에서 매월 작성하고 있는데 전월보다 증감률이 플러스(+)이면 경기상승, 마이너스(−)이면 경기하강을 의미한다. 경기종합지수는 단기적 예측이 가능한 선행지수Leading CI, 현재의 경기상태를 나타내는 동행지수Coincident CI, 경기 변동을 사후에 확인하는 후행지수Lagging CI로 구분된다.

계절요인, 재해, 우발적 사건과 같은 불규칙 요인은 통계적 기법으로 제거하고 있으며 동행종합지수의 경우 순환과정을 보다 명확히 잡기 위해 추세변동을 제거한 경기순환변동치 역시 작성하고 있다. 경기국면 및 전환점 판단 시 이를 참고자료로 활용하고 있는데, 경기상승과 하강국면을 비교적 잘 나타내는 것으로 알려진다. 1980년대 이후 순환변동치는 외환위기 직후 기간을 제외하면 대체로 경기정점기에는 104 내외, 저점기에는 97 내외 수준을 기록하고 있다.

과거에 비하여 국내 경기순환 주기가 짧아지고 있으며 국면의 평균 지속

시간도 감소하고 있다. 글로벌 동조화로 해석할 수 있지만 또 다른 측면에서는 대외변수에 따른 불안정한 경기움직임을 반증한다. 일례로 제7순환주기(1998~2001년)에는 상승국면과 하강국면이 24개월과 11개월로 나타난 반면, 제8순환 주기(2001~2003년) 때는 이 두 수치가 각각 17개월과 7개월로 조사되었다. 상기 결과는 과거보다 좀 더 빠른 경제상황과 투자판단이 요구됨을 의미한다.

한편 주가와 경기동행지수 간의 관계를 살펴보면, 한국은 대개 주가 움직임이 6개월 정도 경기를 선행하는 것으로 나타났다. 주가지수를 선행지수로 꼽는 이유이기도 하다. 반면 미국은 경기와 주가가 비대칭적 영향관계를 나타내고 있다. 보통 증시가 꼭짓점을 찍은 지 8개월 이후 호황국면이 정점에 도달하고, 불황이 바닥을 치기 3개월 전 증시는 이미 최저치로 떨어지는 모습을 보인다. 2009년 3월 미국 다우지수는 7,000포인트가 무너지며 바닥을 찍었지만 경기회복에 대한 낙관적 견해는 하반기에야 슬금슬금 흘러나왔다. 또한 글로벌 증시는 2007년 9월 정점을 찍었지만 막상 위기감이 글로벌 경제를 강타한 것은 2008년 3월 베이스턴스 사태에 이은 9월 리만브라더스 파산 이후이다.

3. 다우이론으로 본 투자국면

앞서 살펴본 경기변동이론을 증시에 적용한 것이 바로 다우이론이다. 다우이론은 다우존스사의 창시자인 찰스 다우Charles H. Dow가 개발해 낸 증시 동향 판단기법이다. 차후 해밀턴Hamilton과 비숍Bishop에 의하여 진일보하게 되었다.

다우이론에 따르면 주식시장은 세 가지 추세, 즉 주 추세, 중기추세, 소 추세의 상호작용에 의하여 설명될 수 있다. 여기서 주 추세란 주가가 상승 혹은 하락함으로써 형성되는 장기추세를 의미하며 시장변화에 있어 가장 중요한 흐름으로 간주된다. 중기추세는 주 추세가 진행되는 과정에서 일시적으로 주 추세의 진행방향을 조정하려고 일어나는 반작용을 의미하며 소 추세는 단기적인 추세변동을 말한다.

다우이론은 효율적 시장가설을 강력히 지지하고 있는데, 시장에서 예상하고 있거나 이미 알려진 모든 정보는 시장평균에 반영되며 시장은 새로운 정보에 즉시 반응한다고 생각하였다. 그 결과 통계적 분석을 통한 주가예측이 뉴스를 따라가는 투자보다 더 이상적인 결과를 제출할 것으로 보았다.

업종 또는 지수 평균들 간에는 상호 밀접한 연관성이 있다고 생각하였는데, 이는 당시 다우산업지수와 철도지수와의 관계를 빗댄 것이다. 강세국면을 예로 설명해 보자. 산업지수와 철도지수는 일반적으로 강한 유대감을 보이며 동일한 추세흐름을 나타낸다. 하지만 일단 산업지수가 약세로 전환된다면 철도지수가 강세를 유지하고 있어도 곧 약세로 전환될 것으로 보았다. 즉 종목, 업종, 지수별 상관관계를 통하여 유용한 정보를 획득할 수 있다고 판단한 것이다.

또한 거래량이 추세변동에 유용한 정보를 제공할 수 있다고 생각하였다. 이 점은 다른 기술적 분석법도 대체로 동의하고 있다. 장기 강세국면에서는 주가가 상승하면서 거래량도 확대되는 모습을 보이는데, 만약 거래량이 감소한다면 추세전환 신호로 보아도 무방하다. 한편 장기 약세국면에서는 보통 주가가 하락할 경우 거래량이 늘어나지만 단기 강세국면에서는 거래량이 축소된다. 장기 약세국면임에도 주가하락과 더불어 거래량 감소현상이 발생한다면 이 역시 추세전환 신호로 보아도 될 것이다. 다만 추세가 아닌 일 데이터 기준으로 주가와 거래량 간의 관계를 밝힌다면 그 상관성이 뚜렷하지 않다. 즉 당일 거래량 확대가 반드시 주가상승으로 연결되는 것은 아니며, 그 반대 경우 역시 성립한다.

다우이론은 추세에 대한 예측력이 떨어진다는 비판을 자주 받는데, 그 골자는 현재 진행되고 있는 상황에는 일부 대입이 가능하지만 향후 추세가 어떻게 흐를지는 명확히 잡아내지 못한다는 것이다. 관찰기간을 짧게 들고 갈 경우 이런 비판도 타당해 보이며 5년 이상 장기투자자가 아니라면 국면을 오판할 여지도 존재한다. 현실을 떠난 절대적 이론은 없으므로 실제 경제현상과 이론을 조합하면서 열린 마음자세로 적용할 필요가 있겠다. 그럼 6가지 국면에 대한 해석으로 넘어가 보자.

- 매집국면: 강세장 초기단계로 거시 및 미시지표 모두 부정적인 상태로 투자심리가 상당히 위축된 상황이다. 일반투자자들의 실망매물을 전문투자자들이 받아내는 형국이다. 이 시기 거래량은 점차 증가하는 모습을 보인다.
- 상승국면: 경제와 기업재무지표 호전이 점차 표면화되며 일반투자자들의 관심 역시 상승한다. 증시로 대량의 자금이 유입되면서 거래도 활기를 띠게 된다. 시장여건 개선으로 주가가 상승하는 모습을 보인다. 기술적 분석에 의존한 투자자들이 상대적으로 높은 수익을 달성할 확률이 높다.
- 과열국면: 강세장의 마지막 국면으로 경제와 기업실적이 지나칠 정도로 긍정적으로 나타나며, IPO와 증자 관련 뉴스가 범람하게 된다. 이 시기에 이르면 증권시장은 투자보다는 투기적 양상을 띠게 된다. 매집과 상승국면이 상대적으로 긴 시간 간격을 두고 형성되는 데 반하여 과열국면은 짧고 급속히 진행된다.
- 분산국면: 강세시장에서 유지되던 추세선의 상향기울기가 점차 둔화되기 시작한다. 단 투기세력은 여전히 시장을 배회하고 있으며 상대적으로 높은 거래량 수준을 유지한다. 투자자들 사이에는 하락에 대한 두려움과 함께 상승반전에 대한 욕망도 자리 잡고 있다.
- 공포국면: 매입세력은 급격히 감소하고 매도세력은 확대되는 형국이다. 이 국면에서는 주가 급락현상이 빈번히 발생하며 경제와 기업실적 지표도

부정적으로 변한다. 조급히 주식을 매도하려는 일반투자자들이 증가하는 데 반하여 매수세력은 한층 위축된다. 주가와 거래량이 급격히 감소한다. 공포국면의 끝은 저점 확인 작업으로부터 시작될 것이다.

• 침체국면: 주식매도 타이밍을 놓친 일반투자자들의 실망매물이 지속적으로 출현한다. 주가 역시 하락추세를 이어간다. 침체국면에서는 주가지수보다 개별 우량주 주가가 더 선방하는 모습을 보이며 대형 블루칩에 대한 시장 관심이 상대적으로 상승하게 된다.

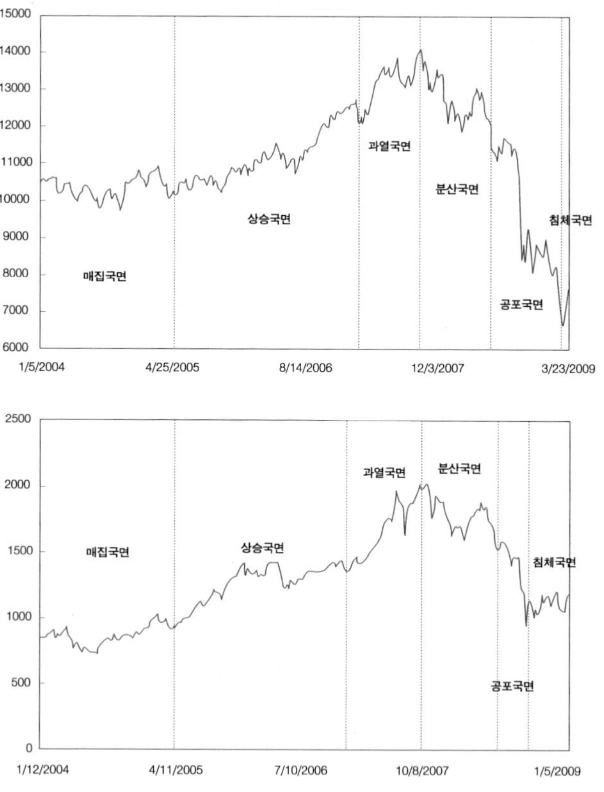

[그림 7-2] 다우존스(上) & 코스피(下) 국면전환 사이클 사례

4. 주식투자 타이밍과 경제성장률

투자에 '투자의지' 가 존재하듯 경제에도 '성장의지' 가 있다.

국내총생산은 일정기간 한 국가에서 생산된 재화와 용역의 시장 가치를 합한 것을 의미하며 보통 1년을 기준으로 측정한다. GDP는 명목GDP와 실질GDP로 구분되는데, 명목GDP는 최종생산물에 시장가격을 곱한 값으로 표시된다. 반면 실질GDP는 재화와 용역을 기준 연도 가격으로 계산함에 따라 가격변동에 영향을 받지 않는다. 일반적으로 경제성장률을 언급하면 실질GDP 증가율을 말한다.

국제적으로 GDP를 산출하는 방법은 크게 3가지로 구분된다. 첫째는 생산접근방법, 둘째는 지출접근방법, 셋째는 소득접근방법이다. 한국과 중국은 생산접근방법을 택하고 선진국은 지출접근방법을 이용한다. 생산접근방법은 경제활동별, 즉 업종별로 부가가치를 산출하는 방법으로 생산국민소득이라 부르기도 한다. 또한 지출접근방법은 최종생산물 처분과정을 토대로 산출하며 지출국민소득이라고도 칭한다.

한 국가의 경제능력을 종합, 요약적으로 보여 주는 GDP는 다양한 의미에서 가치 있는 투자지표이다. 분기별로 공포되는 GDP 추이를 통하여 경제추이 변화를 점검할 수 있으며, 이를 통하여 전반적인 시황을 추정할 수도 있다.

해외투자자의 경우 투자대상국 GDP 변화수치로 경제현황에 대한 대략적 흐름을 점검할 수 있다. 일례로 이머징마킷 펀드, 브릭스 펀드 등은 종목보다는 국가단위로 보고 접근한다. 종목이 아닌 국가에 배팅하는 것이다. 또한 미국, 중국 같은 주도국 GDP 증감률은 그 자체가 타국증시의 조타수 역할을 하기도 한다.

그럼 경제성장률이 가진 또 다른 측면을 한번 해부해 보자. 일반적으로 투자의지가 높은 투자자는 그렇지 않은 투자자보다 높은 수익률을 실현할 가능성이 높다. 앞서 3장에서도 폭락과 지루한 조정장에서 얼마나 버틸 수 있을지는 자금력에 의지력을 곱한 값으로 표시될 수 있다고 말하였다. 강한 투자의지는 신념의 표현이며 뚜렷한 목표의식을 대변한다.

투자에 투자의지가 있듯이 경제에는 성장의지가 존재한다. 성장의지가 약하다면 현실에 만족하며 미래보다는 과거 회귀적 경향을 보인다. 성장의지는 청교도의 도전의식일 수도 있고 중세 르네상스와 산업혁명을 이끈 창조성과 실용성일 수도 있다. 그 핵심 이데올로기가 무엇이든지 성장의지는 현 상태에 대한 만족과 과거로의 퇴보는 아니다.

21세기 세계경제는 양극에서 3극체제로 재편되는 모습을 보이고 있다. 명실상부한 초강대국 미국, 유럽 강대국 연합인 EU 그리고 여의주를 물고 승천하는 중국이 바로 그들이다. 그 외 블록과 국가들은 이들 주위에서 합종연횡을 거듭하고 있다. 글로벌 헤게모니의 한 축은 아니지만 무시 못 할 영향력을 행사하고 있는 일본도 2009년 하토야마 정부가 들어섬에 따라 '아시아 중시' 외교를 천명하고 있다. 각국의 정책과 성향을 떠나서 큰 물줄기는 쉽게 돌이킬 수 없는 셈이다.

주식투자가 미래에 대한 배팅이라면 향후 펼쳐질 광경은 점차 분명해질 것이다. 21세기가 1/10 정도 지난 현재 3극 가운데 미국 쇠퇴는 점차 뚜렷해지고 있으며 중국을 필두론 한 인도, 러시아, 브라질, 인도네시아의 성장은 확연히 드러난다. 참고로 브릭스는 세계인구 42%를 점하고 있으며, GDP와 무역액은 14.6%와 12.8%를 나타내고 있다. 또한 세계경제성장률 공헌도^{구매력평가, Purchasing Power Parity}는 이미 반수를 초과하고 있다. 국가별 보완관계 역시 비교적 명확한데, 중국은 풍부한 노동력과 더불어 제조업 부문에서 상대적 강점을 보유하고 있으며 러시아는 광활한 지하자원, 브라질은 농산물 그리고 인도는 IT분야에서 선도적 위치를 점한다.

지리적으로도 중국은 아시아, 그중 동남, 동북아시아 지역에서 강력한 영향력을 발휘하고 있으며, 러시아는 유라시아 지역을 덮고 있다. 또한 인도와 브라질은 각각 남부아시아와 남미의 맹주 위치를 점하고 있다. 세계지도를 크게 7개 지역(아시아, 중동, 아프리카, 유럽, 북아메리카, 남아메리카, 오세아니아)로 나누고 그 가운데 중동, 아프리카, 오세아니아를 중립지역으로 간주할 경우 아시아와 남아메리카, 유럽과 북아메리카로의 지역분할 구도 역시 생각해 볼 수 있다. 경제발전단계, 지역구도, 정치와 사회성향 등을 감안할 때 브릭스 4개국은 마찰보다는 공유점이 많으며 2009년 6월 16일 브릭스 첫 정상회담을 통해 세력화 가능성 역시 표명하였다.

자료원천: IMF(2009년 10월 세계경제전망)

지역명	00년	01년	02년	03년	04년	05년	06년	07년	08년	FY9	FY10
미국	3.7	0.8	1.6	2.5	3.6	2.9	2.8	2.0	1.1	(2.7)	1.5
일본	2.9	0.2	0.3	1.4	2.7	1.9	2.4	2.3	(0.7)	(5.4)	1.7
중국	8.4	8.3	9.1	10.0	10.1	10.4	11.6	11.9	9.0	8.5	9.0
독일	3.2	1.2	0.0	(0.2)	1.2	0.8	3.0	2.5	1.2	(5.3)	0.3
영국	3.9	2.5	2.1	2.8	2.8	2.1	2.8	2.6	0.7	(4.4)	0.9
인도	5.7	3.9	4.6	6.9	7.9	9.1	9.8	9.4	7.3	5.4	6.4
러시아	10.0	5.1	4.7	7.3	7.2	6.4	7.4	8.1	5.6	(7.5)	1.5
브라질	4.3	1.3	2.7	1.1	5.7	3.2	3.8	5.7	5.1	(0.7)	3.5
한국	8.5	3.8	7.0	3.1	4.7	4.2	5.1	5.0	2.2	(1.0)	3.6

[표 7-1] 21세기 주요국 GDP 증가율 추이

단위: 억 달러(USD), %

증권 거래소	2004년		2005년		2006년		2007년		2008년		
	금액	비중	금액	비중	금액	비중	금액	비중	금액	비중	증감
뉴욕	127,076	34.5	136,323	32.9	154,212	30.5	156,508	25.7	92,089	28.3	−41.2
도쿄	35,577	9.7	45,729	11	46,141	9.1	43,309	7.1	31,158	9.6	−28.1
나스닥	35,329	9.6	36,040	8.7	38,650	7.6	40,137	6.6	23,963	7.4	−40.3
런던	28,652	7.8	30,582	7.4	37,943	7.5	38,517	6.3	18,682	5.7	−51.5
홍콩	8,615	2.3	10,550	2.5	17,150	3.4	26,544	4.4	13,288	4.1	−49.9
한국	3,895	1.1	7,180	1.7	8,344	1.6	11,226	1.8	4,708	1.4	−58.1
뭄바이	3,863	1	5,531	1.3	8,189	1.6	18,191	3.0	6,472	2.0	−64.4
대만	4,414	1.2	4,760	1.1	5,947	1.2	6,637	1.1	3,567	1.1	−46.3
상해	3,143	0.9	2,862	0.7	9,175	1.8	36,943	6.1	14,254	4.4	−61.4
심천	1,334	0.4	1,157	0.3	2,279	0.5	7,845	1.3	3,534	1.1	−55.0
세계	368,633	100	414,109	100	506,352	100	608,744	100	325,753	100	−46.5

[표 7-2] 주요 거래소별 시가총액 비중

2009년 G20 회의에서 중국은 재야세력 대변인으로서 현 경제, 금융시스템에 대한 광범위한 일갈을 뱉어냈다. 10년 전만 해도 상당히 생소한 광경인 셈이다. 관건은 현재가 아닌 현재에서 다시 10년이 첨가된 2020년이다. 장기투자자라면 그때 글로벌 경제가 어떤 구도로 변하여 있을지도 염두에 둘 필요가 있다. 2015년경에 그 윤곽의 일부분은 드러날 것이다.

2000년 IT버블에 이은 부동산버블과 같은 연속된 무리함으로 경제를 몰아치지 않는 한 미국과 EU에 더 이상 3% 이상 경제성장률을 기대하기는 힘들다. 버블이 주는 달콤한 꿈에 단기간은 취할 수 있겠지만 그 이후 직면할 현실은 이들을 더욱 비참하게 할 것이다. 계속 소진되고 있는 미국의 잠재력과 성장이 멈추어 버린 유럽은 이미 그 한계를 충분히 노출시켰다.

무엇보다도 미국과 유럽은 성장의지 자체가 중국보다 희박하다. 미국은 현상에 만족하며 소비로 자원과 정신을 피폐화시켰으며 유럽은 과거 향수에서 아직 깨어나지 못하고 있다. 왜 아름다운 과거 그 시절로 돌아가지 않고 자원과 문명을 파괴하면서 앞으로 나가야 되는지에 대한 깊은 의문이 유럽을 휘감고 있다.

반면 중국을 필두로 한 신흥 경제대국은 '전진과 과거 회복'에 강한 의지를 표출하고 있으며 국민 대다수가 이에 공감한다. 현실에 만족하고 자신의 행동에 끊임없이 의문점을 던지는 사람과 고난을 참고 미래를 향해 전진하는 사람 가운데 누가 더 큰 성과를 얻겠는가? 대답할 필요도 없을 것이다. 경제 역동성보다는 성장의지 그 자체를 GDP 증감률을 통해 추론할 수 있기에 우리는 경제성장률을 주요 투자지표로 간주하는 것이다.

끝으로 미국이 당장 몰락하지는 않을 것이다. 후대에도 미국은 여전히 초강대국으로서 글로벌 어젠더를 주도할 것이다. 중국에 대한 장밋빛 시나리오가 많지만 그건 전망에 불과하며 현실이 아니다. 어떤 계기로 혹 한 방에 무너질 수도 있다. 골드만삭스는 2009년 N－11The Next Eleven, 성장동력이 큰 신흥경제국 국가들에 대한 전망보고서를 내면서 미국에 이어 한국을 세계 제2위 부자대국의 반열에 올려놓았다. 2050년이라는 단서와 통일이라는 전제가 깔려 있지만 성장력만은 높게 본 것이다. 하지만 실적 없는 미래가 어떻게 투자자를 절망에 빠뜨렸는지 우리는 IT버블을 통하여 깊게 목도하였다. 성장 없는 실적은 단조롭고 실적 없는 미래는 허무하다.

투자의 세계, 그 현상과 이면

돈Money, 경제, 자원 등을 두고 벌어지고 있는 헤게모니 쟁탈전은 투자에 직접적인 영향을 미치고 있으며 그 헤게모니 자체가 투자대상이 되기도 한다. 투자가 투기로 넘어서는 순간 버블의 씨앗은 잉태된다. 버블과 공황은 동전의 양면과 같다. 금융기법과 신용의 만남은 대공황의 위기 속으로 우리를 빠뜨리고 인류는 생존을 위하여 또 다른 질서와 성장점을 모색하고 있다. 또한 현상과 그 이면에 잠재된 논리를 미디어, 신용평가기관, 회계법인, 권위자 등 다양한 정보상인을 통하여 살펴보며 왜 부는 끊임없이 한곳으로 집중하는지 유추해 본다.

8장

돈의 이동Money Shift

과도하게 풀린 유동성은 로마제국 기반을 잠식하고 결국 멸망의 수렁으로 몰고 갔다. 또한 돈은 전쟁과 불가분의 관계에 있는데, 이는 근대유럽 사례를 통하여 잘 알 수 있다. 주식투자는 자산과 통화가치 모두를 고려할 행위이며 달러화 패권은 유로와 위안화의 도전을 받고 있다. 모든 현상에는 한계가 존재하며, 일단 그 한계치를 넘어서면 예전과 전혀 다른 세계가 펼쳐질 것이다. 이는 '돈의 세계'에도 동일하게 적용된다.

1. 돈과 지폐의 경제학

지폐는 신용을 먹고 살지만
또한 신용을 붕괴시키기도 한다.

인류는 다양한 화폐를 사용하였지만 교환가치만 있고 내재가치가 없는 지폐범람은 항상 신용문제를 야기했다. 중국 진晉나라 때 노포魯褒는 전신론錢神論에서 "돈錢의 모양 됨이 하늘과 땅의 영상을 지녀 안은 네모나고 밖은 둥글다. 날개가 없는데도 날아다니며 발이 없는데도 걸어 다닌다. 위태로운 것은 편안하게 할 수 있고, 죽은 것을 살릴 수 있으며, 귀한 것은 천하게 할 수 있고, 살아 있는 것을 죽일 수 있다. 돈은 신물神物이다."라고 역설하였으며, 미국 소설가 거트루드 스타인은 "동물과 인간을 구별 짓는 것은 돈"이라는 말을 남겼다. 인류 역사상 최초 지폐는 중국 북송시대 '교자交子'인 것으로 알려진다. 관자關子라고도 불린 이 지폐는 공식화폐가 아닌 상인들 사이에 널리 이용된 어음이었다. 당시 통화인 철전은 휴대상의 불편으로 널리 유통되기에 한계가 있었다. 따라서 성도成都 상인들이 교자무交子務라는 조합을 만들어 어음을 유통시켰다. 최초에는 맡긴 금액에 해당하는 교자만 유통되었는데,

민간으로 그 사용이 확대됨에 따라 초과발행이 난무하였다. 결국 유동성 과잉으로 투기가 조장되었으며 거품이 꺼지자 연쇄파산의 회오리 속에서 경제혼란이 야기되었다. 결국 오늘날처럼 정부가 개입하여 민간자본의 교자발행을 금지시키고 그 권한을 국가로 이관시켰다.

한편 국가가 지폐를 공식 발행한 것은 남송시대이며 13세기 몽고황제 쿠빌라이 칸에 의해 대량으로 발행되었다. 원나라는 금, 은, 동 모두를 국가가 강제로 보관하고 그 보증으로 지폐를 발행하여 통용시켰다. 하지만 이때에도 지폐남발은 피할 수 없었으며 명나라가 들어서면서 지폐발행은 중단되었다. 명 말기인 1640년대 은 부족으로 통화체계가 흔들리자 지폐발행을 검토하였으나 인플레이션 우려로 논의수준에 그쳤다. 참고로 한국 최초의 지폐는 고려 34대 공양왕 때 발행한 저화楮貨로 알려진다.

유럽에서는 1660년대 스웨덴 은행의 전신인 스톡홀름 은행에서 최초로 지폐를 발행하였으며 17세기 초 영국에서는 예치증서 형태인 골드스미스 노트Goldsmith Note가 통용되었다. 당시 금 세공업자들인 골드스미스Goldsmith는 현대 은행가와 같은 역할도 수행하였다. 초기에는 예탁된 금화만큼 노트발행이 이루었으나 '교자' 사례와 같이 무분별한 노트발행 폐단이 발생하였다. 결국 1844년 여기저기 흩어져 있던 지폐발행 기능을 영란은행에 독점 부과하였으며 영란은행은 1946년 국유화되었다.

여담이지만 영국은 17세기 말 영란은행을 설립하면서 지폐시대의 막을 본격적으로 열었지만 역설적이게도 그 꽃망울은 식민지 미국에서 피었다. 다만 21세기 미국이 너무 많은 꽃을 피우며 그 향기에 도취된 것은 좀 고민해볼 사항인 것 같다.

또한 미시시피 버블로 유명한 존 로는 유럽열강과의 전쟁으로 막대한 재정부담에 봉착한 프랑스를 찾아가 로얄뱅크를 설립하고 지폐와 주식발행 남발을 부추김으로써 버블과 경제공황을 조장하였다. 이 충격으로 프랑스는 18세기 말까지 지폐발행에 부정적 입장을 견지하였으며 현재까지도 금융기관을 '은행 즉 뱅크'라 부르는 대신 '크레디트' 또는 '소시에테'라고 칭하고 있다.

미국 역시 프랑스처럼 지폐발행에 관한 좋은 기억을 가지고 있지 않다. 영국은 극심한 통화남발이 일어나자 1764년 식민지에서의 은행권 발행을 중단시켰다. 미 독립전쟁 원인으로 차와 당밀에 대한 과도한 세금, 대구에 대한 무역제한 등이 언급되지만, 은행권 발행중단 역시 주요인 가운데 하나였다. 참고로 독립전쟁 자금모집을 위하여 이전보다 더 많은 지폐가 남발되었으며, 이는 미국 경제를 황폐화시켰다. 1830년대 앤드류 잭슨 미 대통령은 중앙은행 설립안에 거부권을 행사하였으며 이로부터 80여 년이 지난 1913년까지 미국에는 중앙은행이 없었다.

한편 리카도Ricardo, David는 1817년 〈정치경제학과 조세의 원리〉에서 신중한 지폐발행을 요구하였다. 19세기 초 영국은 프랑스와의 전쟁부담으로 영국은행에 지폐의 금태환을 정지시켰으며 지폐발행과 대출확대를 추구하였다. 당시 은행계는 신용확대가 물가상승, 파운드화 평가절하에 어떠한 영향을 미치지 않는다고 주장하였는데, 리카도는 지폐발행량과 물가 사이에는 밀접한 연관성이 있을 뿐만 아니라 물가수준은 환율과 금 유출입에도 영향을 미친다고 반론을 펼쳤다. 후인들은 그의 비교우위론은 존중해도 지폐발행에 대한 그의 조언은 귀담아 듣지 않고 있으며 동일한 현상이 현재에도 반복되고 있다.

2. 돈과 로마제국 폐망의 역사

역사적으로 통화를 남발하고 그 끝이 우아했던 적은 없다.

21세기 미국이 직면한 현실은 과거 로마가 걸었던 길과 겹쳐지는 부분이 많다. 정치, 경제, 군사 부문을 떠나 '돈'이라는 주제만 보아도 충분히 유추 가능하다. 아마 유일한 차이라면 한쪽은 제국인 것을 자랑스럽게 여겼고 다른 쪽은 극구 부인한다는 정도일 것이다. 그럼 과거 로마로 한번 들어가 보자.

라틴어로 '돈'을 뜻하는 페쿠니아^{Pecunia}는 '소'를 뜻하는 페쿠스^{Pecus}에서 파생되었다. 로마제국 내 다양한 통화제도는 시간이 흐름에 따라 사라지고 말았는데 그 주원인으로는 정복에 대한 전리품으로 그리고 나중에는 세금으로 속주에서 로마로 대량의 값비싼 금속들이 흘러 들어갔기 때문이다. 로마군대의 거칠 것 없는 성공가도로 로마의 부는 B.C. 2세기까지 기하급수적으로 증가하였으며 로마 속주들은 은 부족 사태에 직면하였다. 주위에 퍼진 모든 부를 로마가 빨아들인 것이다. 그 결과 로마 외곽에서는 은화주조가 점점 자취를 감추었으며 로마 주조화폐만이 남게 되었다. 현대로 말하자면 '달러' 기축통화 질서가 구축된 것이다.

정복전쟁 이후 로마로 흘러 들어간 막대한 부는 도덕의 쇠퇴를 야기했는데, 당시 로마 부패상은 공공연한 사실로 인정되었으며 '돈이면 무엇이든 된다.'라는 관념이 깊게 뿌리내렸다. 돈은 무력과 결합하여 그 영향력을 확대하였는데, 현대적 용어로 풀이하자면 금권주의가 만연한 셈이다. 여담이지만 카이사르 역시 막대한 빚을 갈리아 정복을 통하여 간신히 상환한 것으로 알려지며 옥타비아누스가 내란을 종결하고 황제 자리에 오른 배경도 그가 소유한 막대한 부에 기인한 바가 크다. 고리대금업 같은 영역이 정치적으로 중요한 의미를 부여받은 것은 두말할 필요도 없을 것이다.

다음 단락에서도 언급하겠지만 전쟁은 곧 돈이다. 국경지대를 놓고 벌어진 이민족과의 전쟁으로 로마도 결국 재정위기를 맞게 되었으며 그 타결책으로 등장한 것이 주화 생산량 확대이다. 현대로 보면 지폐남발로 볼 수 있는데, 당시는 은화가 오늘날 금과 같은 역할을 수행하였다. 역사적으로 보면 통화의 척도는 금이 아닌 은이었다. 남발된 주화로 화폐가치는 떨어졌으며 물가는 치솟았다. 일례로 칼리큘라(211~217년) 시대 로마군단 임금은 카이사르(B.C. 46년경) 재위 당시보다 6배 이상 높았다고 한다.

재정압박과 지속적인 전쟁부담을 견디지 못하고 로마제국은 결국 동로마, 서로마로 분리되었다. 동로마제국(395~1453년)이 재정, 사회적 안정을 토대로 천 년 이상 비잔티움제국 번영을 이끈 반면 서로마제국(395~476년)은 부유층과 빈곤층 간의 양극화로 멸망의 나락으로 떨어졌다. 동로마와 달리 서로마제국은 황제의 실권이 약하였으며 게르만족 군인이 실권을 작용하였다.

부와 토지가 소수의 손에 집중되었고 교회는 막대한 재산을 손에 쥐고 있었다. 부유층은 도시 근교에 호화주택을 짓고 방탕한 생활을 영위하였으며 도시는 점차 슬럼화되어 결국 80년 만에 서로마는 역사의 저편으로 사라져 버렸다. 사회시스템 자체를 뒤흔드는 매머드급 위기가 미국을 연속적으로 강타한다면 미국도 '프라임 미국'과 '서브프라임 미국'으로 분리될지도 모르겠다.

3. 근대유럽, 전쟁과 돈의 역학관계

전쟁은 그 자체로 경제이며 돈이다.

유럽 금융혁명은 지속적인 전쟁을 그 배경으로 두고 있다. 전쟁의 승리는 신용을 유지하고 자금을 더 많이 동원할 수 있는 쪽으로 흘러갔다. 방대한 군사체계와 전투력을 거느린 군주들은 경제를 안정화시키고 필요한 자금을 적시에 조달, 관리할 수 있는 금융제도 설립 필요성을 절실히 느꼈다. 당시 유럽 군주국가들 사이의 교전은 1세기 이상 빈번하게 지속되었으며 그들이 필요한 것은 '돈'을 제외하고 아무것도 없었다. 모든 전쟁물자는 군주 자신의 자금으로 거의 조달되었으며 병력 역시 용병에 의존한 경향이 강했다.

16세기 수백만 파운드에 불과하던 전비는 17세기 후반에는 수천만 파운드로 상승하였다. 나폴레옹 전쟁 말기에는 연간 1억 파운드에 달한 것으로 알려진다. 교전국 간의 일시적 휴전 혹은 강화조약은 정치적 원인이 아닌 경제적 원인에 기인한 바가 크다. 오랜 전쟁으로 인력과 자금 모두 바닥상태에 놓였기 때문이다. 또한 동방무역이 늘면서 만성적인 은 부족 사태에 직면하였으며, 중세 물물교환 중심의 계절적 시장이 정기적인 상설시장으로 전환됨에 따라 어음과 전표 활용이 확대되었다. 암스테르담, 런던, 프랑크푸르트 등의 도시에는 고리대금업, 상품거래인, 어음상인 그리고 주식중개인들로 만원을 이뤘다.

18세기에도 유럽국가들은 자체 재정으로 전비를 충당하지 못하는 차입전쟁 상태를 지속하였다. 전쟁은 대규모 자금조달과 지출을 동반하는 양면적 성격을 띠고 있는데, 이는 자본주의 탄생의 좋은 발판으로 작용하였다. 전쟁이라는 재앙은 부정적이지만 파괴로 대변되는 수요 창출은 일부 시장과 업종에 활기를 불어넣었다. 실제로 중세와 근대에는 광활한 용병시장이 있었으며 현대에는 군사복합체가 활개를 띠고 있다.

2007년 기준 100대 방산수출업체 가운데 44개가 미 국적이며 수출액 기준으로는 60% 이상을 점하고 있다. 미국 다음으로는 영국, 프랑스, 이탈리아를 필두로 한 서구업체들이 30% 정도의 점유율을 기록한다. 즉 미국과 서구 방산업체들이 전 세계 무기수출의 90% 이상을 점하고 있는 셈이다. 또한 스웨덴의 스톡홀름평화연구소^{SIPRI}의 연례보고서에 따르면 2008년 전 세계 군사비 지출은 1조 4,640억 달러로 집계되었다. 2008년 캐나다 연 GDP 규모를 넘어서는 수치로 그 가운데 미국의 군사비지출은 6,070억 달러로 약 42%를 점하고 있다. 이는 미국을 제외한 상위 9개국 모두의 합보다 1.8배 많은 수치이다. 전쟁은 그 자체로 경제인 셈이다.

17~18세기 당시 암스테르담은 유럽의 금융허브로 각광을 받았는데, 이는 효율적 자금조달 수단과 정부신용이 뒷받침된 결과이다. 일례로 네덜란드 의회는 이자율을 낮은 수준으로 책정하여 상인들의 대출금 상황부담을

경감시켰다. 그 외 전쟁의 소용돌이 속에서 한 발 비켜서 있었다는 점도 크게 작용한 것 같다. 사실 암스테르담에서 영국으로 유럽의 금융 축이 급격히 이동한 것도 산업혁명과 더불어 유럽패권이 영국의 손에 확실히 떨어졌기 때문이다. 1805년 나폴레옹이 트라팔가르 해전에서 넬슨 제독에게 불의의 일격을 맞지 않았다면 19세기 유럽의 금융허브는 영국이 아닌 다른 국가가 차지했을지도 모른다.

폴 케네디Paul Kennedy의 〈강대국의 흥망The Rise and Fall of the Great Power〉을 보면 금융허브로서의 네덜란드 현황을 다음과 같이 묘사하고 있다. "네덜란드는 어음, 채권으로 대표되는 신용공여에 관해 국제적 명성을 누렸으며 잉여자본의 집산지가 되었다. 기업투자와 더불어 외국정부가 발행한 다양한 공채 인수업무까지 수행하였다." 한편 네덜란드 정부는 외국정부 발행 채권 인수기준으로 재정 건실성과 신용도를 중시하였다. 타국에 대한 차관조건은 그들의 경제적 능력, 담보물, 이자와 프리미엄 상황실적 그리고 강대국으로 부상할 수 있는 가능성에 집중하였다. 또한 네덜란드의 차관기준이 극명하게 표출된 곳으로 프랑스와 영국을 꼽고 있다. 1780년대 말 프랑스와 영국의 국가부채는 비슷한 수준이었지만 이자상황액은 프랑스가 2배 많은 1,400만 파운드였던 것으로 그는 추론하고 있다.

쉽게 말해 당시 네덜란드 상인은 프랑스 부도위험을 영국보다 2배 높게 본 것이다. 인구, 경제규모, 영토 면에서 영국을 압도한 프랑스가 번번이 영국에 발목이 잡힌 이유도 여기에 있다. 만성적인 재정부실과 낮은 신용등급은 프랑스의 자금동원 능력을 상당히 제한하였으며 이는 전쟁지속 능력을 떨어뜨렸다. 2008년 조지프 스티글리츠 교수는 이라크전쟁의 직간접 비용이 3조 달러에 이른다고 주장하였다. 현재 찍어내고 있는 달러와 국채의 상당부분은 전쟁비용으로 지출되고 있는 셈이다. 18세기에도 특별계정(전쟁비용)의 2/3 이상이 공채로 충당된 것으로 알려진다.

화폐, 신용으로 대변되는 금융이 국가 혹은 블록권의 주도권 다툼에 미친 영향은 오늘날에도 변함이 없다. 대공황적 위기로 명명되는 현재에도 프랑스와 독일이 선뜻 재정확대 정책을 취하지 못하는 이유도 이런 역사적 배경을 그 바탕에 두고 있다. 금융에 집중한 나머지 네덜란드는 경제는 금리생활 경제로 변질되었으며 경제활력도 점차 상실하였다. 은행가들은 18세기 후반에 접어들면서 위험부담이 높은 대규모 산업투자를 회피하였으며 과도한 공채발행으로 인플레이션은 가중되었다. 그 결과 19세기 유럽 금융중심지 자리는 대영제국으로 넘어갔다.

영국은 산업혁명과 제국주의적 면모를 통하여 막대한 부를 창출하였으며 국제금융에서도 독보적 위치를 구가하였다. 자본주의가 본격적으로 경제 전반에 퍼졌으며 J.P모건과 같은 금융제국 역사도 쓰였다. 하지만 태양이 지지 않는 나라 영국도 식민지 비용 확대와 산업 선도적 지위 상실 등으로 1세기 만에 미국에 그 주도권을 넘겨주면서 경제소국으로 변모하고 있다. 1970년대 이후로는 미국 역시 과거 네덜란드와 영국처럼 제조업 몰락, 상업과 금융업 팽창이라는 구조적 틀에 빠졌으며 19세기 영국이 그랬던 것처럼 그 공을 점차 중국에 넘기고 있다.

4. 화폐전쟁을 넘어 금융 주도권으로

통화는 힘의 투사이며 헤게모니의 바로미터이다.

근대 세계질서를 좌우하던 유럽의 지배력은 1, 2차 세계대전을 계기로 북미로 이동하였다. 인류 역사를 통틀어 최초로 유라시아 지역이 아닌 타 지방에 주도권을 행사하게 된 것이다.

영국은 1945년 영미차관협정을 계기로 '스털링지역Stering Area, 영국통화권' 이라는 경제적 기반을 포기하였으며, 명목상 강대국 지위를 유지하는 데 만족했다. 브레튼우즈 체제 붕괴, 플라자합의라는 난관에도 불구하고 달러는 세계 기축통화 지위를 강화하였다. 세계화와 신자유주의는 달러 침투력을 높였으며, 벤자민 프랭클린은 세계 어디서나 각광받았다. 미국은 1995년부터 "강한 달러가 국익에 도움이 된다."라는 원칙 아래 정책적으로 달러 가치를 뒷받침해 왔다.

21세기로 넘어오면서 강한 달러Strong Dollar를 더 이상 지탱하지 못하고 '약한 달러Weak Dollar' 시대를 모색하게 되었다. 2003년 존 스노 미 재무장관은 G8 재무장관 회담을 마친 후 "더 이상 시장에서 형성된 달러가치로 달러 강세 유무를 판단하지 않겠다."라고 하였다. 루빈은 미국의 정책변화를 감지했음인지 강한 달러 정책을 수정하면 인플레이션이 유발되고 금리가 상승할 것이라고 경고하였다.

참고로 루빈은 클린턴 행정부에서 재무장관을 역임하였는데, 당시 만성적 재정적자를 흑자구조로 돌려놓았으며 '골디락스Goldilocks' 실현으로 세인의 찬사를 듬뿍 받았다. 그는 미국식 자본주의를 글로벌화하였으며 금융패권 역시 확고히 다져 놓았다. 현 오바마 행정부에도 루빈사단으로 분류되는 인사들이 상당수 포진되어 있는데, 그 대표적 인물이 바로 티모시 가이트너 재무장관과 로런스 서머스 국가경제위위원회 의장이다.

약달러시대는 현실화되었으며 미국은 자금수요 확대로 인한 통화팽창, 그 외 국가들은 환율방어로 인한 통화팽창이 누적되었다. 글로벌 규모로 신용이 급격히 확장되었으며 자산가치가 상승하였다. 전 세계적으로 지폐가치 하락, 금을 필두로 한 원자재 상승, 부동산으로 대표되는 자산과 증시폭등이 꼬리를 물고 일어났다. 버블은 선택이 아닌 필연이었던 셈이다. 글로벌 하청공장에 불과했던 중국이 글로벌 파워로 부상하고 10%를 넘나드는 고성장세를 지속하자 중국으로 돈이 밀물처럼 밀려들었으며 일본을 제치고 세계 최대의 외환보유고를 달성하게 되었다. 2009년 9월 말 현재 중국의 외환보유고는 2조 2726억 원을 기록하고 있으며 그 가운데 1조 달러 정도를 투기자금으로 자체 판단하고 있다.

21세기 환율전쟁은 이전과 조금은 다른 방식으로 전개되고 있는데, 미 달러 약세와 특정국 통화 강세라는 현상은 1980년대 플라자합의 당시와 비숫하다. 하지만 마르크와 엔화 대신 유로화와 위안화가 달러의 대치점에 서서 움직이고 있다. 일본은 2000년부터 위안화 문제를 줄기차게 제기하고 있다. 일본 재무성 구로다 차관은 2002년 말 파이낸셜타임즈와 인터뷰에서 "중국은 수출 억제와 통화팽창 정책으로 디플레이션 흐름을 바꾸든지 그렇지 않다면 위안화를 평가 절상해야 된다."라고 주문하였다. 중국이 글로벌 디플레이션을 유발하여 일본을 장기침체 속으로 빠져들게 한다는 것이 주 논지이다.

EU 도 일본과 보조를 맞추어 2005년 G7 재무장관 회의에서 아시아 통화, 특히 위안화의 평가절상을 요구하였다. 미국은 같은 해 5월 환율조작국 지정을 검토할 수 있다고 강한 압박을 가하였다. 그 결과 중국은 2005년 7월 21일 기존 관리변동환율제도에서 통화바스킷 변동환율제도로 변경한 후 8.2765에서 8.11로 2.1% 위안화를 평가 절상하였다. 2008년 글로벌 경기침체로 달러 대 위안화 환율을 6.82∼6.83 구간에 묶어 두고 관리하고 있지만 예전과 비교할 경우 18% 정도 평가절상을 단행한 셈이다.

2004년 11월 독일 재무장관은 그린스펀 의장이 G−20 재무장관−중앙은행총재 연석회의에 참석하기 위해 베를린을 방문하였을 때 미 달러 급락에 따른 각국의 공동대처를 주문하였다. 하지만 그린스펀은 국제환율공조 제안을 거절하며 "주요 중앙은행 간 환율공조는 현 수준으로 충분하다."라고 노골적으로 '약弱 달러정책' 을 옹호하였다. 미 달러 약세, 유로와 위안화 강세라는 정책적 의도를 고수한 것이다, 그 대가는 3년이라는 시간 간격을 부메랑으로 돌아왔으며 부시행정부에서 일방주의를 주도한 로버트 졸릭 세계은행 총재조차 미 달러화의 기축통화 질서를 당연히 해서는 안 된다는 경고를 보내고 있다.

한편 유로화는 경화Hard Currency로 미 달러에 대한 대체재 성격을 띠고 있다. 중앙은행 입장에서는 외환보유고 다변화, 기관투자자 측면에서는 표기통화에 대한 포트폴리오 분산기제가 작동하는 셈이다. 2000년 당시만 해도 세계 외환보유액 대비 18% 수준에 불과하던 유로화는 2009년경에는 약 28%로 뛰어올랐다. 동 기간 달러는 72%에서 63%로 뚝 떨어졌다. 또한 2009년 상반기 국제채권 발행잔액 비중은 47.4%로 36.1%를 기록한 달러를 뚜렷이 앞서 가고 있다. 단기간에 미 달러가 누리고 있는 기축통화 지위가 무너질 것으로 보지는 않는다. 하지만 그 영향력이 쇠퇴하고 있는 것은 사실이다. 위안화는 약화Soft Currency로 다변화하고는 거리가 멀다. 지금 관심을 보인다면 투기적 동인이 강하게 밀고 있기 때문일 것이다.

달러화 지위에 대한 도전이 부쩍 감지되고 있지만 혹하는 시나리오와 달리 가까운 장래에 달러화 패권이 붕괴될 가능성은 없다. 제국은 스스로 붕괴되지 타의에 의해 무너지지는 않는다. 미국이 원할 때만 달러는 기축통화 위치를 내려놓을 것이다. 그 전제는 그것이 미국에 진정 유리하고 미 경제와 금융에 도움이 될 때이다. 스털링지역을 포기하는 대신 서서히 침체되기를 원한 영국과 달리 미국은 여전히 강하고 또한 자신감을 버리지 않았다. 아직 시기는 무르익지 않았다.

그럼 미국의 선택을 압박할 주요 기류를 살펴보기로 하자. 우선 블록통화와 단일통화로 이원화되고 있는 움직임을 눈여겨볼 필요가 있다. 또한 중국이 힘을 실어 주고 있는 특별인출권(SDR)도 복병으로 떠오른다. IMF 입장에서는 최대주주인 미국 눈치를 안 볼 수는 없지만 꼭 최대주주가 회사를 독점 지배하는 것은 아니다. 대체로 경영권 다툼은 전문 경영인의 권한을 강화시켜 주며, IMF가 현재 그 입장에 놓여 있다.

블록통화라면 먼저 떠오르는 것이 유로화인데, 세계 외환보유액 대비 28%라는 숫자에서 보듯이 현실적인 한 축을 분명히 담당하고 있다. 글로벌 경제위기 속에서 유로화 가입에 소극적이던 동유럽 국가들도 최근 적극적 행보를 보이고 있다. 미국의 뒷마당 격인 남미에서도 미풍이 불어오고 있다. 2008년 10월 남미공동시장 긴급확대회의에서 이들은 글로벌 금융위기 대응방안을 마련하였는데, 주 내용이 회원국 간 거래에서의 달러 사용 축소와 자국통화 확대이다. 또한 여기서 세계은행, 국제통화기금, 미주개발은행 등을 대체할 남미은행 운영시기를 앞당길 것을 결의하였으며 그해 6월 브라질과 아르헨티나는 이미 양국 간 무역거래에서 미 달러 대신 브라질 레알Real화와 아르헨티나 페소Peso화를 쓰기로 합의하였다.

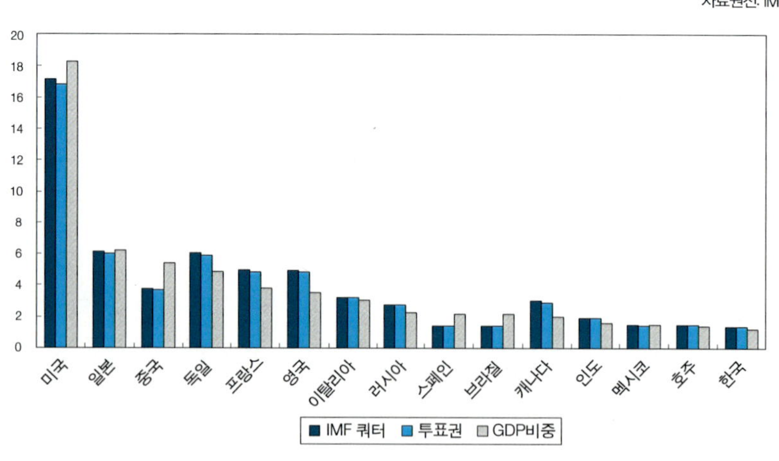

[그림 8-1] 국별 IMF 쿼터, 투표권 및 GDP 비중

걸프협력협의회 역시 2008년 통화동맹협정초안을 마련하여 단일통화 논의를 시작하고 있다. 또한 2009년 10월에는 인디펜던트지가 걸프 국가들이 중국, 러시아, 일본, 프랑스 등과 함께 석유거래에서 달러 대신 사용할 '통화 바스켓'을 구성하는 방안을 비밀리에 논의했다고 보도함으로써 금시장이 요동친 적이 있다. 사우디아라비아와 쿠웨이트 등 중동 산유국의 즉각적 부인으로 한갓 해프닝으로 치부되었지만 흔들리는 달러의 위상을 실감나게 하는 대목이다.

1997년 동남아 외환위기를 기점으로 아시아권에서는 이미 역내 단일통화 논의가 이루어졌으며 2005년 5월에는 한 · 중 · 일 삼국 간 통화스왑 계약을 체결하기로 하였다. 하지만 이때 표시통화는 달러화로 통화협력보다는 외환위기에 초점을 맞춘 측면이 강하다. 2006년 1월에는 한 · 중 · 일과 동남아국가연합ASEAN 10개국 등 13개 국 화폐가치를 반영하는 아시아 단일통화 '아쿠ACU: Asian Currency Unit' 개념을 선보이기도 하였다. 참고로 아쿠는 유로화를 벤치마킹한 것으로 실물화폐가 아닌 가상화폐이다. 2006년 5월에는 아시아판 IMF라는 치앙마이이니셔티브CMI가 세상에 모습을 드러냈지만 IMF를 통한 미국의 개입이 노골화되고 있어 당장의 주류로 부상하기 힘들 것이다.

블록통화권과는 별개로 단일통화 움직임도 활발한데, 그 대표적 통화가 바로 루블과 위안화이다. 이들은 정치, 경제, 군사, 이념 등 전 방위에 걸쳐 협력보다는 경쟁적 관계에서 미국과 충돌하고 있다. 러시아는 자국의 원유, 가스 수출대금을 루블화로 결제한다고 발표하며 중국에 앞서 칼을 빼어들었다. 자원을 무기로 '황금 루블' 시대와 주도국 부상을 꿈꾸는 러시아의 원대한 소망이 담긴 일보였다. 러시아보다 좀 늦게 2008년 중국도 대열에 뛰어들었지만 그때는 미국이 국내외 문제에 발목이 잡힌 시기였다. 중국의 국채 매입에 의존한 상황에서 정책 주도권은 이미 중국으로 넘어갔으며, 아시아 지역에 대한 위안화 권리를 암묵적으로 양해받았을 수도 있다.

어쨌든 2008년 10월 러시아-중국포럼에서 푸틴총리는 "달러화에 기반을 둔 세계금융시장이 힘겨운 시기를 보내고 있으며, 자국통화를 기반으로 한 양자 결제시스템을 확대해야 한다."라고 주장하였다. 원자바오 총리 역시 "통화이용 다변화로 국제통화체제 안정을 꾀하여야 한다."라고 동의를 표했다. 하지만 2008년 하반기 유가폭락에 이어 글로벌 경기둔화가 본격화됨에 제대로 루블 가치는 폭락을 거듭하고 있다. 2008년 8월 대비 루블화 가치는 근 40% 폭락했으며 수백억 달러를 루블화 방어에 쏟아붓고 있다. 단순한 자원만으로는 강한 통화정책을 밀고 가기 힘들며 러시아가 바로 그 좋은 사례이다.

지금까지의 보수적 행보를 탈피하여 중국은 위안화의 국제화를 분명히 천명하고 있다. 또한 구체적 단계까지 제시하고 있다. 중국은 한·중·일과 동남아국가연합(ASEAN) 10개국 단일통화 논의에 꾸준한 관심을 나타내지만 실현화 가능성은 낮게 보는 것 같다. 현실적인 필요성에도 불구하고 각국 간 이해관계가 첨예할 뿐만 아니라 미국 견제 역시 무시할 수 없다. 따라서 중국은 블록 간의 논의보다는 우선 양자 간 통화협력을 통하여 위안화 위치를 공고히 하는 데 더 적극적 행보를 보이고 있다.

중국은 2008년 12월 한국과 1,800억 위안 규모의 통화스왑을 체결하였다. 1997년 IMF 외환위기 이후 중국인민은행이 최초로 체결한 본국 통화스왑이다. 2005년 미화 40억 달러 스왑 체결 때와는 달리 달러화를 배제한 것이다. 중국 입장에서는 위안화 국제화의 중요한 교두보를 확보한 셈이다.

2009년 1월, 2월에는 홍콩과 말레이시아와 각각 2,000억 위안과 800억 위안의 통화스왑을 체결하였으며 3월에는 비아시아권인 벨로루시와 200억 위안의 통화 스왑을 맺었다. 또한 홍콩, 마카오, 광둥 성 간의 무역결제 통화로 위안화 사용을 허용하여 본국 내 위안화 위치를 공고히 하는 한편, 아세안 국가들을 대상으로 광시, 윈난 성에 한하여 무역결제 시 위안화 사용을 허가할 방침이다. 2009년 5월에는 중국−브라질 간 무역결제에서 달러 배제를 논의하기도 하였다.

중국정부는 2009년 위안화 국제화 정책을 공식화하였으며, 그 과정을 3단계로 나누었다. 첫 번째 단계는 주변지역과 국가에서의 위안화 태환 및 유통이다. 두 번째 단계는 아시아 지역 무역결제 통화로 위안화 지위 확보와 아울러 역내 태환가능 통화로서 달러의 일부 대체이다. 세 번째 단계는 위안화 자유태환 실현으로 현 달러, 유로화의 지위를 염두에 둔 것이다. 이는 중국의 금융주도권과 밀접히 관련된 사항이다.

첫 번째 단계를 통하여 홍콩은 지역금융중심과 위안화 결제센터로서의 입지를 공고히 할 수 있다. 두 번째 단계는 홍콩보다는 상하이를 염두에 둔 것이다. 두 번째 단계를 통하여 상하이는 지역금융중심으로 발돋움할 수 있으며, 지역 내 통화지배권을 강화할 수 있다. 마지막 단계는 세계금융중심을 염두에 둔 조치이다.

2009년 3월 원자바오 총리 주체로 개최된 국무원 상무위원회 회의에서 중국은 2020년 상해를 국제금융중심, 국제항운중심으로 만든다는 방안을 통과시켰다. 이로써 세계공장에서 무역대국을 거쳐 금융강국을 겸하는 기본 맥락은 마련된 셈이다. 언젠가는 진정한 화폐전쟁을 목격할지도 모른다. 다만 지금은 아니다. 미국의 부산한 움직임과 달러에 대한 집착 속에서 우리는 그것을 감지할 수 있다.

중국이 통화스왑을 통하여 아시아권으로 스며들자 미국도 최근 통화스왑 확대(2008년 말 기준 미 FRB는 14개국 중앙은행과 5,540억 달러 규모의 통화스왑을 체결하였다. 그 가운데 반수 이상이 유로은행과의 체결물량이며, 일본은행도 1230억 달러 정도를 점하고 있다. 참고로 통화스왑 상환, 만기연장 취소 등으로 2009년 5월 기준으로는 1820억 달러로 그 규모가 대폭 축소되었다.)를 통하여 블록권과 각국 움직임을 견제하고 있다. 금, 원자재 시장을 통한 달러 주도권 강화 역시 같은 맥락에서 생각할 수 있다.

다만 돈의 다원화라는 추세를 완전히 돌리기는 힘들 것 같다. 상당한 기간이 소요되겠지만 결국 달러, 유로화, 위안화 삼각구도로 국제통화체제는 정립될 것이다. 그 가능성에 높은 점수를 주지는 않지만 영국은 세계금융중심 위치를 독일에 넘겨 줄 수도 있다. 경제적 밑바탕 없이 금융만으로 세계금융중심 위치를 고수하기는 힘들 것이다. 영국이 파운드화를 버리고 유로화로 편입되는 그 순간 힘의 축은 독일로 쏠릴 것이다. 천천히 대영제국이 무너졌듯이 파운드화도 점차 유로화로 대체될 것이다. 투자는 자산과 통화가치 모두를 고려할 필요가 있으며 그 점에서 중국은 매력적이다.

5. 덤핑달러 함정에 빠진 글로벌 증시

달러는 화폐가 아닌 상품으로 미 최대의 수출품이다.

중국이 글로벌 시장에 저가상품을 투하하듯 미국은 달러를 세계에 덤핑으로 뿌리고 있다. 상품은 반덤핑관세를 통해 진입장벽을 높일 수 있지만 지폐는 이것도 여의치 않다. 자본항목에 대한 두터운 방어막이 없다면 각국은 덤핑달러 충격을 해소하기 힘들 것이다. 21세기 첫 디딤돌은 진보가 아닌 퇴보로 얼룩졌다. IT 버블붕괴, 회계부정, 9·11테러, 이라크 전쟁이 우리를 맞이했으며 연이어 부동산버블, 증시버블, 원자재 버블로 표현되는 트라이앵글의 생성과 붕괴는 글로벌 경제를 신속히 냉각시켰다. 달러로 상징되는 미국의 지배력은 일순간 퇴조한 것처럼 느껴졌다. 언젠가는 미국도 과거 스페인, 포르투갈, 네덜란드, 프랑스, 영국, 소련이 걸어온 길을 답습할 것이다. 하지만 지금 현재는 아닌 것 같다.

아직은 미국에게 무엇인가를 강요할 나라가 존재하지 않는다. 달러하락은 외부가 그렇게 몰고 갔기 때문이 아니라 미국이 그걸 원했기 때문일 수도 있다. 이런 관점에서 논의를 파고들면, 미국은 가격을 버리고 거래를 확보한 것이 아닌가 생각된다. 조금 비약된 추론일 수도 있지만 달러를 상품으로 인식하면 의도는 한층 명확해진다. 상품은 저가라도 팔리면 가치가 있다. 그러나 매매 자체가 안되다면 그 순간 가치는 사라지고 천덕꾸러기로 변모한다. 일례로 부동산에 위 논리를 대입하면 좀 더 쉽게 이해할 것이다. 정말 겁나는 것은 부동산 가격 하락이 아니라 떨어진 가격에도 거래가 일어나지 않는 것이다.

달러를 가치척도, 교환지표로 삼지 않는다면 그 순간 달러는 종이조각으로 변질된다. 마진율은 좀 낮더라도 박리다매로 왕창 풀고 달러 회전율을 높이는 것이 미국에는 훨씬 유리한 선택일 것이다. 금을 비롯한 원자재 가격이 대부분 달러로 결제된다는 점 염두에 두면 2007년~2008년 증시폭락에도 상당기간 강세를 유지했던 원자재 가격과 2009년 한층 더 탄력을 받는 금 가격에 대한 의문이 풀릴 것이다. 금 가격이 상승하는 만큼 달러 수요도 역시 증가할 것이니….

각국에 환율개입 중단과 통화가치 인상을 줄기차게 요구하던 미국이 이제는 툭 던져버리고 신경을 끈다. 가치는 상대적인 속성이 있는데, 만일 세계 통화를 달러와 기타로 이원화 시킨다면 한쪽의 자발적 인하는 다른 쪽의 비자발적 인상을 불러온다. 한국 원화와 달리 달러는 국제결제통화이며 또한 엔화와 달리 기축통화이다. 원화는 찍으면 그 만큼 인플레이션 압력으로 돌아오지만 달러는 그 부분을 해외로 이전시킬 수 있다. 해외로 유입된 달러는 기타 지역 통화확대를 촉발하고 자산과 증시상승을 불러일으킬 것이다. 또한 외부적 통화가치 인상도 나타난다. 각국 내부적으로는 지폐가치가 떨어지겠지만 외부적으로는 환율인하가 발생하는 것이다. 그 둘 간의 인과관계는 좀 살펴보아야 겠지만 한국의 경우 대체로 원화가치가 강세를 보일 때 증시가 높게 나타나는 경향이 있다. 양털깎기의 과정으로 해석해 볼 수 있을 것이다.

주류로 인정을 받지 못하고 거의 사장된 이론가운데 암흑물질론Dark Matter Theory이라는게 있다. 의도하지 않았겠지만 음모론적 시각에 대한 이론적 한 단면일 수도 있다. 2005년 리카도 하우스만과 페더리코 스투제니거는 "미국과 글로벌 불균형: 암흑물질이 빅뱅을 막을 수 있는가?U.S. and Global Imbalances: Can Dark Matter Prevent a Big Bang?"라는 논문을 통하여 경제에 잡히지 않는 무엇인가(즉 암흑물질)가 막대한 미 적자를 메워주고 있다는 견해를 표방하였다. 대표적 암흑물질로 해외투자, 달러 발권력, 글로벌 지배권, 지식 우위 등이 제기되었다. 단편적 사례이지만 한국증시만 해도 외국투자자에 거의 좌우되는 면모를 보이고 있으며, 홍콩증시도 영국과 미국계 자금이 주도적 역할을 한다.

출처:USCC

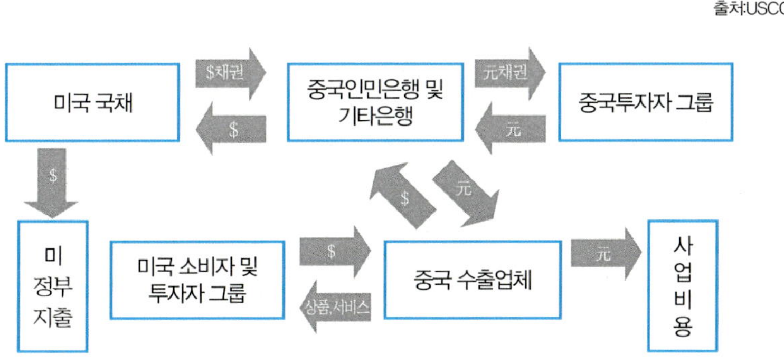

〈그림2〉 중국인민은행 통화 프로세스

<그림2>는 중국 인민은행의 통화 흐름도이다. 위 도표를 통하여 우리는 중국과 미국이라는 지역을 놓고 해당국 통화들이 어떻게 이동하는지를 유추할 수 있다. 미국이 들고 가는 것은 상품과 서비스 그리고 달러, 중국이 들고 가는 것은 미 채권과 달러 그리고 위안화이다. 냉소적으로 보면 중국은 종이만 들고 미국은 실물과 서비스 혜택을 누리는 셈이다. 좀 더 사고를 넓힌다면 우리는 미국은 통화압력이 없지만 중국은 달러 유입에 따른 위안화 발행 압력이 존재한다는 사실을 알 수 있다. 상기 흐름도에는 미국에서 중국으로 수출되는 상품과 서비스는 빠져있지만 그렇다고 미국이 위안화를 수출대금으로 받는 것 또한 아니다. 한국도 위 흐름도와 동일한 맥락에 놓여 있을 것이다.

덤핑으로 풀린 달러, 지역별 재정확대, 지역 통화팽창이 축을 이루면서 2009년 1분기 이후증시와 원자재 시장을 끌어올렸다. 2009년 말 현재 미국은 덤핑달러를 철회할 의도가 없는 것 같다. 남은 두 축인 재정확대와 통화팽창은 각국 정부의 의지에 따라 좌우되겠지만 지켜보자는 기류가 대세이다. 공교롭게도 2010년을 눈앞에 둔 시점에 터진 두바이 쇼크는 저금리와 출구전략 지연에 대한 훌륭한 변명거리를 만들어주었다. 아직은 불안하다는 것이 주 논지인 것 같다. 리처드 던컨은 두바이 다음은 중국일 수도 있다는 견해를 표명했지만 중국은 오히려 그리스, 동유럽에 공을 넘기고 있다. 영국이 복병으로 떠오를 수 있고 의외의 다른 곳에서 터질 수도 있다. 두바이쇼크 약발이 떨어질 때쯤 이보다 더 파괴적인 곳에서 문제가 불거질 수도 있다. 그럼 끊어졌다고 인식되었던 위기고리가 사실은 연결되고 가고 있음을 우리는 사후에 인지할 것이다.

6. 역사는 돌고 판은 바뀐다

모든 현상에는 한계치가 존재하며 그 경계를 넘어선 순간
새로운 세계가 열린다. 다만 그것이 긍정적일지
또는 부정적일지는 미지수이다.

대규모 흑자를 실현하고 있는 중국, 일본, 한국 등과 같은 수출 주도형 국가는 자산버블과 인플레이션 방지를 위해 외화자산을 계속 구매할 수밖에 없다. 통화절상에 따른 수출감소는 경제위기로 비화될 수도 있다. 탄탄한 내수와 풍족한 자원이 뒤를 받치고 있다면 외환보유고를 쌓아 두지 않겠지만 현실적으로 이는 불가능에 가깝다. 결국 과도할 정도로 충분한 외환보유고는 필연이며 각국은 그 속에서 선택을 도모하고 있다. 미 달러에 편중된 구조를 다른 통화 또는 그 대체물로 조금 다변화할 생각을 하는 것이다. 옵션으로 떠오른 것이 유로화, 금, IMF 특별인출권, 아시아 블록통화 등이다.

하지만 외환문제는 경제논리만으로 풀 수 없으며 이들 옵션 역시 한계가 존재한다. 고래들은 강보다는 바다에서 더 자유로울 수 있다. 유동성을 떠나 가격의 출렁임에서 보듯이 금은 일국의 부를 저축하는 수단으로 적당하지 않다. 중장기적으로 달러가치가 20~30% 하락할 수는 있어도 몇 달 만에 반

토막이 날 가능성은 그리 높지 않다. 하지만 금은 그 이상도 가능하다. 금값이 1,000달러를 돌파하자 낮은 금 비축량에 비판이 쏟아졌음에도 한국은행이 선뜻 금 보유를 확대하지 못한 것도 이런 이유이다. 미국도 이 사실을 충분히 인지하고 인쇄기를 돌리고 있을 것이다.

그럼 유로화는 어떨까? 중심통화로 점차 자리매김하고 있지만 아직은 미흡하다. 세계 외환보유액 점유율은 28% 정도이며, 국제무역에서는 이보다 낮은 20% 수준에 머물러 있다. 또한 2009년 6월 기준 국제은행 대출잔액 비중은 22.6%에 불과하다. EU라는 경제권을 바탕으로 의미 있는 도약을 하고 있지만 달러가 보유한 기축통화 위치를 뒤흔들 정도는 아니며 앞서 금과 같이 가격변동성이 달러보다 높다. 강세를 보이다 언제 큰 폭으로 떨어질지 모르는 것이다. 아시아 블록통화는 논의만 되고 현실적 결과물은 아직 없다. 논의에 지쳤음인지 중국은 상하이협력기구와 옵서버국가 등을 묶은 12개국 단일통화 논의에 더 적극적인 움직임을 보이고 있다. 종(從)으로 연결된 동남북에서 횡橫인 동서중으로 발걸음을 점차 이동하고 있다. 그 중심에는 자원이 놓여 있음은 두말할 필요도 없을 것이다.

이렇듯 엉킨 실타래처럼 꽉 막힌 순환구조는 버블 붕괴로 새 판이 형성될 때까지 자산가격을 밀어 올린다. 버블 붕괴로 모든 실타래가 끊어졌다고 생각하면 오산이다. 또다시 새로운 버블이 창출될 것이며 과거와 동일한 운동양상이 그려질 것이다. 라이오넬 로빈스는 그의 저서 〈대공황The Great Depression〉에서 "불황을 막는 가장 효과적인 방법은 호황을 막는 방법과 일치한다."라고 하였다. 현재의 공황사태를 대가 없이 진정시킬 수 있는 방법은 없는 것 같다. 비이성적 과열, 탐욕, 철학부재가 너무 오랫동안 만연되었다.

1945년 이전에는 전쟁과 같은 물리적 충돌을 통하여 인위적 조정작업이 가능하였다. 하지만 현대는 이와 같은 쾌도난마快刀亂麻식 해법이 거의 불가능하다. 제3차 세계대전은 인류를 거의 공멸수준으로 몰고 갈 것이기 때문이다. 설혹 지구가 날아가지는 않을지라도 현재와 같은 인류는 더 이상 존재하지 않을 것이다. 전쟁 대신 환율과 경제패러다임 변화를 통하여 인위적 조정을 몇 차례 시도하였지만, 그 결과는 실패로 귀결되었다. 세계경제가 직면한 문제를 볼 때, "장기적으로 우리는 모두 죽는다."라는 케인스의 말이 꼭 인간에게만 적용되는 것은 아닌 것 같다.

죽음을 향한 시계추도 장기에서 중기로 더 가속화되고 있으며 슘페터가 주장한 '창조적 파괴'로는 인류가 직면한 문제를 해결하기는 힘들 것 같다. 가능한 대안은 창조적 재건이며, 그 선결과제는 완전한 파괴일 것이다. 완전한 파괴 역시 쾌도난마식 대안처럼 그 대가가 만만하지 않을 것이며 장송곡이 울려 퍼지는 가운데 우리는 죽음을 향한 발걸음을 재촉할 것이다.

미국의 순 대외투자 포지션은 1976년 플러스(+) 1,654억 달러에서 2007년 현재 마이너스(-) 2조 4,418억 달러로 전환되었다. 규모 차이는 있었지만 1985년까지는 대외부채보다 대외자산 보유액이 더 많았다. 하지만 1986년에 접어들면서 그 관계가 역전되었다. 특히 2000년 마이너스 1조 3,306억 달러를 기록하면서 무려 6,000억 달러가 한순간 확대되었다. 무역흑자국과 적자국 사이에 벌어지고 있는 위험한 게임은 신용팽창을 더욱 가중시켰으며, 양날의 칼처럼 이들 모두에게 치명적인 상처로 다가오고 있다.

미국 경제 몰락에 대한 아마겟돈적 시나리오가 현실화되고 있음에도 시장이 늦게 반응한 이유는 무엇일까? 정부, 기업, 금융부문 모두 두 손을 든 상황에서 가계부문이 성장의 버팀목 역할을 착실히 수행하였기 때문이다. 기록적인 저금리와 각종 공격적 대출행위는 가계부문 소비와 부채를 확대시켰다.

달러에 대한 경제적 신뢰는 거의 무너졌다. 남은 것은 '제국'으로 대변되는 지배권뿐이다. 지배권이 유효하다면 달러는 장기간 더 존속될 것이다. 하지만 빈번한 도전에 직면할 것이다. 폭풍이 몰아치는 현시점에서 달러화 자산을 대량 처분할 이는 그리 많지 않을 것이다. 유동성은 풀더라도 대규모 자본손실만은 회피할 수 없기 때문이다. 중국이 핏대를 올리며 미국 투자자산의 가치를 보장하라고 요구하는 이유이기도 하다.

또한 달러약세에 따른 자국통화 절상은 수출감소로 연결될 것이며 이는 경제위기를 부채질할 수 있다. 게임이론과 치킨게임만이 난무한 것이 현실이다. 글로벌 공조를 내세운 G20 같은 정상회의가 빈번하게 개최되는 것도 문제해결보다는 달러 자산매도 금지, 보호무역 경계, 재정확대라는 암묵적 3대 원칙이 지켜지고 있는지 서로 확인할 필요가 있기 때문이다.

끝으로 달러가 당장 붕괴되지 않는다는 말이 세계경제 안정과 등가는 아니다. 달러가 획기적으로 재조정되지 않는 한, 비록 그것이 헤게모니를 포기하는 결과일지라도, 버블은 다시 생성될 것이며 이는 또 다른 경제공황으로 연결될 것이다. 모든 현상에는 한계가 존재하며, 일단 그 한계치를 넘어서면 우리는 예전과 전혀 다른 세계 속에 놓이게 된다.

9장

경제이동과 충돌

본 장에서는 경제와 자원을 둘러싼 지리적 변천과 힘겨루기 양상을 파악할 예정이다. 투자는 세계를 두고 벌어진, 그리고 벌어지고 있는 주도권 다툼과 별개의 것이 아니다. 그 결과에 따라 국가와 시장을 넘어 돈이 몰리기도 썰물처럼 빠져나가기도 한다. 증시가 요동치고 통화가치가 흔들린다. 이런 움직임은 개별투자자가 컨트롤할 수 있는 영역이 아니다. 흔히 대세라고 통칭되는 역사의 흐름이다.

1. 천 년간의 세계 경제이동

유럽, 북미에서 아시아로 점차 힘의 축은 전이되고 있다.
다만 여러분이 그 최종결과를 지켜볼 수 있을지는 불확실하다.

돈 흐름을 통하여 우리는 강대국과 경제와의 관계를 일부 확인할 수 있었다. 경제력이 뒷받침되지 않는 강대국은 한갓 신기루에 불과하다. 얼마나 파워를 지속적으로 투사, 유지할 수 있는지는 결국 돈의 문제인 셈이다.

맨디슨Angus Maddison은 그의 주옥 같은 연구보고서와 서적들을 통하여 지역별 경제이동을 비교적 쉽게 설명하고 있다. 다만 문화적, 태생적 한계로 인하여 근대 이전 일본 역할을 과도하게 확대 평가하는 오류를 남겼다. 또한 일본을 서구로 편입시킨 시각 역시 동의하기는 힘들다. 현대적 통계분류에 너무 매몰된 듯한 느낌이 들지만 그의 연구가치는 뚜렷하다.

이후 본 단락에서 언급될 내용은 그의 보고서(세계경제 그 성장과 상호작용Growth and Interaction in the World Economy에 기입된 데이터를 기반으로 하였다. 참고로 일본 데이터는 저자가 따로 분리하여 아시아권으로 편입시켰다.

맨더슨 연구 결과에 의하면, 11세기 세계 GDP 생산량에서 서구가 차지하는 비율은 9.4% 정도로 당시 아프리카(11.7%)보다도 떨어지는 수준이었다. 반면 아시아는 72%로 세계경제 주도권을 확실히 쥐고 있었다. 이는 인구가 곧 경제인 농업중심 사회였기에 가능했던 것으로 생각된다.

당시 세계인구 68% 이상을 아시아 지역이 점했으며 서구는 10% 수준에 그쳤다. 중세시대(1500년대)로 넘어와도 서구의 열등적 위치는 변함이 없었으며 GDP와 인구비중은 18.2%와 13.7%에 불과하였다. 아시아는 여전히 세계 GDP의 65%를 점하면서 독주체제를 구가하였다.

르네상스를 지나 산업혁명 초기 단계로 들어섰지만 구조적 변화는 뚜렷하지 않았다. 하지만 19세기 중반 이후 산업혁명이 본격화됨에 따라 서구 경제력은 급속히 팽창되었으며, 1820년대 30% 미만이던 비중이 1870년대에는 43.1%로 거의 과반에 육박하였다. 아시아는 38.4%로 대폭 줄어들었다. 역사상 처음으로 세계경제 주도권을 서구에 빼앗겼으며 삶의 질 면에서도 뚜렷한 격차를 나타내었다.

1870년대 서유럽 1인당 GDP는 1,960달러를 기록한 반면 일본을 제외한 아시아 지역은 550달러 수준에 불과하였다. 근대화 속도가 빨랐던 일본도 737달러에 머물렀다. 당시 북미권(미국, 호주, 캐나다, 뉴질랜드)은 2,419달러로 서유럽을 제치고 1인당 GDP가 가장 높은 지역으로 발돋움하였다.

20세기로 넘어서면서 그 격차는 급속히 확대되었는데, 1913년 서구의 GDP 점유율은 54.4%로 과반수를 초과하였으며 아시아는 25% 수준으로 떨어졌다. 아프리카는 3% 미만으로 존재감조차 상실했으며 라틴아메리카도 4%대에 불과하였다. 20.8%에 불과한 인구로 서구는 세계경제 반수 이상을 점한 것이다.

서구 경제력은 1차, 2차 세계대전을 거치면서 근 57%까지 육박하였다. 아시아는 20% 이하로 떨어졌으며 라틴아메리카는 4%대에서 8% 수준으로 상승하였다. 19세기까지 그나마 일정한 지분을 유지하던 중국의 몰락이 주원인이었다. 1950년 당시 일본은 3%대 수준에 머물렀다.

1973년으로 넘어오면서 서구도 점차 기울어 가는 모습을 보였다. 57% 수준을 정점으로 51%를 간신히 턱걸이한 상태로 빠졌다. 아시아는 다시 20%대를 확보하였지만 일본을 제외할 경우 16% 수준에 불과하였다. 진정한 도약은 아니었던 것이다.

동유럽과 구소련연방은 19세기 후반 이후 13%대를 지속하였다. 절대적 수치로는 서구경제력이 후퇴된 모습을 보였지만, 그 내면은 사실과 다르다. 이는 1950년 19.1%를 점하던 인구비율이 1973년 15.6%로 뚜렷한 감소세를 보였기 때문이다. 경제체력 저하가 아닌 인구감소로 인한 동력 상실이 주원인이었다. 참고로 1973년 당시 서유럽과 북미권의 경제규모는 거의 비슷한 수준을 유지하였다. 1950년대 일시 역전된 상황을 서유럽이 다시 회복한 것이다.

21세기로 넘어서면서 아시아권은 과거 위용을 서서히 되찾았다. 2001년 기준 세계 GDP 점유율을 38% 수준까지 끌어올렸다. 일본이 7%대에 머문 점을 고려한다면 1970년대와 달리 아시아권 전체가 활기를 띤 사실을 알 수 있다. 중국과 인도가 점차 살아났으며, 아시아 4마리 용(한국, 대만, 홍콩, 싱가포르)에 이어 동남아 신흥공업국 역시 부상하였다.

반면 동유럽과 구소련연방은 5.6%에 머물면서 점차 주류경제권 외곽으로 밀려났다. 서구는 45% 수준으로 재차 하락하였다. 특히 북미권보다는 서

유럽의 쇠퇴가 두드러지게 나타났다. 서구 인구비중은 15.6%에서 11.9%로 한층 감소하였다. 동유럽과 구소련연방 역시 1973년 9.2%에서 6.7%로 떨어졌다. 반면 아시아는 57.4%에서 59.4%로 오히려 확대되었다. 라틴아메리카는 7.9%에서 8.6%로 인구점유율은 확대되었지만 경제규모는 8.7%에서 8.3%로 오히려 소폭 하락하였다.

지역적 개념에 따라 서구는 북미권과 서유럽으로 구분할 수 있다. 그 가운데 서유럽은 동유럽과 구소련연방을 끌어들이지 않는다면, 지금으로부터 1~2세기 이후 1,000년 전 그 모습으로 떨어질 가능성 역시 존재한다. EU가 회원국들을 부단히 끌어들이면서 그 세력을 확장하는 이유도 여기에 있다.

다만 글로벌 경제위기로 EU도 다양한 도전에 직면해 있다. 재정적자 규모를 국내총생산(GDP) 대비 3% 이내로 설정한다는 가이드라인은 위협을 받고 있다. 2009년 27개 EU 회원국 가운데 이 가이드라인을 통과할 것으로 예측되는 국가는 7개에 불과하다. 인플레이션에 유독 민감한 독일조차 이 수치는 2009년 4%에 이어 2010년에는 6%까지 확대될 전망이다.

독일과 함께 EU를 지탱하고 있는 프랑스는 상황이 훨씬 심각하다. EU 집행위는 2009년 8.2%에서 2010년에는 8.5%까지 늘어날 것으로 본다. 영국은 한술 더 떠 2009년 이미 12% 수준에 이를 것으로 전망된다. 유로화 약세로 고민하던 EU는 이제 강세에 우려의 시선을 보인다. 실제 2009년 2분기 EU 경제성장률은 마이너스(−) 4.8%를 찍었다. 늘어나는 실업, 고령화된 사회구조, 저성장, 확대된 정부지출 등이 유럽의 발걸음을 무겁게 하고 있다.

한편 동유럽이 해외에서 차입한 금액은 1.7조 달러 정도로 추산되는데,

그 대부분이 단기차입금이다. 2009년 상환액은 4,000억 달러로 이 지역 GDP 총계의 1/3에 해당하는 규모이다. 폴란드의 경우 60% 모기지가 스위스 프랑으로 계산되는데, 폴란드 화폐(zloty)는 프랑 대비 반 토막으로 떨어졌으며 헝가리, 발칸반도, 우크라이나 역시 비슷한 상태이다.

동유럽 위기는 서유럽으로 번지고 있다. 서유럽은 동유럽 차입금 대부분을 제공하였으며 특히 오스트리아, 스웨덴, 그리스, 이탈리아, 벨기에 은행들이 주도적 역할을 맡았다. 일례로 오스트리아는 2,890억 달러 정도를 동유럽에 대출하였는데, 이는 GDP 대비 70%에 해당하는 수치이다. 한편 2008년 EU로부터 약 110억 달러 구제금융을 지원받은 라트비아는 2009년 10월 166억 달러 규모의 국채발행 계획을 내놓았지만 단 한 건의 응찰도 없었다. 스웨덴 금융권은 라트비아에 200억 달러 규모의 대출을 제공한 것으로 알려진다.

그와 더불어 이머징마켓에 제공된 4.9조 달러 규모 포트폴리오 대출 역시 유럽의 목을 조르고 있다. 이 대출금의 74% 정도가 유럽 몫인 것으로 알려진다. 미국과 일본계 은행보다 5배 정도 위험에 더 노출된 것이다. 스페인은 라틴아메리카에 코가 꿰인 상태이고 영국과 스위스는 아시아 쪽에 목이 걸려 있다. 미국은행은 서브프라임 모기지로 와해지경이지만 유럽은행은 서브프라임 모기지와 동유럽 두 군데에서 어퍼컷을 맞고 있는 셈이다. 미국계 은행은 죽이기에는 너무 큰 반면 유럽계 은행은 살리기에 너무 큰 셈이다.

경제력과 삶의 질을 놓고 보면 아시아가 서구에 한참 뒤쳐져 있다. 홍콩과 싱가포르는 국가보다 도시 개념이 강하고 일본은 경제력이 삶의 질을 따라오지 못한다. 2009년 레가툼 번영지수*Legatum Prosperity Index*를 보면 1위부터 5위는 모두 서유럽이 점하고 있으며 호주, 캐나다, 미국이 각각 6위, 7위, 9위에 랭크되어 있다. 아시아권에서는 일본과 홍콩이 유일하게 20위권에 포함되어 있으며 싱가포르, 대만, 한국은 23위, 24위, 26위로 나란히 그 뒤를 쫓고 있다. 중국은 75위로 G2로 대변되는 글로벌 위상과는 상당한 격차를 보인다. 인도는 45위로 중간 수준에 간신히 턱걸이하였다.

파워가 아닌 번영(경제펀더멘탈, 민주주의, 교육, 의료, 개인적 자유 등)이라는 측면에서 세상을 보면 아시아는 아직 갈 길이 멀다. 금세기에도 개인으로서 아시아는 유럽보다 뒤처질 것이다. 과거 500년 이상 앞선 적이 없다. 개별 국가와 도시로 접근한다면 몇 군데는 지금도 괜찮은 수치를 내놓고 있다. 하지만 평균적 아시아는 평균적 유럽과 북미보다 못하다. 21세기 중반 이전에 격차를 상당부분 축소시키겠지만 그렇다고 아시아가 유럽과 북미보다 부유하다는 뜻은 아닐 것이다.

2. 자원에서 헤게모니 조정으로

자원은 그 자체가 힘이며 또한
힘의 축을 변경시킬 수 있는 지렛대이다.

경제, 금융전쟁과 달리 자원전쟁은 종종 무력충돌로 이어지는데, 이는 유형의 존재로서 자원이 가진 특징과 지리적 분포에 기인한 것이다. 경제와 금융 영역은 물리적 선점이 아닌 제도 및 체계 투사에 그 목적이 있다. 굳이 비난을 무릅쓰고 신자유주의, 글로벌 스탠더드 등을 강요하기 위하여 총칼로 들이댈 필요는 없다. 정부가 안 되면 기업, 학계, 언론계 등과 같은 민간부문을 이용하여 통로를 확보할 수 있다. 하지만 자원의 경우 민간부문 실효성이 떨어진다. 소련 붕괴 이후 민영화되었던 에너지 사업에 대한 러시아 정부의 국유화 조치를 통해 잘 알 수 있다.

푸틴에 대항한 러시아 올리가르히(신흥재벌)들의 추락은 이에 대한 좋은 증거이다. 한때 이들의 수장이었던 미하일 호도르코프스키는 시베리아 수용소에서 강제노역 중이며, 일부는 영국, 이스라엘로 도피하였다. 그 외 이란, 이라크, 베네수엘라 등에서도 실시된 자원 국유화, 재협상 조치로 인해 엑슨, 모빌, 로얄더치셸과 같은 메이저 에너지기업들이 쓴맛을 보았다.

투자금은 금융네트워크를 통하여 몇 초 만에 즉시 회수할 수 있다. 가상 경제이기 때문이다. 하지만 자원은 실물이며 운반이라는 과정이 필요하다. 그걸 빠르고 손쉽게 국외로 운송할 방법은 전무하다. 즉 점유만이 유일한 확보방안이며 이는 전쟁 또는 친화적인 정권 재창출로 연결된다.

미국은 2003년 3월 이라크 전쟁 개시로 이런 면모를 다시 한 번 보여 주었다. 대량살상무기와 민주주의 전파라는 옹색한 변명을 믿는 사람은 거의 없다. 전쟁 개시 2주 만에 미·영 간 이권투쟁 보도가 언론을 통해 흘러나왔다. 그러나 최대 3조 달러라는 막대한 비용만 지불한 채 2009년 미국은 황급히 발을 빼고 있으며, 베트남전 실패를 재반복하였다.

이에 반하여 중국은 비교적 착실히 자원확보 전략을 수행하고 있다. 흔히 중국의 석유확보 전략을 '락업(lock-up)전략' 이라 부른다. 락업전략이란 국제석유시장을 통하여 석유수요를 충당하려는 미국과 달리 해외유전시설 지분인수 혹은 개발권 확보를 통하여 미리 확보 가능한 석유자원을 고정화시킨다는 의미이다. 물리력보다는 외교력을 선호하는 셈이다.

아프리카, 중동, 중남미, 중앙아시아 등 자원이 매장된 곳이면 장소를 가리지 않고 무차별적으로 이루어지고 있는 중국 최고위층 해외순방에서 잘 나타난다. 2003년 취임 후 후진타오 주석과 원자바오 총리가 각각 방문한 50여 개국 가운데 과반수 정도가 에너지, 원자재 수급을 위한 방문으로 알려진다. 수단 다르푸르와 미얀마 사태에서 보듯 자원확보에 유리하다면 국제적 비난도 유감없이 감수하고 있다.

자금낭비와 인명피해, 외교력 저하 등 부정적 이미지만 잔뜩 각인시킨

후 허둥지둥 발을 빼는 것과 약간의 비난 감수와 경제원조를 통하여 정권 차원에서 든든한 보장을 받는 것 가운데 어떤 것이 더 실익인지는 말할 필요도 없을 것이다.

현재 중국은 전하이鎮海, 황다오黃島, 따이산岱山, 따리엔大連에 국가석유 전략비축기지를 건설하고 있으며, 이들을 통합 관리할 국가석유비축중심을 정식으로 가동할 예정이다. 또한 글로벌 경기둔화로 인한 원자재 가격 폭락을 기회로 해외자원기지 확보와 아울러 알루미늄, 인듐, 아연, 니켈, 구리 등의 비축을 전략적으로 확대하고 있다.

우연이든 혹은 필연이든 21세기 자원을 둘러싼 전쟁은 글로벌 헤게모니를 재편하는 동력으로 작동되고 있다. 이라크와 아프가니스탄에 발이 묶여 있는 틈을 타 러시아, 중국이 부상하고 있으며, 이란, 베네수엘라가 석유를 무기로 새로운 게임을 요구하고 있다. 유럽 역시 전통적으로 중동지역에 이해관계를 가지고 있으며 자원공급 면에서 러시아에 일정한 약점을 보인다.

러시아는 세계 2위 석유생산국으로 헝가리, 폴란드, 독일, 영국 등 대다수 유럽국가들이 러시아산 석유를 수입한다. 러시아산 가스 가운데 5분의 3은 EU회원국에 공급되고 있으며 특히 핀란드, 불가리아, 슬로바키아 등은 100% 러시아에 의존하고 있다. 터키와 폴란드는 과반수, 독일 역시 40% 이상을 러시아에서 수입한다. 프랑스는 1/4 정도이지만 러시아가 공급을 중단한다면 수급혼란에 빠질 것이다. 2006년 1월 가스대란 사태와 2009년 1월 우크라이나와 가스분쟁으로 유럽은 문제의 심각성을 충분히 맛보았다.

2009년 1월 가스공급 사태는 예외적으로 러시아에도 부메랑으로 다가왔다. 글로벌 경기침체로 자원가격이 폭락한 현실을 고려하지 않은 일방적 조치는 러시아 경제 취약점만 한층 돌출시켰다. 메드베데프 대통령은 "정치적 위험과 실제 결과를 충분히 계산하지 못하였다."라고 정책실패를 고백하였다. 그러나 이를 자원무기화 포기로 받아들이면 오산일 것이다. 공급시장 다변화를 통해 자원무기화를 좀 더 효율적으로 구사하겠다고 해석하는 편이 적당할 것이다. 러시아와 아시아의 밀월관계는 한층 긴밀해지고 있다.

2009년 2월 메드베데프 대통령은 사할린 2 프로젝트 개막식을 통하여 대아시아 자원판매 시대를 예고하였다. 당시 개막식에는 일본 아소타로 총리, 영국 왕자 등이 참석하였다. 러시아 국영 원유업체인 로스네프트와 국영 파이프라인 사업자인 트랜스네프트는 중국개발은행과 250억 달러의 대출 계약을 체결하였다. 그 대가로 이들은 2010년 중국에 연장될 시베리아 관통 원유 송유관을 통해 앞으로 20년 동안 매일 30만 배럴 원유를 중국에 공급하는 데 동의했다. 러시아는 중국, 일본 등 아태지역에 든든한 공급망을 구축한 것이며 중국과 일본은 수요망을 확충한 셈이다.

그러나 이런 현상을 러시아인 모두 긍정적으로 바라보는 것은 아니다. 실제로 러시아 우랄시브 은행 분석가 블라디미르 티호미로프Tikhomirov는 "현 러시아 경제상황이 지속된다면 중국에 석유 · 가스뿐만 아니라 금속 · 광물 같은 자원도 내주게 될 것"이라고 우려하였다. 러시아 증시는 원유와 루블 이 두 가지 요인에 의하여 움직이는데, 2008년 하반기 이후 이들 모두 악화 일로를 걷고 있으며, 증시는 연일 폭락장을 연출하였다. 정책인수를 제거할 경우 자원을 둘러싼 역학관계는 공급자 시장인지 또는 수요자 시장인지에 달려 있을 것이다.

1970년대 1차, 2차 석유파동을 제외하고는 대체로 수요자 시장으로 흘

렀으며, 21세기도 2005~2008년 기간을 제외하고는 공급자 시장은 아니었다. "수요하라, 그럼 공급될 것이다."라는 원칙이 충실히 지켜진 셈이다. 엄밀히 말하자면 21세기 초 자원버블도 결코 공급자가 조장한 것은 아니다. 그들은 다만 편승했을 뿐이다.

앞에서 잠시 언급했듯이 과도하게 팽창된 글로벌 유동성이 자원가치를 끌어올린 것이다. 석유, 금, 곡물시장 등 영역을 불문하고 투기자금이 만연하였으며 반수 이상의 매매포지션이 투기세력에 의해서 이루어졌다. 공급자들이 보조세력은 될 수 있어도 주도세력은 아니라는 사실이다.

2006년 9월 자원무기화에 대한 우려가 고조될 때 주요 에너지 소비국인 미국, 중국, 일본, 인도, 한국이 베이징에 모여 에너지 안보비밀회의를 개최하였다. 이 회의에는 서유럽 국가들이 배제되었는데, 그 내용은 확인할 수 없지만 친목도모는 아니었을 것이다. 아마 자원보유국에 일방적으로 휘둘리지 말자는 결의 정도는 하였을 것이다.

여담이지만 그리 실효성 있는 회의는 아니었던 것 같다. 결의가 무색하게 2007년, 2008년 원자재 가격은 하늘 높은 줄 모르고 치솟았다. 자본주의 속성상 국가의 틀 속에 개별 주체의 이기주의를 담아 둘 수는 없다. 자원에는 국적이 있어도 돈에는 국적이 없다.

3. 헤게모니 이동 징후들

지금까지 우리는 경제와 자원을 둘러싼 지리적 변천과 힘겨루기 양상을 파악했다. 투자는 세계를 두고 벌어진, 그리고 벌어지고 있는 주도권 다툼에 다름 아니다. 그 결과에 따라 국가와 시장을 넘어 돈이 밀려들어오기도 바람 빠진 풍선처럼 급격히 줄어들기도 한다. 증시가 요동치며 통화가치가 평가절상, 절하되기도 한다. 이런 움직임은 투자자가 컨트롤할 수 있는 영역이 아니다.

도도하게 흐르는 역사의 물줄기를 바꿀 희대의 영웅은 존재할지라도 그건 투자자의 몫이 아니다. 투자자는 대세를 가늠해 보고 투자포지션을 조정하면 된다. 매 순간의 주가움직임을 따라갈 필요는 없다. 지금 세상이 어떻게 변하고 또 어떤 방향으로 나아갈지 고민하는 것으로 충분하다. 의외의 현실이 눈앞에 다가와 여러분의 투자인생을 바꿀 수도 있다. 좁게는 주식과 펀드 같은 투자대상 수익률에 직접 충격을 가할 수도 있으며 넓게는 유동성, 환율,

경제 펀더멘털 등을 변화시켜 간접영향을 미칠 수도 있다.

헤게모니, 즉 패권이동에 관한 접근론은 다양할 수 있다. 국가를 기준으로 펼쳐 나가는 것이 일반적이지만 문명충돌론, 세계체제론처럼 집단, 역사, 사회적 요소들을 전면에 두고 연구를 진행할 때도 있다. 세력균형 또는 세력전이라는 말은 한 번쯤 들어 보았을 것이다. 일극과 다극론적 시각은 각종 미디어에서도 심심찮게 다루고 있다. 기본 논조는 미국을 일극으로 두고 중국, 러시아, 프랑스, 인도, 브라질 등이 지역균형자로 발돋움할 수 있는지를 검토하는 것이다.

하지만 세력균형론의 전제는 아마 세력전이일 것이다. 세계유일 초강대국인 미국의 패권이 흔들리지 않는다면, 세력균형이라는 말 자체가 성립되지 않기 때문이다. G7에서 G20으로 변화하는 국제정세는 그 속을 일부 드러내 준다. 미국에서 중국, 서구에서 아시아로의 헤게모니 이동 역시 이런 관점에서 찾아볼 수 있다. 현실주의자들은 국제상황을 대체로 무정부체제로 보고 있다. 세력균형이라는 개념도 이런 전제를 깔고 있다. 만약 세계가 혼란 속으로 빠져든다면 그때는 힘Power이 모든 것을 대신할 것이다.

반세기 이상 헤게모니를 거머쥔 미국의 위축은 선명하다. 하지만 지금 당장 미국을 대신할 세력 역시 뚜렷하지 않다. 토머스 프리드먼은 2008년 12월 16일자 뉴욕타임스 사설에서, "미국은 가장 큰 이상적 경쟁자, 베이징과 모스크바, 두 군데를 잃어버렸다. 누구나 경쟁자가 필요하다. 이들은 당신을 절제된 상태로 유지시킨다. 하지만 미국 자본주의는 더 이상 공산주의를 우려할 필요가 없었으며 그 사실이 미국을 미치게 만들었다."라고 말하였다.

그는 또한 스코틀랜드 왕립은행 벤심펀돌퍼Ben Simpfendorfer 이코노미스트의 말을 인용하여 "공산주의 붕괴가 중국은 중간지대로 몰고 갔으며 미국은 극단으로 밀어 버렸다."라고 소개한다.

몇몇 강대국과 그룹이 모든 국제문제를 해결하는 것은 불가능하다며 다극주의와 다자주의가 더 큰 조류일 것이다. 오바마 정부가 일방에서 다자로 돌아선 것도 이를 깊게 인식하기 때문이다. 결국 독단적으로 일을 처리하더라도 타협하는 자세와 절차는 필요하다는 것이 미 현실주의자들의 기본입장이다. 또한 이상보다는 현실적 이익에 따른 배치를 선호한다. 부시 정부는 그것을 지키지 못했으며 그래서 브레즌스키 같은 전략가들을 돌아서게 했다.

중국과 미국 두 나라에 의하여 국제문제가 주도될 것이라는 추측을 원자바오 총리는 겸손하게 부인하고 있지만 이는 외교적 수사에 불과하다. 미국의 무한팽창에 따른 소련의 두려움, 그 속에서 싹튼 군비경쟁이 결국 소련붕괴를 가져왔다는 점을 중국은 깊게 인식하고 있다. 천천히 가는 데는 중국을 따라올 국가도 드물다. 향후 글로벌 이슈는 결국 미국, 중국, EU를 중심으로 논의될 것이며 현실적으로도 그렇게 진행되고 있다.

국제문제만큼 투자세계 역시 한스모겐소Hans J. Morgenthau의 '힘의 정치'가 그대로 적용되는데, 모든 악재들이 동시다발적으로 미국을 강타하고 있지만 달러는 여전히 보좌를 유지하고 있다. 오히려 "고래 싸움에 새우 터진다."라는 속담대로 부실한 주위 국가들이 그 유탄을 맞고 있다. 핵폭탄이 터진 후 주위 공기를 급속도로 빨아들이듯이 세계 곳곳에 흩어져 있던 자금들은 결국 중심축으로 몰려든다.

금번 글로벌위기로 5대 강대국 가운데 러시아, 영국은 지위를 일부 내놓

은 것 같다. 영국은 주요 선진국 가운데 가장 긴 침체를 겪고 있으며 루블화
는 2,000억 달러의 투입에도 그 가치가 과반수 폭락하였다. 파운드 역시
2007년 이후 수직하강을 지속하고 있다. 프랑스는 EU 울타리에서 버티고
있지만 힘겹기는 매한가지이다. 미국은 오히려 그 위상이 한층 강화된 것처
럼 보이며 중국은 브릭스에서 벗어나 G2로서의 입지를 다지고 있다. 미 증
시에 다시 투자자들의 촉각이 모이고 있으며 달러등락에 일희일비한다. 위
기 속에서 진정한 강자는 미국뿐이라는 것을 다시 세인들에게 주지시키고
있다.

한편 중국은 신흥 경제대국에서 경제대국으로 그리고 세계공장에서 경
제주축으로 확실히 자리매김하였다. 오른쪽 눈은 미국에 그리고 왼쪽 눈은
중국에 고정시켜야 하는 시대가 온 것이다. 강대국의 파워현황은 통화가치
에 그대로 반영된다. 글로벌 투자시각에서 헤게모니를 소유한 국가, 즉 투자
시장은 타 국가(다른 시장)보다 훨씬 매력적이며 돈은 자연히 그쪽으로 흐르
게 된다. 투자자에게 있어 헤게모니는 돈의 방향을 저울질하는 시계추인 셈
이다.

4. 가상 경제전쟁Economic War Game

경제전쟁은 전쟁의 한 갈래로
물밑에서 지금도 벌어지고 있다.

미국 정치전문지 폴리티고Politico에 의하면 미 국방부는 2009년 3월 메릴랜드 로렐 소재 전략분석연구소에서 군 인사들을 초대한 후 가상 경제전쟁을 시뮬레이션했다고 한다. 글로벌 경제위기를 전제로 둔 워게임War Game은 미국, 러시아, 중국, 동아시아 그리고 기타로 팀을 나누어 진행되었다. 전사는 총칼로 무장한 람보가 아닌 헤지펀드 매니저, 교수 그리고 투자은행 경영층이었다.

세계 주요 경제국 간의 파워균형을 이동시킬 수 있는 글로벌 시나리오가 설정되었는데, 구체적으로는 북한 붕괴, 러시아 천연가스 가격조작, 양안(중국과 대만) 긴장 고조와 같은 글로벌위기 상황이 부여되었다. 이런 시나리오에 따라 이들은 '누가 위기극복을 위해 타국에 자금을 제공할 것인지', '다른 나라를 개입시키기 위하여 무엇을 할 것인지', '누가 북한이 붕괴되도록 내버려 둘 것인지' 등을 면밀히 살펴보았다.

왜 미 군사 전략가들은 테러와의 전쟁으로 바쁜 와중에 그 영역을 경제까지 넓히는 것일까? 이들은 새로운 전쟁을 불러일으키는 것은 정치가 아닌 경제적 이유라고 본 것이다. 전쟁은 경제의 연속이며 참가자들에게 동기를 부여하는 것은 정치권력보다 부의 추구라고 생각한 것 같다. 실제로 냉전 이후 발생한 무력분쟁의 95%는 내전이며 그 속에는 경제이권이 깊숙이 자리 잡고 있다. 또한 안보는 지리적 영토뿐만 아니라 경제적 영토도 포함된다.

워게임 결과는 미국에 경고 시그널을 던져 주고 있다. 최대 경제국 지위는 유지하겠지만 러시아와의 일련의 금융충돌로 그 입지가 약화되었다. '달러와 루블화' 간의 통화전쟁을 염두에 둔 시나리오 같은데 좀 과민한 반응 같다. 원자재와 블록경제를 통하여 러시아가 달러를 배척하려는 움직임이 있지만 그 강도는 중국보다 약할 것이다.

어쨌든 지친 미국을 뒤로하고 중국이 위치를 강화하는 쪽으로 결과는 산출되고 있는데, 이를 단순한 정치공학적 소설로 치부할 수만은 없다. 실제로 중국은 미 국채를 1조 달러 이상 보유하고 있으며 2009년부터 달러에 공공연하게 도전장을 던지고 있다. 중국 최고위층은 달러 방어를 공개적으로 요구하면서 오바마 정부를 연일 압박하고 있으며, 미국은 무역불균형 해소와 위안화 평가절상 문제를 테이블에 올리며 반격을 준비한다. '타이어 전쟁'으로 표면화된 무역분쟁은 주도권 다툼의 한 단면에 불과하다.

폴 브래큰Paul Bracken 교수는 경제전쟁을 통하여 두 가지 통찰력을 얻었다고 말하고 있다. 첫째로 금융전쟁과 전통적 무력전쟁, 이 둘을 관리하기 위해서 통합적 접근이 필요하다는 사실이다. 둘째는 중국이 달러를 투매하지 않을 것이라는 가정이 의문시된다는 것이다. 달러투매 가능성에는 여러분도 부정적일 것이다. 정치, 경제적 리스크를 제하더라도 시장가격 붕괴로 막대한 투자손실을 입을 수 있기 때문이다.

하지만 그는 중국이 중립적 포지션을 취함으로써, 즉 달러 자산가치가 붕괴되지 않도록 달러 매매를 조금씩 반복 시행하면서 미 경제 불확실성을 고조시킬 것으로 보았다. 그 연장선인지 알 수 없지만 중국은 현재 보유국채 기간구조를 미묘하게 조정하고 있다. 달러에서 금, 유로화로 외환보유고를 다변화하면서 말이다. 그리스 역사학자 투키디데스는 "모르고 전쟁에 빠져드는 경우는 없다. 전쟁 속에 이득이 있다면 두려워도 빠져나오지 못한다. 한 쪽은 승리에 대한 이익이 손해의 위험보다 크다고 생각하고 다른 쪽은 현실화될 손실보다 위험에 기꺼이 몸을 내던진다."라고 말하였다. 미국과 중국의 현 상황에 상당히 부합되는 문장으로 전쟁에서는 상식이 통하지 않으며 상식이 점차 무너지면 전쟁이 된다.

한 인사는 "닥터 스트레인지러브Dr. Strangelove를 보는 듯한 느낌을 받았다고 말하였는데, 참고로 닥터 스트레인지러브는 1964년 스탠리 큐브릭 감독이 만든 블랙코미디 영화다. 미 공군 잭 리퍼 장군은 수돗물 불소처리가 소련 공산주의자들에 의한 미국 상수원 오염 음모라는 과대망상에 사로잡혀, R작전(유사시 장성급이 핵무기 사용허가를 내릴 수 있도록 한 최후 작전)을 폭격부대에 전달한다. 이 명령을 받은 843 폭격부대는 소련에 선제 핵공격을 실시하기 위해 출격하고 미 행정부는 이를 멈추기 위해 폭격기를 격추할 수 있는 정보를 소련에 넘겨주지만, 우여곡절 끝에 미사일 공격에도 살아남은 한 대의 폭격기가 ICBM 기지로 떨어지면서 세상은 종말을 향한다는 것이다.

이 영화는 냉전의 허약한 본질과, 상호확증파괴Mutual Assured Destruction,

MAD 개념을 통해 핵전쟁이 억지될 수 있다는 통념을 풍자한 것이다. 중국 달러투매에 대한 부정적 견해 역시 상호확증파괴 개념에 그 기원을 두고 있다. 세계 경제가 글로벌화됨에 따라 상호 간에 밀접한 경제사슬이 형성된 것은 사실이다. 한 곳의 경제혼란이 다른 곳으로 급속히 전이되며 그 파괴력은 대체로 체증한다. 미국의 서브프라임 모기지 사태가 결국 글로벌 경제위기로 번진 사례만 보아도 잘 알 수 있다.

우리는 은연중에 경제와 금융시장에도 상호확증파괴 개념이 자리 잡고 있다고 굳게 믿는다. 세계가 공멸의 길로 나아가지는 않을 것이라는 막연한 기대감이 내부에 존재하기 때문이다. 대마불사의 원리는 간혹 주식 투자판단의 근거로 이용되기도 한다. 하지만 위기는 예상한 진로를 자주 벗어나며 또한 필연과 우연을 가장해 찾아온다.

10장

버블, 공황 그리고 투자기법

투자가 투기로 넘어서는 순간 버블의 씨앗은 잉태된다. 버블과 공황은 동전의 양면과 같다. 또한 시대와 지역을 불문하고 존재해 왔다. 버블을 파헤치면 항상 비이성적 탐욕이 튀어나온다. 하지만 이를 뒷받침한 사회시스템은 언제나 비판의 화살을 빗겨 간다. 경제가 금융에 주도권을 빼앗긴 현재 신용버블은 수시로 세계경제를 흔들고 있으며 투자자는 버블과 공황 속에서 인생역전을 꿈꾼다. 금융기법과 신용버블이 결합된 21세기 투자시장은 대공황의 위기 속에서 우리를 몰고 갔으며 또 다시 새로운 성장점을 찾아 헤매고 있다. 버블은 인간의 본질적 한계임과 동시에 증시의 본질적 모습이다.

1. 버블과 공황에 대한 관점

경제인가 또는 금융인가 그것이 문제로다.

투자의지가 사라지면 증시는 일순간 확률적 세계로 떨어진다. 투자자가 거래를 하는 것이 아닌 시장이 투자자를 매매하는 것이다. 투자라는 절대적 명제가 확률로 변하며 이제 투자를 투기로 만드는 데는 우연만 찾아오면 된다. 비행기 2대가 세계무역센터를 들이받으면서 전쟁은 시작되고 허리케인이 주요 송유관을 우연히 덮치면서 유가는 뛴다. 멀쩡한 도시와 농토가 지진과 가뭄으로 황폐화되면서 곡물가격은 천정부지로 치솟는 것이다. 그 결과 시장의 불확실성으로 가득 차며 투기적 분위기는 무르익는다. 확률과 우연이 결합된 형태로 투기는 분출되며 나팔수와 탐욕이라는 첨가물이 따라붙는다. 왜 투자를 해야 되는지에 관한 고민은 사라지고 추종만 남을 뿐이다. 시장은 한껏 팽창하게 되고 일순간 이유 없이 푹 하고 꺼져 버린다. 바로 우리가 알고 있는 공황의 첫 단추가 꿰어지는 것이다.

공황은 크게 경제공황과 금융공황으로 구분된다. 경제공황은 생산과잉,

금융공황은 신용붕괴에 초점이 맞추어져 있다. 1990년대 이전에는 경제공황으로 금융위기를 설명하였지만 그 이후로는 신용팽창에 따른 금융시스템적 접근을 따르고 있다. 최근 글로벌 경기침체 원인을 신용문제로 끌고 가는 것도 마르크스적 비판론에 대한 경계감이 강하게 묻어 있는 것 같다. 마르크스적 관점은 금융위기를 단지 경제위기의 표면적 현상으로 보고 있으며 실질적인 원인은 생산과잉이라고 결론짓는다. 생산과잉 문제를 해결하는 과정에서 화폐, 신용, 금융시장 혼란이 초래되며 투기는 생산과잉이 절정에 도달했을 때 발생한다고 본다. 투기를 금융위기 주원인으로 보지 않으며 단지 발생시기를 앞당기는 촉매제 정도로 생각한다. 한편 금융적 접근은 경제구조가 아닌 금융시스템이 심각한 불균형 상태에 놓일 때 금융위기가 발생한다고 해석한다. 경제와 금융지표 악화가 유동성 경색을 초래하고 그 결과 자금 분배능력이 침체된다고 판단한다. 주 사례로는 1994년 멕시코 외환위기, 1997년 동남아 외환위기, 1998년 러시아 부도사태 등이 있다.

아직 끝나지 않은 글로벌위기에 대한 여러분의 견해는 어떠한가? 경제공황에 높은 점수를 주는가 아님 금융공황으로 해석하는가? 정책당국은 금융공황의 손을 들어주는 것 같다. 양적 팽창으로 금융권 붕괴를 틀어막고 재정확대로 수요를 끌어올리고 있다. 구조조정도 간혹 일어나지만 생산시설 축소보다는 현 상태 유지에 무게중심이 놓이고 있다. 다시 금융권을 펌프질해서 신용을 유통시키고 있으며 소비를 조장하고자 한다. 자동차, 전자라인 축소보다는 정부 보조금을 들여 수요를 확대하고 있다. '보이지 않는 손'에서 '보이는 손'으로 시장 주도권이 넘어가고 있으며 이기심과 탐욕은 별개의 것이 아닌 동일체라는 것도 좀 더 분명히 다가온다. 이런 점에서 케인스가 애덤 스미스보다 좀 더 현실적인 것 같다. 그는 본능과 투기도 시장의 한 요소로 보기 때문이다.

그럼 왜 모든 경제문제를 신용팽창으로 뒤덮어 버릴까! 그 해답은 '보이지 않는 손'에 있다. '보이지 않는 손'은 자본주의 시장경제의 핵심적 요소이다. 시장에 의해 모든 불균형이 조절되고 안정화된다. 시장주의에 따르면 공황은 이론적으로 불가능하다. 수급원리에 따라 공황발생 전에 조정될 것이기 때문이다. 하지만 현실에서는 빈번한 공황과 위기로 시장을 우롱한다. 시장비효율성에 대한 지적에 시장주의자들은 분개하며 '보이는 손'인 정부를 비난한다. 시장자율에 맡겨 두었으면 공황의 씨앗은 뿌려지지 않았단 것이 주 논지이다. 정부가 특정산업을 육성시킬 의도로 개입함에 따라 시장법칙이 붕괴되고 수급이 궤도를 이탈한다는 것이다. 경제는 그 자체로 불안정하다고 케인스가 설파하였지만 대부분의 시장주의자는 안정성에 무게를 둔다.

한편 금융공황에서 해법을 찾을 경우 우리는 자칫 폭탄 돌리기에 빠질 수 있다. 신용붕괴는 시스템이 아닌 감정에서 원인을 찾는 경향이 있다. 구체적이고 체계적인 원인파악이 거의 불가능하며 시장은 그 논란에서 비켜서게 된다. 결국 원인은 '탐욕'으로 귀결되며 '도덕적 인간'이라는 이상향만 떠오른다. 실효성도 없는 내부자 규제와 모럴해저드 방지대책이 유일한 해답인 셈이다. 공적 자금을 지원받은 골드만삭스가 2009년 사상최대인 200억 달러의 보너스 잔치를 준비하고 혹자는 보너스 규제에 대한 정부정책에 반발하여 소송을 제기하기도 하였다. 사전 계약에 위반된다는 것이 주 논지이며 CEO와 임직원 성과에 대한 지나친 규제는 경쟁력 하락으로 다가올 수 있다는 개념이 그 근거로 채택되고 있다. 2009년에 책정된 월가 총보수는 1,400

억 달러 정도로 전망되고 있는데, 이는 위기 전 수준을 앞지르는 것이다.

하지만 경제공황으로 넘어가면 문제는 조금 심각해진다. 넓게는 신성불 가침적 존재인 '시장'에 대한 의문이 제기될 수 있으며, 좁게는 경제주체 간 '이해조정' 작업이 벌어진다. 기업은 근시안적인 태도와 무분별한 탐욕에 대한 비난과 책임을 저야 하며 정부는 감독관리 소홀에 따른 문책을 받을 것이다. 대다수 경제학자들은 그들의 무능함을 고해성사하며 권위를 상실할 것이다. 또한 기업 CEO와 임직원은 천문학적 보너스와 사치스러운 생활을 포기하여야 할 것이다. 3각 편대를 이루며 경제공황을 주도한 정부, 기업, 그리고 탐욕스러운 임직원들 가운데 경제 공황적 결론은 누구도 즐거울 수 없다. 실체도 없는 탐욕과 세금 보따리인 일반대중에게 책임을 떠넘기고 위기는 또다시 확대 재생산되는 것이다.

2. 버블과 공황의 계보학

시대별로 버블의 모습은 다르지만
그 결과는 항상 공황으로 끝난다.

애덤 스미스의 가장 큰 공로는 이기심을 종교로부터 따로 떼어놓은 것이다. 그 결과 개별 주체들의 경제활동은 사회현상의 하나로 연구될 수 있었다. 막상 위기가 불거지면 시스템 점검보다 종교재판이 앞서지만 어쨌든 경제를 움직이는 동력은 발견한 셈이다. 그가 찾아낸 이성적 이기심은 종종 비이성적 탐욕에 묻혀 버리며 탐욕은 모든 문제의 근원으로 부각된다. 결국 모든 잘못은 과도한 욕심을 부린 투자자와 부패한 경영층에게 귀속되는데, 이는 100년 전이나 각종 경제이론과 모형이 난무하는 현재에도 변함이 없다.

버블과 공황분석에서 육하원칙은 사라지며 현실은 마치 고돔과 소모라처럼 비추어진다. 우리는 욕망에 찌든 도시에 사는 용서받지 못할 인간으로 변질되는 것이다. 경제, 금융시스템 개혁이라는 근본적 문제는 탐욕으로 물든 금융기관 CEO와 임직원의 부적절한 행동보다 더 하찮게 미디어에서 취급된다. 시스템적 문제라면 책임소재와 원인 규명이 뒤따르지만 탐욕이라면 해답이 없다. 지극히 개인적이며 감정적인 문제로 투자자 혹은 개별 경제주체들이 스스로 계몽되는 길뿐이다. 결국 역사의 수레바퀴는 돌고 돌며, 패자는 패자로 승자는 승자로 남게 된다.

사실 버블은 인류에게 그리 낯선 현상은 아니다. 고대 로마시대부터 근대를 거쳐 현대까지 면면이 이어져 오고 있지만 학계에서는 대체로 튤립버블을 그 시초로 보고 있다. 사료적으로 버블의 시작과 끝이 명확하였기 때문으로 판단된다. 우선 근대 버블 3종 세트를 살펴보기로 하자. 선물개념이 포함된 튤립버블Tulip Mania, 1634~1637년은 역사상 최초의 버블로 불리고 있다. 네덜란드 튤립시장은 보통 전문가와 생산자를 중심으로 거래가 이루어졌지만 투기수요가 불붙음에 따라 1개월 만에 가격이 50배나 폭등하기 시작하였다. 하지만 가격만 있고 실제 거래는 그리 활발하지 않음을 인식한 순간 버블은 붕괴되었으며 튤립가격은 최고치 대비 수천분의 1 수준으로 폭락하게 되었다. 최근 원자재와 부동산버블 생성과 붕괴과정을 보는 듯하다.

두 번째는 미시시피버블Mississippi Bubble 1716~1720년로 존로John Law가 그 중심에 있다. 그는 프랑스 정부가 발행한 국채를 모두 인수하는 대가로 당시 프랑스령이던 루이지애나 지역의 무역경영권, 조세징수대리권 등을 확보하였다. 한편 소유은행을 통하여 은행어음과 주식을 발행하기 시작하였으며, 이를 국채와 화폐로 태환하기 시작했다. 엄청난 수익을 낼 것이라는 장밋빛 희망에 부푼 투자자들은 그가 소유한 미시시피 회사 주식을 매집하기 시작했으며 주가는 일순간 30배 이상 폭등하였다. 풀린 유동성은 결국 인플레이션을 초래하였으며 급기야 프랑스 정부는 주식과 은행어음에 대한 평가가치를 50% 정도 다운시켰다. 역사상 최초의 주식형 버블은 그렇게 붕괴의 길로 들어선 것이다.

마지막은 영국의 사우스시버블South Sea Bubble, 1716년~1720년이 대미를 장식했는데, 천재물리학자 뉴턴도 비켜 가지 못했으며 "천체를 예측하는 것이 사람들의 광기를 예측하는 것보다 쉽다."라는 명언을 남기기도 하였다. 주식시장에서 광기는 비이성의 모든 형태(동물적 감각)로 표현되며 그것은 광기의 가장 진실한 모습을 드러낸다. 광기가 자체의 논리에 따라 이성과 독립된 듯한 움직임을 보이고 가장 역설적이고 극단적인 형태, 즉 버블로 진행되면서 광기는 고립되고 특이한 존재로 인식되게 된다. 투자자 속에 잠재한 광기는 이성적 메커니즘으로 설명될 수 없다. 헤지펀드에 관한 논평을 하면서 워렌버핏은 뉴턴이 만약 사우스시버블에 빠지지 않았다면 운동의 제4법칙을 발견하였을 것이라는 뼈 있는 농담을 던졌다. 그가 말한 제4법칙은 '투자자들의 운동(매매)이 증가하면 수익은 감소한다.' 라는 것이다. 6장에서 살펴본 균형모형이론 내 수확체감 법칙, 즉 거래량이 확대될수록 수익률은 감소한다는 점을 버핏 역시 동일하게 짚고 있는 셈이다.

근대버블의 파생효과가 지역에 국한되었다면 현대로 올수록 전염성이 강화되고 있다. 1920년대 부동산버블은 대공황을 초래하였으며, 제2차 세계대전의 단초를 제공하였다. 1970년대 오일달러는 남미를 버블의 도가니로 몰고 갔으며 그 부작용은 21세기 현재에도 치유되지 않고 있다. 1971~78년 당시 브라질 실질 경제성장률은 연 8.5%에 도달하였으며 멕시코, 아르헨티나, 칠레 등도 역사상 최대의 호황을 구가하였다. 하지만 호황은 곧 한갓 신기루로 변모했으며 1982년 멕시코는 모라토리엄을 선언하기에 이르렀다. 한때 세계경제 5위의 부국이었던 아르헨티나는 개발도상국 위치에서 벗어

[그림 10-1] 대공황과 주요 경기침체기 당시 주가흐름

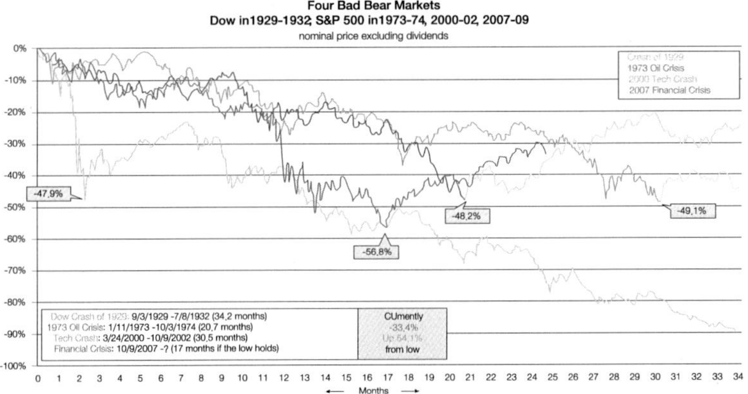

[그림 10-2] 주요 4대 베어마킷 당시 주가흐름

(부연) 과거 베어마킷(약세장) 사례를 보면 2007년 불어 닥친 금융위기에 따른 증시하락은 끝난 것이 아닌 진행형임을 알 수 있다. 2009년 반등은 그 연장선 속에서 해석될 수 있을 것이다.

나지 못하고 있다. 1970년 버블 붕괴로 남미경제 기초가 송두리째 무너진 것이다.

남미가 70년대 직격탄을 맞았다면 80년대는 일본이 그 뒤를 이었다. 플라자 합의로 엔고현상이 초래됨에 따라 저금리 정책이 인위적으로 시행되었다. 그 결과 자산버블은 가속화되었는데, 당시 일본을 파면 미국을 세 배 사고도 남는다는 소리가 유행처럼 흘러나왔다. 89년부터 연이어 기준금리를 2.5%에서 6%로 인상함에 따라 결국 2년 만에 부동산 가격은 60% 이상 폭락하였다. 1980~1990년 연평균 4%를 넘어선 경제성장률은 이후 1%대로 떨어졌으며 일본은 장기침체의 늪 속으로 깊이 빠져들었다. 여담이지만 골프 회원권 가격도 100분의 1 수준으로 떨어졌다.

21세기 초 우리가 겪은 투기적 활황은 1972~73년 상황과 흡사한 측면이 많은데, 1970년 선진국들은 경기후퇴를 경험했다가 1972~73년 일시적으로 대규모 투기적 호황을 맞았다. 하지만 석유가격이 4배 이상 폭등하자 투기적 호황은 곧 공황으로 급변했으며 1929년 세계 대공황 이후 최대의 경제위기를 경험하였다. 다수의 기업과 은행이 도산하였으며 생산규모도 대폭 축소되었다. 약간의 회복기를 거쳐 1978년 제2차 석유파동이 발생하였으며 세계경제는 늪 속으로 깊숙이 빠져들었다. 21세기 우리가 목도한 IT버블, 부동산버블, 신용버블 등도 본질적으로는 1970년대에 뿌려진 씨앗이다.

3. 달러, 신용팽창 그리고 버블

달러에 의한 신용팽창은 나비효과를 넘어서 글로벌위기로
비화되었으며 80년대 중반에 시작된 일본식 장기침체가
2010년대 중국식 장기침체로 넘어갈 수도 있다.

예부터 금은 가치의 척도와 상업적 교환수단으로 이용되었다. 이미 17세기부터 유럽에서는 고전적 금본위제도를 도입하였으며, 1차 세계대전 이전까지 주요 통상국가 통화는 금에 고정되었다. 상업은행은 예금으로 금을 받아들였고 이를 대출함에 따라 신용창조가 이루어졌다. 금본위제도는 자동조정 기능을 보유하고 있었는데, 이는 국가들 간의 무역수지 불균형을 제한하는 역할을 담당하였다. 이는 금 자체가 유한한 자원으로 한 국가가 무한정 채굴할 수 없기 때문이다.

1914년 1차 세계대전이 발발하였을 때 유럽 각국은 금본위제도를 파기하였는데, 금 준비량에 따라 통화와 신용이 공급되는 화폐구조하에서는 전쟁비를 충당할 수 없었기 때문이다. 그 결과 금본위제도는 통화본위로 바뀌었다. 1917년 미국은 본격적으로 전쟁에 개입하기 시작했으며 동맹국들에 금 대신 대출형태로 물자를 공급하였다. 3년 늦게 참가한 대가로 유럽의 금이 미국으로 밀물처럼 쏟아졌으며, 미국 금 보유량은 3년 남짓한 사이에 64% 확대되었다.

1차 대전 종결 후 동맹국들은 전쟁부채를 상환하였으며, 그 결과 미국의 금 보유량은 전쟁 발발 전보다 2배 정도 확대되었다. 미국 전 사회에 걸쳐 신용이 급속히 팽창하였으며 1929년 대공황의 씨앗이 뿌려졌다. 참고로 1914~1920년 사이 기계장비 생산액은 200% 이상 확대된 것으로 집계되고 있다. 1921년부터 미국 연방준비은행은 공개시장 조작을 통하여 과도하게 풀린 통화와 신용공급을 흡수하기 시작했다. 출구전략이 실시된 것이다. 그 여파로 1921년 국민총생산은 8.7% 감소하였으며 다급한 연방준비은행은 1922년 다시 유동성 공급방향으로 정책을 선회하였다.

실물경제에 끼인 과도한 거품이 누적되어 결국 1929년 대공황이 불어닥쳤으며 이는 다시 2차 세계대전을 불러들였다. 미국의 전시 생산능력은 크게 팽창하였으며 때마침 터진 한국전쟁은 2차 세계대전 이후 분출구를 찾아 헤매던 군수산업에 단비를 제공하였다. 이후 마셜플랜과 함께 세계경제는 신동력을 다시 찾게 된 것이다. 전쟁회복, 신기술 발달, 농업에서 산업으로의 경제구조 변경, 제3세계 산업화 등으로 세계경제는 1970년대 초까지 눈부신 발전을 이룩하였다.

혹자는 1953년부터 1973년까지 20년간 세계가 실현한 제조업 생산량이 그 이전 1세기 반과 맞먹는다고 주장하였다. 하지만 1973년 1차 석유파동을 계기로 세계는 공황에 빠져들었다. 1973~1974년 경제위기 기간 미국 공업생산량은 14% 정도 떨어졌으며 서독과 영국 역시 11~12% 하락하였다. 통상국가인 일본은 20% 이상 폭락한 것으로 나타났다.

하지만 이 모든 것을 석유파동에 떠넘길 수는 없다. 1차 석유파동 이전, 즉 1970~1971년 이미 경제위기의 전조는 나타났다. 기업이윤율은 1960년대보다 30% 이상 떨어진 상태였으며 스태그플레이션 기미도 보였다. 특히 세계경제를 지탱하던 미국이 심한 몸살에 빠졌다. 베트남전쟁, 수입확대, 해외투자 등으로 달러가 대규모로 유출되었으며 세계기축 통화로서의 달러 신인도가 하락하였다. 그 결과 1971년 닉슨은 달러에 대한 금태환을 정지시켰으며, 브레튼우즈 시스템이 붕괴되었다.

자료원천: Shadowstats.com

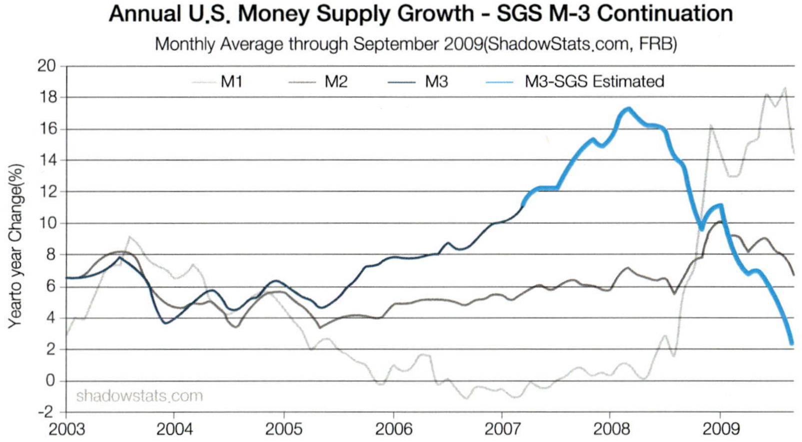

[그림 10-3] 미국 화폐 공급량 변화율

금본위제와 브레튼우즈 체제로 대변되는 조정기능이 무너짐에 따라 무역불균형은 심화되었으며 국제유동성은 한층 확대되었다. 넘쳐나는 돈은 과잉투자, 과잉생산, 버블과 신용팽창을 초래하였다. 설상가상으로 재선을 노리는 닉슨 정부는 경기확장 정책을 의욕적으로 추진하는 한편 마르크와 엔화에 대한 평가절상을 요구하였다. 그 이유는 2009년 현재 재거론되고 있는 무역불균형 해소이다.

통상압력 완화를 위해 무역 흑자국들은 외환보유고 소진을 가속화하였다. 일본의 경우 공공사업 조기집행, 금리인하, 해외투자 장려와 원자재 비축 등의 조치를 취하였다. 구리, 면화 등 공업원료와 식료품에 대한 매점매석이 발생하였으며 이는 투기를 한층 부추겼다. 증시와 부동산 가격 역시 폭등하면서 글로벌 버블을 초래하였다. 1980년대 플라자 합의와 금리인하로 일본은 한층 부풀어 올랐으며 버블이 붕괴되자 20년이라는 긴 장기침체로 직행하였다.

신용과 파생상품의 결합으로 버블 폭과 파괴력은 한층 확대되었지만 현 버블 생성과 붕괴과정은 1970년대 영화를 리메이크한 것처럼 거의 비슷한 흐름을 타고 있다. 또한 80년대 일본식 장기침체는 2010년대 중국식 장기침체로 넘어갈 수도 있다. 이런 모습은 80년대 일본을 지나 90년대 한국을 거쳐 점차 중국으로 전이되고 있다.

21세기 초 활활 타오르던 제조업이 점차 그 성장동력을 잃어 가고 있으며 자산버블이 심화되고 있다. 중국도 과거와 달리 생산보다는 부동산과 증시로 자금이 역류하고 있으며 제조업 기반도 취약해지고 있다. 절대적 규모는 팽창되고 있지만 수많은 중소기업가들이 창조와 도전보다는 자산투자에 더 열을 올리고 있다. 1970~80년대 당시 일본과 비슷한 목적으로 미 채권과 원자재를 사들이고 있다. 달러로 촉발된 신용팽창은 나비효과를 넘어서 글로벌위기로 비화되었으며 실물경제 축소로 현실화되고 있다. 지폐 확대는 결국 실물의 축소로 이어지는 셈이다.

4. G20, 그대는 무엇을 원하는가

형식적 다변화는 이루었지만
본질적 다변화와 실체적 효력은 요원하다.

G20 회원국은 2009년 4월 글로벌위기 탈출에 관한 합의를 도출하였지만, 그 실질효과는 여전히 낙관하기 힘들다. 참고로 G20은 기존 G7에 브릭스와 한국, 호주 등 신흥경제권을 포함한 다자간 모임으로, 이들은 세계 GDP 90%, 세계무역량 80%, 세계인구의 2/3를 차지하고 있다. 몇몇 선진국들이 글로벌 경제와 금융문제를 주도한다는 비난이 제기된 곳이 바로 G20 회의의 시발점이다.

브릭스로 대표되는 신흥 경제대국의 눈부신 성장 역시 역학구조 변경에 영향력을 미쳤을 것으로 판단된다. 2007년 글로벌 금융위기 이전에는 단순한 재무장관, 중앙은행 총재 모임에 불과하였지만, 그 이후 정상회담으로 그 위치가 격상되었다. 저자가 G20 합의에 부정적 견해를 표시하는 근본적 이유는 회원국 간의 뚜렷한 시각차가 존재하기 때문이다.

현재 미국의 머릿속에는 디플레이션이 아른거리고 있다. 하지만 유럽은 하이퍼-인플레이션Hyper-inflation 공포로 긴장하고 있다. 그 차이가 바로 회원국 간 정책방향을 뒤틀어 버린다. 현재 주요 수치들은 인플레이션보다는 디플레이션에 손을 들어주고 있지만, 풀린 그리고 풀릴 유동성들은 시간차를 두고 인플레이션, 최악의 경우 스태그플레이션을 유발할 것이다.

한편 프랑스는 전통적으로 통화팽창에 대한 보수적 견해를 가지고 있으며 재정적자 누적으로 19세기 영국에 주도권을 넘겨준 뼈아픈 교훈 역시 존재한다. 재정확대에 부정적일 수밖에 없다. 독일은 하이퍼-인플레이션에 대한 원초적 거부감을 가지고 있다. 경제 측면에서 2차 세계대전 발발 원인을 분석하면 잘 알 수 있다. 금융부문에 대한 합의점이 도출되지 않으면 서명하지 않겠다는 강수를 두는 이유도 여기에 있다. 현 위기 극복문제가 아닌 21세기, 100년 동안의 헤게모니 조정작업과 연결된 사항이다. 그만큼 합의점 도출이 어렵다.

미국은 현재 전 세계적 재정확대를 촉구하면서 유럽의 적극적 참여를 강력히 주장하고 있다. 반면 유럽은 금융시스템 개혁을 우선 요구한다. 재정확대 정책을 통하여 팽창된 통화는 결국 시간차를 두고 인플레이션을 초래할 것이며 이는 저성장세가 고착화된 유럽경제력을 잠식할 것이다. 유로화 가치 하락은 말할 필요도 없다.

서유럽 대부분 국가가 동유럽에 발목이 잡힌 상황에서 재정확대는 자칫 위기대응 능력을 떨어뜨릴 수도 있다. 미국이 노리고 있는 것이 재정확대인지 아니면 통화주도권 회복인지도 불분명하다. 경기침체 탈출보다는 기축통화로서의 달러 가치 재고가 주목적일 수도 있다. 기축통화는 금융이 아닌 헤게모니의 표상이다.

미국은 경기침체 탈출, 즉 수요확대가 필수적이다. 가계, 기업 부문이 위축된 현재의 수요를 보충할 주체는 정부뿐이며, 이는 재정확대 정책으로 연결된다. 미국도 1998~2001년 한때 흑자예산을 실현한 것으로 알려졌다. 하지만 이는 눈속임에 불과하며 실질 예산은 지속적인 적자 상태였다. 당시 미 정부는 사회보장과 공무원 연금 분담금을 정부수입으로 계산하였는데, 연금 지급액보다 더 많은 분담금을 걷어 들임으로써 그 차액이 순 흑자로 잡힌 것이다. 베이비붐 세대가 노령기로 접어들게 된다면 미국은 한층 심각한 예산 적자 상태에 놓일 것이다.

미국 재무부 산하 공공부채국Bereau of the Public Debt 발표에 의하면 1988년 미 정부가 짊어진 부채에 대한 이자비용은 2,142억 달러 정도였다. 20년이 지난 현재 그 비용은 4,512억 달러로 2배 이상 확대되었다. 연 이자비용이 한국 전체 외환보유고를 2배 이상 상회하는 셈이다. '나쁜 상황' 이 '최악의 상황' 으로 신속히 전이되고 있으며 경기회복에 필요한 추가 재정확대 여력은 급속히 소진되고 있다.

2009년 4월 G20 회의에서 미국의 주장이 아닌 다른 나라 의견을 듣기 위해 참석했다고 오바마 미 대통령이 점잖게 말했지만, 사실 재정확대를 공개적으로 요청한 것은 백기를 든 행위로 볼 수 있다. 현재 부족한 재원은 자금투입 범위뿐만 아니라 적시성을 가로막고 있다. 현재 재정확대 프로그램은 스스로 가동되고 있는데, 이는 향후 재정적자를 한층 누적시킬 것이다.

증시침체로 중요 세원인 자본이득세Capital Gains Taxes는 급락하고 있으며, 세금감면 정책은 약방의 감초처럼 등장할 것이다. 또한 정부지원 기관은 공적 자금을 먹는 하마로 돌변하며 그 대열에 AIG, 시티은행, 포드, GM 등과 같은 기업들도 무임승차하고 있다.

1929년 대공황 당시 루즈벨트는 "우리가 두려워하는 것은 두려움 그 자체"라고 역설하였다. 80년이 훌쩍 지난 현재 오바마 대통령은 "우리는 할 수 있다."라고 동일한 목소리를 내고 있다. 문화적 배경, 피부색, 성향이 전혀 다름에도 그 둘은 한 가지 공통점을 가지고 있는데, 그건 바로 전임자가 최악의 대통령으로 평가받고 있다는 사실이다. 루즈벨트에게는 후버, 오바마에게는 부시가 존재하였다.

21세기 중반 이전에 달, 화성 또는 어딘가에서 실질적 자원을 들고 오지 못한다면 미국은 오바마 정부를 끝으로 더 이상 대규모 뉴딜을 수행하지 못할 것으로 보인다. 참고로 오바마 행정부의 최근 행보를 보면 시장지배권은 이미 월스트리트 쪽으로 넘어간 것 같다. 케인스에 숨은 통화주의자의 면모도 간혹 보인다. 산업경쟁력이 금융, 미디어, IT 등 서비스 부문에 집중된 상황 속에서 자본에 감독강화는 힘들 것으로 판단되며 이는 2002년 '피트의 원리'를 통하여 이미 입증되었다.

각국이 우왕좌왕하는 사이에 중국은 G20 회담의 주요 플레이어로 부상하였다. 중국은 경제, 금융, 외교에 구분 없이 광범위한 시스템 개혁을 요구하고 있으며, 브릭스 4개국(중국, 러시아, 브라질, 인도)과도 비교적 조정된 목소리를 내고 있다. G20 회담이 아닌 G2(미·중) 회담이라는 자부심을 피력하기도 하였다. 차후 그 사실을 부인하였지만 황태자의 겸손 정도로 인식되고 있다. 미국이 목매고 있는 재정확대 부분에서 유일하게 큰 메아리를 던져 주고 있으며 그 규모도 미국을 능가한다. 최대 2조 위안 정도를 더 투입할 수 있다는 소리도 비공식적으로 흘러 보내고 있다. 또한 보호무역 반대라는 의제에서는 유럽 및 기타 국가와 같은 목소리를 내고 있으며 전반적인 국제 금융 틀 변경 역시 요구하고 있다.

이런 참가국 간의 내부 상황이 총체적으로 드러난 것이 바로 2009년 4월 합의이다. 요란한 모임에 불과할 것이라는 우려를 뒤로하고 일부 해결책을 찾은 듯 보인다. 먼저 2010년까지 경기부양을 위해 5조 달러 상당의 자금을 집행한다는 표어를 확보하였다. 그 세부내용을 들여다보면 전혀 새로울 것도 없지만, 세계구제를 위한 공동의 노력이라는 신호는 보내고 있다.

또한 녹색경제로의 이전이라는 타이틀 역시 잊지 않았다. IMF 재원을 현 2,500억 달러에서 7,500억 달러로 3배 늘리고 IMF 특별인출권(SDR)을 2,500억 달러 증액한다는 합의도 이끌어 내었다. 그리고 2,500억 달러 상당의 무역금융을 조성하기로 결의했으며 IMF가 보유 중인 금 판매를 통하여 최빈국 지원에 1,000억 달러를 투입할 것을 약속했다.

보호주의 배격과 금융규제, 감독강화를 위해 기존 금융안정화포럼(FSF)을 금융안정화이사회(FSB)로 확대 개편하는 데에도 합의하였다. 헤지펀드 규제, 세계은행과 IMF 개혁, 은행비밀주의 철폐, 조세피난처 명단 공개 등과 같은 시스템적 장치 이외에 금융기관 임원 급료와 보너스 규제 같은 경영적 사항 역시 안건으로 다루었으며, 일정한 합의에 도달하였다. 2009년 의장국인 영국 브라운 총리는 폐막 기자간담회에서 "새로운 세계질서가 떠오르고 있으며, 우리는 국제협력의 새로운 시대에 진입했다."라고 찬탄하였다.

그러나 세계 모든 이들에게 영향을 미치며 기존 틀을 바꿀 만한 합의가 이틀 만에 완료되었다는 점은 좀 의외이다. 기울인 시간에 비하여 그 결과가 너무 화려하며 성공적이라고 촌평하기에는 뒤끝이 개운하지 않다. "소문난 잔치에 먹을 것이 없다."라는 사실을 우리는 역사적 경험으로 알고 있다.

광범위한 합의에 뒤따르는 구체적 실천방안이 생략되었으며, 합의도 강제력을 부여받지 못하였다. 금융규제, 감독에 관한 시스템적 합의사항들은 특히 강제성이 담보되지 않는 한 성과로 보기 힘들다. 국제법적 기틀이 없는 합의는 립 서비스에 불과하며 이해관계에 따라 종종 깨어진다. G20 회원국들이 역사적 결의라고 자화자찬함에도 시장은 이미 그 본질을 깨달은 것 같다. 공동성명 발표 당일 주요 증시는 하락과 보합세로 장을 마감하였다.

실제로 "경기부양을 위해 5조 달러 상당의 자금 집행"은 회담 이전에 개별국가들이 발표한 경기부양안을 합계한 수치에 불과하다. IMF 재원확대는 가시적인 성과에도 자칫 명의변경에 불과할 수 있다. EU는 IMF 재원확대를 지속적으로 제기하였다. 또한 그 전제조건으로 확대자금의 1/3에 대한 집행 지분권을 요구하였다. 발등에 떨어진 불인 동유럽 지원을 EU가 아닌 IMF 간판을 달고 시행하는 것이다.

현 EU회원국과 잠재적 회원국에 대한 무자비한 조치를 IMF라는 손을 빌려 추진할 것으로 판단된다. IMF는 더러운 작업을 수행하는 일종의 칼인 셈이다. 그 외 지역에 대한 조치와 자금안배 역시 마련되었을 것이다. 참고로 중국은 400억 달러 정도를 출현하는 것으로 알려진다. 다만 1,000억 달러 최빈국 지원과 2,500억 달러 무역금융 조성은 그나마 성과로 볼 수 있다.

종합해 보면 G20 회담에서 보듯이 신자유주의 세계화는 이념적으로 종말을 맞이했지만 그 전위부대는 여전히 주역을 맡고 있다. IMF와 세계은행은 오히려 전화위복의 계기를 마련하였으며 그 위상을 한층 강화시켰다. 신

브레튼우즈 체제 모색을 통하여 새로운 역할을 부여받을 것 같다. 다만 미국 중심의 독점적 지배구조는 점차 희석될 것이다. 그 변화가 반드시 옳다고 낙관하기는 힘들다. 지배권이 느슨할 경우 그에 따른 부작용도 발생하기 때문이다.

G20이 아닌 G2 회담이라는 평가도 나오고 있지만, 기존 획일한 목소리와 절대적 이념에서 다양한 목소리와 상대적 개념이 도출된 것은 사실이다. 또한 절대 선으로 간주된 '자유' 옆에 '관리와 감독' 이 제구실을 모색하고 있다. 한 가지 주의할 점은 이념과 헤게모니, 경제와 금융시스템은 그렇게 빠르지도 또한 느리지도 않게 이동될 것이라는 사실이다. 그 점은 2009년 피츠버그에서 열린 정상회의에서도 재확인할 수 있다. 금융시스템 개혁, 기후대책, 글로벌 불균형 등은 손도 대지 못한 채 자주 만나자는 말만 남기고 서둘러 헤어졌다. 현안보다는 만남이라는 절차와 신뢰확인에 무게를 둔 행보였다.

21세기 첫 페이지는 IT버블이 장식하였으며, 그 뒤를 받쳐 부동산버블, 자원버블이 순차적으로 일어났다. 버블 붕괴 이후 글로벌 경기는 침체국면에 빠졌으며 V자 반등 시나리오는 이미 보고서 속에 사라져 버렸다.

2009년 3월 미 연방준비제도이사회는 비장의 카드인 중앙은행의 장기 국채 매입이라는 칼을 꺼내 들면서 2009년 하반기 이후 점진적인 경기회복이 시작될 것이라는 문구를 슬며시 빼 버렸다. 헬리콥터 버냉키의 면모를 유감없이 발휘하고 있다. 이제는 헬리콥터가 아닌 전략폭격기로 무제한 달러를 투입하고 있다. 앞 단락에서 이미 한계에 다다른 재정상태와 신용팽창 현황을 살펴보았는데, 현재는 미국뿐만 아니라 거의 전 세계가 적극적 재정정책과 공격적 통화정책을 구사하고 있다.

글로벌 경기침체로 대부분의 원자재 가격이 붕괴현상을 보이고 있지만 금만은 여전히 맹위를 떨치고 있다. 대개 금과 석유는 비슷한 움직임을 보인다. 하지만 국제 금융위기가 글로벌 경기둔화로 전이된 지금, 이 둘 사이의 관계는 이탈현상을 나타내고 있다.

과잉유동성은 화폐가치를 나락으로 떨어뜨렸으며, 화폐와 대체재 관계인 금 가격을 밀어 올렸다. 하지만 금은 경제를 지탱하는 생산재가 아니다. 경제를 침체로부터 구해 낼 구원투수는 아닌 셈이다. 일명 굴뚝 제조업에서 부동산과 자원을 거처 IT를 찍고 다시 부동산과 자원으로 돌아와 이제 새로운 버블을 창조할 작용을 준비하고 있다.

폴 크루그먼 같은 이는 새로운 버블로 경기회생을 획책하는 움직임에 우려를 표하고 있지만, 그 밑바탕은 이미 착실히 준비되고 있다. 이제는 공공연히 다음 버블은 '에코버블Echo-bubble' 이라고 나팔을 불고 있다.

에코버블은 '메아리처럼 반복된 거품' 이라는 뜻으로 경기침체와 금융위기가 진행되는 가운데 단기간의 금리급락과 유동성 증가로 증시가 반등한 후 다시 폭락하는 경우를 일컫는다. 유동성에 의하여 주가는 상승하지만 경기지표가 이를 뒷받침하지 못함에 따라 전 저점을 뚫고 다시 폭락한다는 개념이다. 실물경제로 따지면 IT버블 이후 브릿지 형태로 등장한 부동산버블 정도로 생각하면 될 듯하다. 만약 '에코버블' 이 현실화된다면 이는 '그린버블' 이 제 모습을 갖추기 위해 시간을 벌어 주는 수단에 불과할 것이다.

실제 그린버블의 모태인 녹색혁명에 대한 청사진은 이미 마련된 상태로 상업화 과정만 거치면 된다. 탄소 배출권은 유럽기후거래소ECX: European Climate Exchange, 시카고기후거래소CCX: Chicago Climate Exchange 등에서 이미 상업화되고 있다. 2005년 109억 달러에 불과한 시장규모가 2007년 640억 달러로 확대되었으며 2010년에는 1,500억 달러를 기록할 것으로 추산된다.

구분	주요 영역
신재생에너지	태양광, 풍력, 수소연료전지, IGCC(석탄가스화 복합발전)
화석연료청정화	CTL(석탄액화) 및 GTL(가스액화), CCS(CO_2 포집, 저장)
에너지효율 향상	LED, 전력IT, 에너지저장, 소형열병합, 히트펌프, 초전도

[표 10-1] 녹색 에너지 주요 기술

중국, 인도 등 개발도상국의 비협조를 구실로 교토의정서 참여를 거부하였던 미국이 뒤늦게 적극적인 행보를 보이는 것도 탄소배출권과 온실가스 저감기술 시장 등을 노린 포석이다. 유엔개발계획UNDP은 최근 인간개발 보고서에서, 지구온난화 문제에 대처하기 위해서는 1990년을 기준하여 2050년까지 선진국은 80%, 개발도상국은 20% 감축할 것을 제안하였다.

중국은 "선진국은 산업혁명이 일어났던 18세기부터 1950년까지 세계 온실가스의 95%, 그 이후 50년간 77%를 배출하였다."고 주장하면서 이 제안을 반대하고 있다. 중국의 1인당 CO_2 배출량은 미국의 5분의 1에 지나지 않지만 절대적인 면에서 미국을 곧 앞설 것으로 전망된다. 중국, 인도 모두 개발도상국 산업구조를 고려하지 않은 일방적 감축에는 반대하지만 그 대세는 인정하는 분위기이다.

2008년 중국은 시카고기후거래소와 합작으로 천진기후거래소를 설립하였으며, 인도 파생상품거래소는 아시아 최초로 탄소감축량 선물시장을 개설했다. 일본과 한국 역시 곧 뛰어들 예정이다.

2009년 2월 일본은 오바마 정부가 추진하는 '그린뉴딜'에 협력의사를 표시하면서 전략적 관계를 모색하고 있다. 일본은 전기자동차, 하이브리드카와 같은 차세대자동차, 저탄소 기술, 에너지 절약기술과 신에너지 개발, 원자력을 중심에 두고 있다. 이들 4개 부문은 일본이 우월적 지위를 확보한 분야로 미국과 함께 그린혁명을 선도하겠다는 의지가 반영된 것 같다. IT 혁명에서의 소외감을 녹색혁명에서는 다시 반복하지 않겠다는 결의가 엿보인다.

몇 년 전만 해도 생소했던 녹색성장이라는 말이 이제는 낯설지 않다. 그 구체적 내용은 몰라도 용어는 친숙하며 국제기구, 정부, 미디어, 사회단체 등 거의 모든 세력들이 끊임없이 분위기를 잡고 있다. 그 의도는 제각각 다르겠지만 몇 년 후 투자자 눈앞에 펼쳐질 것은 에너지와 환경의 결합인 그린버블일 것이다.

도박종목은 그린혁명이며 도박장은 글로벌이다. 딜러는 국제기구와 정부, 갬블러는 기업과 메이저 투자자, 고객은 소규모 기관투자자와 개인이 될 것이다. 딜러와 갬블러가 우선 분위기를 조정한 후 고객들을 모집할 것이다. 분위기 조성은 각종 미디어, 관련 보고서, 펀드상품 출시 등의 형태로 나타날 것이며, 마지막 엘도라도처럼 투자자를 몰아칠 것이다.

굳이 회피할 필요는 없다. 피할 수 없으면 즐기면 된다. 있는 현상을 없다고 하는 것 자체가 오히려 해가 될 수 있다. 현상을 직시하지 않을 경우 뒤늦게 버블의 끝자락을 잡을 수도 있다. 눈앞에 펼쳐진 현상에 미혹되지 않고 거품은 거품일 뿐이라는 신념만 있으면 된다.

투자목적은 수익 극대화이고 기업은 이익 창출이다. 이익실현 없이 미래를 재료로 주가가 천정부지로 치솟는다면 그게 바로 버블이다. 세상은 생

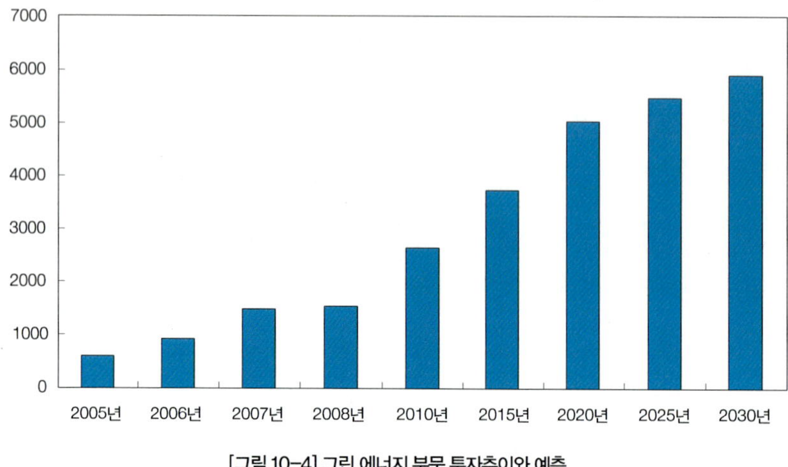

자료원천: New Energy Finance / 단위: 억 달러(USD)

[그림 10-4] 그린 에너지 부문 투자추이와 예측

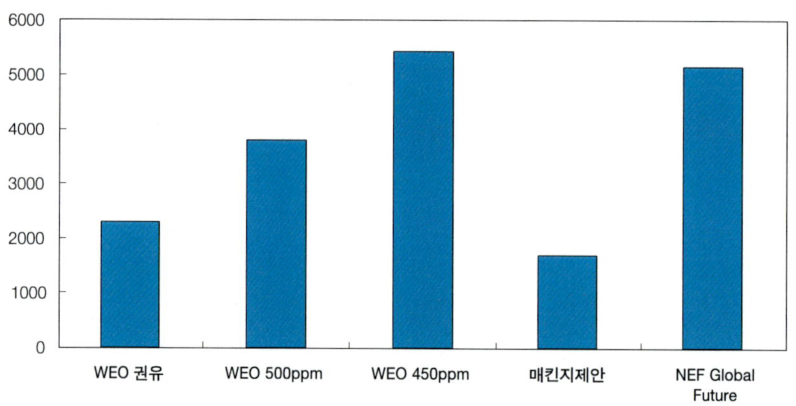

자료원천: WEF, Green Investing Report(MeKinsey, New Energy Finance) / 단위: 억 달러(USD)

[그림 10-5] 그린 에너지 부문 투자추정액(2030년까지/연 기준)

각보다 빨리 진화되지도 발전하지도 않는다. 과거에 존재했던 그리고 앞으로 존재할 모든 버블로 인하여 대부분의 투자자들이 손실을 입었고 또한 입을 것이다. 그것이 주식시장이다.

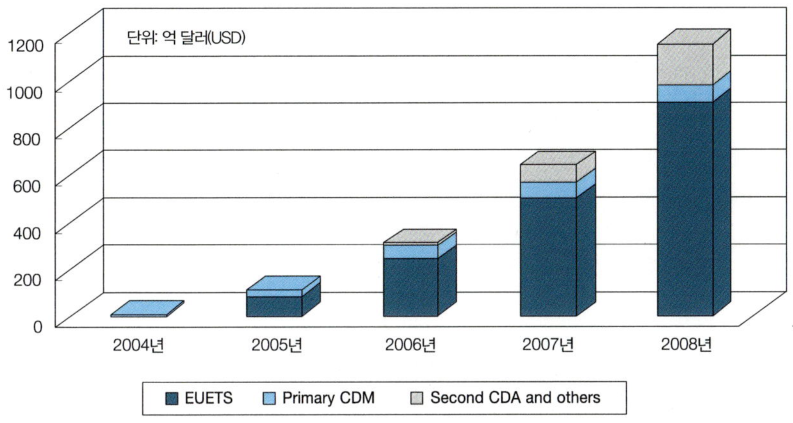

[그림 10-6] Global Carbon Credit Trading Volume

자료원천: 교육과학기술부

구분	시장창출방안
태양광	12년 RPS 도입 이후 태양광 의무공급비율 설정 발전차액 지원한계 용량 확대(500MW)
풍력	상용화단지 등을 통해 2020년까지 풍력발전 2GW 공급 제주도, 새만금 등 대규모 풍황지에 Wind Farm 조성
수소연료전지	그린홈 100만 호 사업과 연계, 2020년까지 가정용 수소연료전지 10만 대 보급 RPS 제도에 수소연료전지 발전을 포함
청정연료	석유대체연료에 가스액화연료 포함(석유 및 석유대체연료사업법 개정)
IGCC	국내 노후 화력발전소를 순차적으로 IGCC 발전소로 대체 : 2020년까지 15기 10GW 대체수요 발생 전망
CCS	저장기술 우수 국가와 공동 CDM 추진
에너지저장	2012년까지 가정용전력저장시스템 3,000가구 규모 보급
LED	우체국 LED조명 시범사업 및 장려금 지급 등을 통해 2015년까지 LED조명 30% 달성
전력IT	2012년까지 1만 가구 규모의 실증사업 추진

[표 10-2] 국내 에너지유형별 시장창출방안

투자자는 환경보호가 아닌 투자수익을 추구하는 존재이다. 버블이라는 쓰나미가 덮쳐 올 때 행동은 민첩하고 머리는 냉정하며 마음은 따뜻하게 유지하길 바란다. 에코버블과 그린버블 이후로는 생명과 로봇이 결합된 형태를 그려 본다. 아마 19세기 산업발전과 같은 신기원은 지구가 아닌 우주에 달려 있을 것 같다.

11장

정보상인과 작전

증시를 움직이는 가장 핵심적 요소를 꼽는다면 돈과 정보일 것이다. 정보는 돈 흐름의 방향키로 정보 그 자체가 돈이 되기도 한다. 수많은 공식, 비공식 정보들이 증시를 휘감고 있으며 투자자는 그 속에서 자칫 헤매는 양 떼가 되기 싶다. 정보에 휘둘리는 순간 여러분의 돈은 통장계좌 속에서 끊임없이 빠져나갈 것이며 그 속에서 다양한 정보상인들은 이득을 챙길 것이다.

1. 정보의 개념과 시장반응

정보는 투자판단 근거와 매매의 기초가 된다. 정보의 불확실성과 가변성을 이해한다면 투자가 얼마나 위험한 일인지 알게 될 것이다. 여러분이 획득한 정보 상당부분은 서로 모순되고 더 많은 부분은 거짓으로 점철되어 있다. 일단 투자환경이 급속히 변하고 각종 정보들이 손짓하는 방향이 일관되지 않다면 대부분의 투자자는 길 잃은 양 떼처럼 이리저리 몰려다닐 것이다.

그나마 서로 모순된 정보들이 균형상태를 이룬다면 정보에 대한 정화가 가능하지만, 갑자기 뚝 떨어진 정보들이 증시를 휘감는다면 난감한 입장에 빠질 것이다. 강한 시사성과 유혹적인 내용은 확대재생산 과정을 거치며 투자자를 선택의 벼랑 끝으로 몰고 간다. 천국으로 가는 마지막 티켓을 눈앞에서 흔들지만 그것이 지옥문을 향한 초대장일 수도 있다.

증시에 산재된 대부분의 정보는 거짓이며 투자손실이라는 원초적 두려움은 투자자에게 거짓정보를 생산하게 한다. 투자자는 대개 좋은 것보다 나쁜 것을 믿는 경향이 있으며 부정적인 것은 확대 해석된다. 정보가 주는 혼란함은 노련한 투자자보다 초보 투자자를 더 궁지로 몰고 간다. 초보투자자는 먹이사슬의 최하단에 놓여 있는 셈이다. 그들은 투자경험과 지식부족으로 투자신념과는 다른 판단을 종종 내린다. 조사, 분석, 연구 등을 통해 획득한 결과보다 투자감각과 일시적 영감에 더 기댄다.

냉철한 투자자도 뇌리를 스치는 미혹에 빠져 참담한 실패를 보는 것이 주식시장이다. 정보가 던지는 이면을 살펴볼 수 없다면 관련 정보를 시계열적으로 분석하는 것이 중요하다. 한 시점이 아닌 일정기간 동안의 흐름을 보는 것이다. 기업실적은 갑자기 개선되지도 또한 악화되지도 않는다. 시계열적 흐름은 퍼센트(%)라는 이름의 함정을 피해 갈 수 있는 방법이기도 하다.

일례로 A기업이 2007년 10억 원, 2008년 2억 원, 2009년 5억 원의 순이익을 기록하였다고 가정해 보자. 회사 경영층은 2009년 역사상 최대 이익 증가율을 달성했다고 대대적으로 홍보할 것이다. 수치상으로는 그들의 주장이 맞을 수 있다. 2008년보다 2.5배 순이익이 확대되었으며 이익증가율은 150%에 달한다. 하지만 본질은 그 수치만큼 화려한 것 같지 않다. 2007년 대비 절반에 불과한 이익창출능력으로 '역사' 라는 말을 붙이기는 성급한 면이 있다. 시작이 반이라지만 여전히 가야 할 길은 멀다. 여러분이 조금만 신경 쓴다면 위와 같은 정보조작을 곳곳에서 관찰할 수 있다.

그럼 정보와 시장 간의 관계를 간략히 살펴보자. 이 주제를 체계적으로 설명한 것으로 효율적 시장가설이론이 있다. 효율적 시장가설이론은 정보효율성과 관련된 개념으로, 주가는 이용 가능한 정보를 충분하고 즉각적으로 반영한다는 가설이다. 즉 해당시장이 효율적이라면 투자자는 과거 매매정보를 통하여 추가 수익을 얻을 수 없다는 것이다.

파머(Eugene Fama)는 3가지로 구분하여 이 문제를 접근하고 있는데, 그 첫째가 바로 약형 효율적 시장가설이다. 만약 주식시장이 약형 효율적이라면 어떤 투자자라도 과거 주가 또는 수익률 데이터에 기초한 거래로부터 초과수익을 얻을 수 없다.

반면에 준강형 효율적 시장가설은 어떤 투자자라도 공식적으로 이용 가능한 정보를 기반으로 한 거래에 의하여 초과 수익을 얻을 수 없다는 개념이다. 여기서 이용 가능한 정보란 과거 주가자료, 공시자료, 기관투자자 분석 보고서 등이다.

마지막으로 강형 효율적 시장가설은 어떤 투자자라도 모든 이용 가능한 정보(내부정보 포함)로부터 초과수익을 실현할 수 없다는 뜻이다. 일반적으로 효율적 시장이라고 하면 준강형 효율적 시장을 일컫는다. 즉 내부정보를 이용할 경우 충분한 초과수익을 기록할 수 있다고 본다. 극단적으로 말하자면 시장은 공평하지도 그렇다고 투명하지도 않다는 것이다. "매입하면 내리고 매도하면 오른다."라는 말은 과거, 현재 그리고 미래에도 결코 낯설게 들리지 않을 것이다.

정보충격이 증시에 미치는 영향은 시장과 종목별로 상이하다. 다우존스가 항생지수, Nikkei225, 코스피보다 현 추세를 유지하려는 경향이 강하며 같은 미 증시라도 나스닥은 이들보다 단기정보에 훨씬 민감하다. 코스닥이 코스피보다 스팟 뉴스에 더 격렬히 반응하는 것과 같은 이치이다. 나스닥에 IT업종이 집중·편입되있으며, 기업규모도 다우존스의 것보다 작다는 것이 주원인일 것이다. 투자자의 성향 자체가 다르므로 정보에 대한 반응도 상이

한 것이다. 여기서 단기정보란 공시, 루머 등만을 의미하는 것이 아니다. 시
시각각 생성되고 사라지는 모든 소식과 증시흐름을 포함한 개념이다. 장기
정보는 아마 기존 추세를 유지하려는 힘 정도로 해석할 수 있을 것이다.

존재와 부존재 사이, 작전

작전이라면 우선 부정적인 느낌이 뇌리를 스칠 것이다. 작전명은 보통 암호 혹은 닉네임 형태로 불리며 기안자의 자질에 따라 승패가 판가름 난다. 작전은 준비된 수단을 개별 목적에 맞게 자유로이 사용한다는 의미로 전략·전술과는 다르다. 작전은 연속성이 없으면 일시적이고 단발적이다. 동일종목을 두고 작전세력이 계속 우려먹는 경우는 거의 없다. 이는 모든 투자 대상에 동일하게 적용되는 룰일 것이다. 전광석화처럼 먹고 튀는 것이 작전이지 장기간 세부계획을 짜고 포석을 두는 것은 전략과 전술적 개념이다.

작전은 승패 유무만이 존재하지 그로부터 어떤 이론적 논리를 이끌어 내지는 않는다. 그 자신이 이론분석의 대상이 되지도 못한다. 대개 익명으로 전개되며 그 존재유무와 과정이 불분명하기 때문이다. 그럼에도 투자세계에는 작전이 항상 존재해 왔으며 지속적으로 관찰되고 있다. 따라서 사람들은 작전에 관한 원칙이나 규칙, 체계를 세우려고 노력하고 이론의 틀 속에서 단순화시키길 원하였다.

이론화에 관한 시도는 주어진 이론의 틀 속에서는 일부 진전을 보일 것이다. 하지만 수많은 작전에 의해 파생된 투자이론들은 총체적으로 볼 때 별 쓸모가 없다. 분석의 체계로 묶어 두기에는 증시와 상황이 불확실하며 또한 계산 불가능한 변수들이 많기 때문이다. 꿈같은 수익률을 쫓아 작전주에 기대지만 대부분 고배를 마시는 것과 같은 이치이다. 어설픈 기술적 분석으로 작전세력을 이길 수 있다는 환상은 피하자. 투자는 심리적 영역이 상당부분 좌우하며 기술적 분석으로 세부 전개과정을 유추하기는 힘들다.

우리는 흔히 불빛이 밝다는 이유만으로 잃어버린 열쇠를 가로등 밑에서만 찾는 우를 범할 가능성이 높다. 계량 가능한 데이터만으로 사회현상을 단정하는 편협한 사고에 빠질 수 있는 것이다. 계량분석은 왕왕 세숫물과 함께 아기를 버리는 오류를 범하기도 한다. 데이터로 해결할 수 있는 문제만을 들여다본다면 주객이 전도될 수도 있고 배경과 흐름을 놓칠 수도 있다. 작전의 본질은 주가를 높이는 것이 아닌 여러분에게 손해를 입히는 것이다.

음모론의 한계

음모론Conspiracy Theory은 사건의 원인이 불명확하고 비공개적일 때 자주 등장한다. 이런 음모론의 배후에는 항상 거대조직과 비밀스런 단체들이 존재한다. 빌더버그, 삼각위원회, 외교관계협의회, 프리메디슨 등과 유태인이 단골 메뉴로 등장한다. 음모론적 시각에서 세계를 바라본 도서로는 이리유카바 최의 〈그림자 정부〉, 쑹훙빙의 〈화폐전쟁〉 등이 있다.

이코노미스트는 구글에서 가장 인기를 끄는 '세계 10대 음모론'을 소개한 적이 있는데, 그 가운데 여러분들도 익히 들어 본 케네디암살음모, 9·11 테러자작음모 등도 포함된다. 가끔 음모론으로 치부된 것이 사실로 밝혀진 경우도 있다. 미 정부가 매독효과 연구를 위해 가난한 흑인들을 실험대상으로 삼았다는 음모론은 사실로 밝혀지면서 클린턴 대통령이 유족에게 사과하기도 하였다.

하지만 대부분의 음모론은 그 근거가 부족하며 고정된 시각 속에 사건들을 복합적으로 끼워 놓은 측면이 강하다. 일례로 오바마 미국 대통령과 관련된 음모를 즉석에서 만들어 보자. 그는 갑자기 등장한 신성과 같은 존재였으며 2004년 보스턴에서 열린 민주당 전당대회에서 '미국인은 하나이다'라는 기조연설로 일약 스타가 되었다. 그 여세를 몰아 2007년 대권출사표를 던졌으며, 힐러리를 제치고 민주당의 대통령 후보로 지명되었다. 그 후 공화당 메케인 후보를 따돌리고 44대 미국 첫 흑인 대통령이 되었다.

하지만 그의 정책노선과 출신배경에 거부감을 가지는 그룹이 있을 것이며 이들은 언제든지 음모론에 동의할 준비가 되어 있다. 오바마 음모론에 대한 일정한 지지층이 확보된 셈이다.

그럼 그의 연설내용과 정책방향을 한번 비틀어 음모론적으로 해석해 보자. 오바마 미 대통령은 "Yes, we can."을 설파하고 있다. 하지만 단어 2개만 첨부하면 긍정에서 부정으로 그 의미가 순식간에 변한다. 즉 "Yes, We can make bubble."로 말이다. 현실적으로 버냉키가 달러를 뭉텅이로 투하하고 있어 '에코버블' 가능성도 상존하고 의심할 배경도 충분하다. 하지만 "Yes, we can." 이 말의 원래 의도는 '버블을 만드는 것'이 아닌 '불안한 현실을 딛고 일어날 수 있다는 자신감' 을 표현한 것일 것이다. 그렇게 믿고 싶기도 하다.

또한 그가 때때로 언급하는 '세계정부' 와 '녹색' 이라는 용어도 음모론적 접근으로 변질될 수 있다. '세계정부' 에 대한 부정적 시각은 오바마 미 대통령과 별도로 항상 존재해 왔다. 경제, 금융과 관련된 대부분의 음모이론이 세계정부와 직간접적으로 연결되어 있기도 하다. 따라서 누가 그 말을 하든지 음모론의 표적에서 피해 갈 수 없는 셈이다.

그는 세계정부 전면에 UN을 언급하고 있다. 부시 전 미 대통령의 일방주의 외교에 대한 타국의 우려를 불식시키기 위한 의도로 판단된다. 즉 미국은 '더 이상 일방주의를 고집하지 않고 대화와 협력을 중심하겠다.' 라는 제스처인 셈이다. 그런 의도로 사용되었다고 이 역시 믿고 싶다.

'녹색' 이라는 용어는 앞 장에서 살펴보았듯이 음모론이 아닌 확실한 경제적 요인과 글로벌 컨센서스가 존재한다. 현상을 어떻게 바라보는가에 따라 그것이 음모가 될 수도, 전략이 될 수도 혹은 우연이 될 수도 있다. 미지의 사건과 알지 못했던 현상들에 당황할 필요는 없다. 중요한 것은 그것이 나에게 이익이 되는지 혹은 그렇지 않은지이다. 나에게 이익이 되면 북돋아 주고 그렇지 않으면 축소하든지 아니면 무시하면 된다.

음모와 소문에 춤추면 꼭두각시이지만 내가 능동적으로 대처하면 그들이 나의 밑바탕이 된다. 세상은 생각하기 나름이다. 세상이 나를 제약해도 내가 세상을 움직인다는 관점만은 들고 가자. 매초마다 변동되는 주가에 정신이 매몰되고 삶이 좌우된다면 투자대상은 종목이 아닌 여러분 자신이 될 것이다. "So What?"

3. 미디어와 정보 매트릭스

투자는 끊임없이 부채질되며
정보는 교란되고 위기는 때로는 과장된다.

정보에 휘둘리는 순간 여러분의 돈은 통장계좌 속에서 끊임없이 빠져나갈 것이다. 모든 형태의 권력이나 마찬가지로 소위 여론권력도 결합과 집중하는 경향이 있다. 권력을 소유한 자는 중세시대 교황들이 그랬듯이 평범한 사람들의 관심사에 뻔뻔할 만큼 무관심하며 미디어는 선전수단으로 자리 잡게 된다. 투자는 끊임없이 부채질되며 정보는 교란되고 위기는 때론 과장된다. 그들이 무엇을 도모하는지에 따라 현상은 왜곡되는 것이다.

1980대 주요 글로벌 언론들은 50여 개 기업에 의해 소유되었으며, 현재는 뉴스코퍼레이션, 타임워너, 디즈니, 비아콤, 베텔스만 5개 미디어 그룹으로 재편된 상태이다. 미디어 재벌 루퍼트 머독Rupert Murdoch은 향후 3대 글로벌 미디어그룹이 등장할 것이며, 그의 기업이 그중에 하나가 될 것이라고 확신에 찬 예언을 하였다. 그의 예언이 실현될지 장담할 수 없지만, 어찌 됐든 5대 미디어 그룹이 세계여론을 주도하고 있다. 정보 통로가 그만큼 협소하며 정보 편식에 걸릴 가능성 역시 높다. 각종 블로거와 카페들이 넘쳐나는 것도 이에 대한 반발작용으로 생각된다.

인터넷 공간이 다양성을 보충하고 있지만 그 뿌리도 기존 미디어이다. 투자자는 어느 때보다 정보 이면과 행간을 살피는 습관을 기를 필요가 있다. 역정보와 루머로부터 진실을 추출할 수 있는 훈련이 요구된다. 이는 예측이 아닌 경험적 관찰과 사고를 통하여 배양될 수 있다. ‘돈’ 과 연관된 정보 가운데 독립적인 것은 없다. 체계적이든 혹은 비체계적이든 일정한 의도를 가지고 있다.

1929년 10월 대공황의 그림자가 미 증시를 덮칠 때 뉴욕타임스는 “근본적으로 월가는 건전하다. 매수할 능력이 있는 사람에게는 솔직히 현 주가는 헐값과 같다.”라는 사설을 기고하였다. 또한 1929년 12월 근 40% 가까운 폭락 이후 4% 정도 상승 반전되자 1929년 12월 비즈니스 위크Business Week는 “월가 붕괴가 심각한 경기침체를 의미하는 것은 아니다. 6년 동안 미 경제는 투기 게임으로부터 그 집중도를 에너지, 자원부문으로 상당히 전환시켰다. 이제는 비이성적이고 불법적이며 투기적인 모험은 끝났다. 신의 섭리로 경기는 더할 나위 없이 건강한 상태로 다시 돌아올 것이며 이전보다 금융시장은 훨씬 탄탄해질 것이다.”라는 기사를 실었다.

하지만 그 이후 미국 경제는 역사상 유래 없는 침체에 빠졌으며 이 기사를 작성한 지(당시 다우존스 248포인트) 21년이 지난 1950년 말까지도 다우존스는 240포인트를 밟지 못하였다.

사실 상식적인 사고만으로도 대부분의 위험과 함정은 피해 갈 수 있다. 생각하고, 의심하고, 비판하고, 또한 분석하는 습관을 기르길 바란다. 수익은 장담할 수 없지만 손실은 축소시킬 수 있다. 언어의 해체와 이중독해는 표상이 아닌 이면을 직시하게 한다. 노련한 투자자라면 이 말이 무엇을 의미하는지 어렴풋이 알 것이다.

각종 경제뉴스, 신문, 잡지, 블로그, 투자카페 등에서 쉼 없이 쏟아지는 정보들이 꼭 사실과 진실인 것은 아니다. 일정한 의도와 목적을 담고 있으며 여러분은 그 속에서 움직임을 잡아낼 수 있어야 한다. 정보의 움직임을 통하여 진정으로 원하는 것이 무엇인지 파악할 수 있다면 사전 대응이 가능하며 그 속에서 본인만의 이익도 추구할 수 있다.

찰스 다우는 "대중의 심리가 약세든 강세든 일단 명확한 성향을 띠고 있으면 쉽게 바뀌지 않는다. 수십 혹은 수백 명은 바뀌겠지만 대다수는 여전히 같은 방향으로 몰려갈 것이다."라고 말하였다. 투자자는 양 떼와 같이 군집성을 보인다. 일단 대세가 형성되었다면 그 영향력은 지속성을 가진다. 진실 유무는 논외에 두더라도 획일화된 통로로 주입된 정보는 쉽게 투자자를 군집화 상태에 이르게 한다. 주가 변동성의 군집화 경향은 대다수 경제학자들이 동의하는 사실이다. 미디어 속 정보는 양 떼 몰이를 하는 사냥개 구실을 하며 그 사냥감은 여러분이다.

동일한 견해를 담고 있는 정보들이 시장에 얼마나 풀리는지 그리고 그 정보들이 움직이고자 하는 방향이 무엇인지 아는 게 중요하다. 혹자는 '정보 진위를 아는 것은 중요하지 않은가?' 라고 반문할 것이다. 시장에 돈을 바치려면 그리 중요하지 않다. 하지만 그 반대로 시장으로부터 돈을 쓸어 담으려면 필요하다. 알고 속으면 수익, 모르고 속으면 손실을 입는 곳이 주식시장이다.

4. 신용은 평가가 아닌 협상과 조작

신용평가기관은 타인의 신용을 평가하지만
그 자신은 그리 좋은 명성을 가지고 있지 않다.

오늘날의 신용등급과 유사한 등급 체계가 개발된 것은 20세기에 접어들면서이다. 하지만 투자자들에게 투자분석 정보를 제공하는 수익모델은 그보다 50여 년 전인 19세기 중반에 등장한 것으로 알려진다. 당시는 서부개척의 붐을 타고 철도와 운하 같은 기초인프라 건설이 한창이었다. 기초인프라 건설자금은 주로 유럽의 투자자들로부터 조달했는데, 그들은 지리상 제약으로 프로젝트에 대한 정보가 불충분하였다. 이런 시대적 상황을 기초로 오늘날의 신용평가업무는 발달하게 된 것이다.

1920년대 말경 미국에서 발행된 상당수 채권이 신용등급을 부여받았지만, 신용등급에 대한 투자자의 인식은 그리 높지 않았다. 투자자들의 광범위한 신뢰를 획득한 계기는 1929년 대공황 사태이다. 당시 스탠더드 앤 푸어스(S&P)는 주요 고객들에게 증시붕괴를 경고하고 보유 유가증권을 모두 매도할 것을 권하였다.

대공황을 거치면서 투자채권 평가와 위험관리에 관한 인식이 제고되었으며, 1934년 SEC의 결정에 따라 3대 신용평가기관은 준금융규제기관의 지위를 부여받았다. 예를 들어 수십억 달러에 달하는 MMF(기업어음 등에 투자하는 초단기금융상품)나 정부 보증이 없는 저축상품 등은 3대 신용평가 중 적어도 한 곳으로부터 최상위등급을 받아야 거래가 가능하였다.

자본시장이 급격히 팽창함에 따라 시장규모가 대폭 확대되었으며 신용평가기관들도 M&A를 통하여 자신의 덩치를 부풀렸다. 현재는 무디스Moody's, 스탠더드 앤드 푸어스S&P, 피치Fitch Ratings, Ltd. 삼두체제로 유지되고 있으며, 이들은 그 지역 신용평가기관과 제휴를 통하여 아시아, 유럽지역으로 업무 영역을 확대하고 있다. 3대 신용평가기관은 세계화를 통하여 일국의 경제를 좌우할 수 있는 권력을 획득하였는데, 그 무기가 바로 국가신인도 평가이다.

토머스 프리드먼은 "오늘날 세계에는 두 개의 슈퍼파워가 있다. 미국과 무디스의 채권 신용평가다. 미국이 폭탄으로 당신을 파괴시킨다면, 무디스는 채권등급을 낮춰 당신을 파괴시킬 수 있다. 근데 어느 쪽이 더 센지는 종종 헷갈린다."라고 말했다. 신용평가기관이 권력화됨에 따라 신용평가 그 자체도 정치적 행위로 변질되고 있는 셈이다.

S&P와 무디스는 IMF 외환위기 당시 한국 신용등급을 대폭 떨어뜨렸으며 1999년 11월에는 전격적으로 상향 조정하였다. 당시 그 배경을 두고 전문가들은 러시아 디폴트 선언 이후 브라질, 아르헨티나 등 중남미를 거쳐 그 불똥이 미국으로 번지는 것을 방지하기 위한 미 연준의 사전조치로 해석했다. 즉 금리인하와 더불어 신흥시장에 대한 신용을 긍정적으로 평가함으로써 추가 붕괴를 막았다는 것이다. 곧 IT버블과 신경제 붕괴로 일시적 조치에 불과

하다는 사실이 판명되었다.

2001년 10월에는 아르헨티나 디폴트 선언이 초읽기에 들어갔다는 소식이 국제금융권을 강타하였다. 그렇지 않아도 9·11 테러사태로 어수선한 상황에서 뒷마당에 불이 떨어진 것이다. 세계증시는 급락했으며 브라질, 칠레 등 중남미 국가들의 연쇄 디폴트 가능성 역시 제기되었다. 참고로 브라질은 중남미 최대 경제권으로 주변국 가운데 아르헨티나와의 교역량이 가장 많다. 브라질이 흔들릴 경우 중남미 경제 전체가 혼란에 빠질 수 있었으며 이런 상황하에서 신용평가기관은 1999년과 동일한 조치를 취하였다. 위기차단에 나선 것이다. 결국 신용등급은 현실이 아닌 국제금융시장을 고려한 사전포전인 셈이다.

이들 신용평가기관에 대한 시장 의문은 2002년 엔론, 월드컴, 머크 등 거대기업들의 분식회계를 계기로 본격화되었다. 1997년 IMF 외환위기를 경험한 아시아, 특히 동남아 지역에서는 세계 3대 신용평가기관을 '악의 무리'로 비난하였지만, 그건 어디까지나 게임의 룰을 모르는 시골 촌뜨기의 한탄 정도로 치부되었다. 다만 아이러니하게도 도시명청이도 그 비난 대열에 합류하였다.

2002년 11월 청문회에서 미 증권거래위원회(SEC)는 "세계 3대 신용평가기관들이 고유 업무를 수행하기에 너무 비대해진 것이 아니냐?"라며 공개적으로 이들을 추궁하였다. 회계부정 당시 이들에 대한 근본적인 조사와 감독이 이루어졌다면 동시다발적 핵폭탄 투하가 아닌 재래식 폭탄 정도로 현 위기를 끝낼 수 있었을 것이다. 현 글로벌위기 속에 존재하는 어처구니없는 명청함과 체계적 부패가 그때도 여전히 적용되었다. 모럴헤저드Moral Hazard

는 애써 외면한 채 업무량 폭주에 따른 부적응으로 몰고 간 것이다.

신용평가도 큰 틀에서는 정보라고 볼 수 있다. 정보의 적시성이 떨어질 때는 변명의 여지라도 있다. 기존 정보체계를 한층 확대하여 고객에게 더 좋은 서비스를 제공하겠다면 누가 반대할 것인가? 오히려 신규 고객을 한층 끌어들일 수도 있다. 하지만 거짓 정보를 남발한다면 이는 적시성이 아닌 신뢰의 문제가 된다. 그것도 다분히 고의성이 내포된 경우라면 전면적 개혁으로 넘어가야 한다. 덩치만 키우는 정보체계의 확대는 오히려 독이 될 수 있다.

〈월스트리트저널〉은 2008년 4월 신용평가기관의 어두운 일면을 일부 폭로하였다. 무디스는 주택시장 붐이 형성되던 1990년대 말부터 구조화 증권에 최상위인 'AAA' 등급을 부여하면서 영업이익을 늘렸다. 평가기관이 아닌 '기업', 그것도 부도덕한 기업적 면모를 발휘한 결과 1999년 14%에 불과하던 이 부문 시장점유율이 2년 만에 64%까지 확대되었다. 이 와중에 브라이언 클락슨 회장은 엉터리 신용등급을 매길 수 없다고 반발한 마크 아렐슨 전前 수석 애널리스트를 해고하였다.

평가가 아닌 협상을 택한 결과 6년 동안 무디스의 순이익은 370% 이상 확대되었으며 주가는 5배 치솟았다. 탐욕의 출구는 스톡옵션으로 삼으면서 경영층은 부를 확대하였다. 블룸버그는 신용평가기관들이 2002년부터 2007년까지 3.2조 달러에 이르는 서브프라임 모기지 상품들에 대한 등급작업을 수행하였지만 충분한 인력과 감독체계는 없었다고 논평하고 있다. 시장은 확대되고 이익은 늘어만 가는데, 언제나 인력은 부족한 셈이다. 참고로 RMBS, CDS, CDO 등 신용파생상품이 본격화된 2002년부터 2007년까지 3대 신용평가기관의 총수입은 30억 달러에서 60억 달러로 약 2배 증가하였다.

　뒤늦게 유럽연합(EU) 집행위원회와 미 의회, 증권거래위원회(SEC) 등이 무디스를 포함한 3대 신용평가업체와 시장관계자의 유착관계를 조사하고 있지만 결과는 회의적이다. 2002년의 과정이 다시 반복되고 있으며 조사는 용두사미 격으로 흐지부지 끝날 것이다. 또한 신용평가 수수료를 투자자가 아닌 발행자가 부담하는 구조에서 근본적인 해결책은 없다는 논리도 세를 더해 가고 있다. 양심에 맡기자는 익숙한 레퍼토리도 반복된다. 어떠한 비용도 지불하지 않았으니 거짓 등급에 노출될 위험 역시 부담하라는 황당한 소리가 먹혀들고 있는 셈이다.

　영국 런던 시장 켄 리빙스턴은 "미국 역사상 80년래 가장 부패하고 인종차별적인 미 행정부가 들어섰다."라고 부시 정부를 힐난한 적이 있는데, 그 이후 당시 발언은 너무 온건했다고 자신의 발언을 수정하면서, "부시는 지구 생명체에 대한 최대 위협이다."라고 독설을 퍼부었다. 3대 신용평가기관 역시 부시 옆자리를 차지할 자격은 충분한 것 같다.

5. 고치고, 숨기고 그리고 없애고

고치고 숨기고 없애라.
그럼 그것이 현실이 될테니

1,000 단위에서 2,000 단위로 넘어서는 시간 속의 밀레니엄은 환상보다는 버블 붕괴, 테러, 회계부정, 전쟁 등으로 장식되었다. 새천년에 대한 희망은 그렇게 암울하게 변해 갔으며, 우리는 21세기에 대한 어떠한 환상도 품을 시간적, 정신적 여유도 없게 되었다. 신경제와 글로벌스탠더드는 퇴색되었으며 투자자는 정보의 진실성에 의문을 제기하였다. 월드컴, 엔론, 머크 등의 회계부정은 대기업, 다국적 기업 역시 회계조작 그늘에서 벗어날 수 없다는 사실을 강렬히 인식시켜 주었다. 기업규모에 따른 회계적 투명성은 이제 의미가 없게 되었으며, 도덕적 기업은 사라진 셈이다.

미국은 회계부정 사태 이후 사베인스 옥슬리법Sarbanes Oxley Act, SOX을 제정하였지만 강력한 법이 윤리와 신뢰를 담보하지는 못하였다. 법이 존재하면 그에 따른 대책도 강구되는 것이 탐욕의 논리이다. 2008년 9월부터 네 차례에 걸쳐 1,733억 달러를 지원받은 AIG 몰락도 스톡옵션과 밀접한 관계가 있으며, 금융기관이 신용파생상품 개발과 매매에 열을 올린 기제도 결국 ‘공적인 돈’이 아닌 ‘사적인 돈’에 있다. 사익추구는 자본주의 근간으로 이를 비난할 생각은 전혀 없다. 하지만 공적인 돈을 담보로 사익을 추구하는 것은 시장주의 시스템을 뒤흔들 수 있다.

연방준비제도이사회(FRB) 의장은 2009년 3월 미 상원 재무위 청문회에서 “AIG는 금융감독 규정을 교묘하게 회피하며 마치 헤지펀드처럼 운용되었다.”라고 뒤늦은 한탄을 내뱉었다. 과도한 연봉은 비난의 대상이 되지만, 뚜렷한 경영실적을 담보로 부여된 스톡옵션은 보상개념과 더불어 경영능력의 바로미터가 되었다. 그 결과 AIG 경영층은 단기실적을 끌어올리는 데 혈안이 되었으며, 그 대상으로 선정된 것이 보험과 극을 이루는 파생상품인 것이다.

94년 전통의 메릴린치의 간판을 내린 대가로 존 테인 회장은 2007년 12월 보너스로 1,500만 달러를 받고 추가로 6,800만 달러어치의 스톡옵션을 챙겼다. 참고로 메릴린치는 500억 달러에 뱅크오브아메리카(BOA)에 인수합병되었으며, 뱅크오브아메리카는 정부지원으로 근근이 버티고 있다. 일부 기업가의 도덕적 타락으로 몰고 가지만, 이는 총체적인 시스템 문제이다. 부문이 아닌 전체가 부조리에 빠진다면 그 시장은 히스테리적인 반응과 함께 긴 침체로 넘어갈 것이다.

그럼 몇 가지 사례를 통하여 시스템적인 부실을 짚어 보도록 하자. 사베인스 옥슬리법은 표면적 내용과 달리 투자자를 끌어들이기 위한 카드에 불과하였다. 감독부문에 관한 이 법의 골자는 별도기구로 회계감독위원회를 신설해 회계법인에 대한 감독, 회계규정 입안, 회계사에 대한 징계 등의 권한을 부여하는 것이다.

여기서 바로 폴 크루그먼 교수의 '피트의 원리Peter Principle'가 등장한다. 이 용어는 하비피트 증권거래위원회SEC 위원장 이름을 풍자한 것이다. 참고로 피터원리는 1969년 로렌스 피터Laurence J. Peter가 자신의 저서 〈피터의 원리〉에서 주장한 내용으로, "조직 내에서 일하는 모든 사람들은 자신이 무능력 수준에 도달할 때까지 승진하려는 경향이 있다. 따라서 시간이 지남에 따라 조직의 많은 사람들이 임무를 제대로 수행하지 못하는 무능한 사람들로 채워지고, 아직 덜 무능력한 사람들을 통해 업무가 완수되게 된다."라는 의미이다.

2002년 회계조작 사건이 글로벌 경제를 강타하자 미 정부는 서둘러 국가회계감독기구를 설치하는 법을 통과시켰다. 하비피트 증권거래위원회(SEC)는 초대 위원장에 미 정보국 출신인 78세 고령의 윌리엄웹스터를 임명하였다. 그는 회계 지식이 거의 없는 인사로 당시 자신이 내부감사위원회 위원장 타이틀을 가진 곳조차 사기혐의로 투자자들이 소송을 제기한 상태였으며 곧 나스닥에서도 퇴출되었다.

이들은 회계감독 시스템이 정상적으로 작동되는 것을 근본적으로 꺼린 것이다. 마치 존 F. 케네디 전 대통령 부친인 조셉 케네디를 증권감독위원회(SEC) 초대 위원장으로 삼은 것과 같은 이치이다. 참고로 조셉 케네디는 밀주거래로 돈을 모았는데 당시 증권가에서는 희대의 사기꾼으로 통하는 인물이었다. 폴 크루그먼 교수는 이를 "무능력 수준에 도달할 때까지 승진하려는 경향이 있다."라는 피터의 원리를 "때때로 무능력한 것이 그 자리를 차지하는 필수 조건이다."라는 '피트의 원리'로 비꼰 것이다.

최근 표면화된 총체적 부실도 역사적으로는 그 연장선상에 있다. 서브프라임 모기지 사태는 2007년이 아닌 2003년에 이미 1차 폭발 단계에 도달하였다. 2003년 6월 프레디맥 분식회계 의혹 사태가 표면화되었는데, 미 증시에서는 잠재 폭탄이 터졌다는 반응을 보였다. 하지만 금융과 주택시장 붕괴를 넘어 미 경제마저 흔들 수 있다는 평가가 나옴에 따라 분식회계 사태는 정치적으로 덮어졌으며 그 폭탄이 2007년 터진 것이다.

해외투자자가 주택저당채권 상당 부분을 보유하고 있다는 점 역시 고려되었을 것이다. IT버블 붕괴 이후 뚜렷한 성장동력이 없이 주택시장에 기댄 경제상황을 고려할 때, 프레디맥 분식회계가 세인의 입방아에 오르내린다면 해외자본 철수로 이어질 수 있기 때문이다. 또한 프레디맥과 그 자회사인 페니매가 최대 정치헌금 제공자라는 사실 역시 감안되었을 것이다. 이렇게 감추어진 전술핵 폭탄이 2007년 전략핵으로 그 규모를 팽창하여 시장 자체를 붕괴시킨 것이다.

대형 금융기관들의 부실규모는 현재도 측정 불가하며 블랙홀처럼 정부지원금을 빨아들이고 있다. 부실회계가 벌어진 장소로 '장부 외 자산Off-Balance Sheet Asset'을 주목하고 있는데, 이들 대부분이 파생상품과 연관되어 있기 때문이다. 뒤늦게 부외거래를 대차대조표상에 기입하려는 움직임을 보이고 있지만, "소 잃고 외양간 고치기 식"이며 외양간도 잘 고칠 것 같지는 않다.

일례로 미국 금융회계기준위원회(FASB)는 2009년 3월 회계기준 변경을 통하여 월가 은행들에 자산평가 재량권을 대폭 부여하였다. 주택저당증권(MBS), 신용디폴트스왑(CBS) 등 파생상품 투자손실로 금융기관 재무구조가 악화되자 시장가치를 기반으로 한 자산평가 시스템에서 개별기관이 자체 개발한 평가모형 체제로 변경한 것이다. 따라서 금융기관은 합법적으로 회계조작을 할 수 있는 길이 열렸으며 투자자는 안개 속에서 헤매다 사망할 확률이 그만큼 높아졌다.

총체적 부실덩어리인 시티은행이 실적에 있어 턴어라운드를 자신하고 주요 금융기관 수익이 20% 정도 확대될 것으로 추정되는 것도 모두 이런 회계조작 때문이다. 부실자산이 더 이상 부실자산이 아닌 것으로 전환되었으며, 그 결과 부실자산 상각과 대손충당금 적립은 먼 나라의 이야기가 되었다. 금번 FASB의 회계기준 변경은 금융권이 밀고 의회가 당기며 벤 버냉키 FRB 의장이 힘을 실어 주고 미 행정부가 딴청을 피우는 가운데 조용히 실시되었다.

씨티그룹, 웰스파고, 뱅크오브아메리카 등 당장 파산하여도 이상할 것 없는 은행들의 주가가 회계기준 변경으로 S&P 500은 1974년 이래 최대 월간 상승률을 기록하며 3월장을 마감하였다. 골드만삭스의 2008년 12월 회계자료는 통째로 사라지기도 하였다. S&P 500 지수를 끌어올린 것은 두말할 필요도 없이 금융주였다. 탐욕과 부패는 시스템, 기업, 사람을 가리지 않으며 룰은 더 이상 필요 없게 되었다.

6. 낙천적 허풍쟁이,
오락가락 비관주의자

분석은 자기만족적 혹은 자신이 속한 그룹의 이익을
극대화시키는 수단과 도구가 아니다.

지식인의 역할은 다른 투자자들에게 무엇을 해야 할지 인도하는 것이 아니다. 그들은 신이 아니며 또한 누구도 그들에게 그런 권위와 권한을 부여하지 않았다. 지난 1세기 동안 행해진 수많은 예측과 전망, 그리고 법칙과 원칙을 떠올려 보길 바란다. 얼마나 현실 적합적인 대답을 내놓았던가?

전문가라 자부하는 이들은 자신의 영역에서 분석을 수행하며 확실해 보이는 법칙과 원리들을 비판하고 새로운 현상에 대한 고민과 질문을 통하여 관습적으로 인식된 투자이론과 믿음을 타파할 필요가 있다. 그것이 증시라는 특정한 세계 속에서 분석가들이 함께 살아갈 모습이다. 분석은 자기만족적 혹은 자신이 속한 그룹의 이익을 극대화시키는 수단과 도구가 아니다. 현실적 고찰이며 새로운 투자 체제를 위한 밑거름인 것이다.

하지만 월가에 발을 들여놓은 지식인들은 대부분 분석결과를 외면한 채

시스템적으로 '낙관제조기'가 된다. 경기국면과 시황에 관계없이 비판은 비관으로 매도하고 긍정적 사고를 증시에 잔뜩 펌프질한다. 누비엘 루비니와 로버트 쉴러 같은 이는 월가 대표 비관론자로 불리며, 경제에서는 스티클리츠와 폴 크루그먼 교수가 맹위를 떨치고 있다. 사실 이들은 비관론이 아닌 현실주의에 가깝다. 관점의 쏠림이 이들을 대립적 영역으로 밀어 넣을 때 따름이다. 낙관도 그리고 비관도 불필요한 말장난에 불과하다. 투자는 과거와 현실을 분석하고 미래를 추론하는 기초 위에 이루어진다. 미래에 대한 추론이 현실적 분석에 선행할 수는 없다.

분석결과가 던져 주는 의미는 무시된 채 해석과 추론으로 모든 것이 묻혀 버린다. '건실', '안정', '회복'이라는 선택된 단어들이 리포트를 뒤덮으며 현상은 왜곡되고 현실은 외면된다. 일단 현실을 직시하면 그들 앞엔 '주류' 대신 '비주류'라는 딱지가 붙으며 침울한 비관론자라는 이미지가 따라온다. 분석보다는 협상이 협상보다는 타협이 힘을 받으며 투자자들의 테이블에는 그 타협의 결과물이 놓인다. 이것이 월가 분석가들이 사는 방법이며 이후에도 변하지는 않을 것이다.

일례로 현실이 외면할 때 어떤 소리들이 나올 수 있는지 살펴보자. 31대 미 대통령 후버는 1930년 5월 증시가 단기상승을 보이자 "나는 최악의 순간은 지나갔다고 확신한다. 단결된 노력으로 우리는 빠르게 회복되고 있다. 심각한 은행, 산업부문의 실패 사례는 없으며 우리는 안전하게 위험을 끝냈다."라고 자신에 찬 연설을 하였다.

하지만 이 연설 이후 다우존스는 재폭락하여 20년 이상 긴 침체로 이어졌다. 경제관료라고 경제를 잘 아는 것은 아니다. 후버보다 3개월 앞서 미 재

무장관 앤드류 멜론Andrew Mellon은 "혼란된 상황은 없다."라고 단호한 선언을
하였다. 쓰나미가 몰려오는데 바다는 고요하다고 말하는 것과 별 차이 없는
언행이다.

또한 피셔방정식과 필립스곡선으로 유명한 경제학자 어빙피셔Irving
Fisher 역시 지속적으로 헛소리를 퍼뜨렸다. 1929년 9월 뉴욕타임스에 "주가
로 보면 경기후퇴Recession가 온 것 같지만 결단코 붕괴는 아니다."라고 기고
하였으며, 같은 해 12월 "증시하락 끝이 멀지 않은 것 같다. 기껏해야 며칠 후
그것을 목격할 것이다."라는 대담한 예언을 하였다.

그의 예언이 힘을 발휘했는지 3개월은 상승하는 모습을 보였다. 다만 꿈
같은 3개월이 지난 이후 미국인은 1929년 당시 최고점을 20년 이상 맛보지
못하였다. 어빙 피셔가 투자이익을 위해 이런 헛소리를 남발했다고 보기는
힘들다. 그의 경제세계가 붕괴할 것을 실감하였기 때문으로 판단되며, 그의
예감대로 40년이라는 긴 세월 동안 케인지언이 경제를 지배하였다. 참고로
그는 대표적 통화주의 경제학자였다.

근 1세기가 지난 현재에도 이와 비슷한 언동은 우리 곁을 떠나지 않고 있
다. 일례로 2008년 5월 골드만삭스는 2010년까지 국제유가가 배럴당 200
달러에 이를 것이라는 장기전망을 제시하였다. 또한 '슈퍼 스파이크Super
Spike: 유가가 장기간에 걸쳐 급등하는 단계' 라는 용어로 유명한 골드만삭스 수석 애널
리스트 아준 머티Arjiun Murtir)는 그해 6월 "배럴당 200달러가 국제유가
의 정점이 될 것"이라고 단언했다.

하지만 그 발언 이후 얼마 되지 않아 유가는 40달러 이하로 곤두박질쳤
다. 골드만삭스는 다시 예언자로 돌아가 2009년 말 85달러, 2010년 95달러

를 내놓고 있다. 2009년 10월 현재 80달러 선이니 그들의 전망이 현실화될 수도 있을 것이다. 하지만 문제는 그들만의 수급원리를 통하여 유가는 100달러, 150달러로 시시각각 재조정될 수도 있다는 점이다. 행간을 들여다보면 앞의 전망은 미끼이고 뒤가 바로 먹이인 셈이다.

투자세계에는 낙관만이 존재하는 것은 아니다. 낙관이 맹목적 허풍이라면 비관은 대개 기회주의적이다. 학계가 아닌 월가에 속한 대표적 비관론자로 스티븐 로치가 자주 언급되고 있다. 그는 2002년 초 미 경제가 더블딥에 빠질 가능성이 있음을 제시하였다. 하지만 4분기 경기지표가 개선기미가 보이자 말을 바꿔 "성장은 미미하겠지만 더블딥까지는 가지 않을 수 있다."라고 한 발 후퇴하였다.

그러나 2003년 1월 전년 4분기 실적이 좋지 않을 것으로 윤곽이 잡히자 '더블딥'을 넘어 '멀티딥'이 될 것이라고 말을 또 바꾸었다. 그의 갈팡질팡 분석은 2006년 4월 그 한계를 드러냈는데, "세계경제 붕괴가 임박했다."라고 경고 시그널을 보낸 지 불과 1주일도 지나지 않아 '회복 중인 세계경제 World on the Mend'라는 타이틀로 세계경제는 수년 만에 처음으로 호전되고 있다는 전망보고서를 내놓았다. 사실 세계경제는 수년 만에 처음으로 호전된 것이 아닌 마지막 불꽃을 피우고 있는 중이었다.

그와 다른 측면에서 주식시장을 때리는 이는 빌 그로스이다. 소위 미국의 '채권왕'으로 불리는 인물인데, 그 별명만큼 지속적으로 증시붕괴와 채권매입을 강조한다. 2002년 9월 다우존스지수가 5,000포인트까지 떨어질 것으로 보았지만 오히려 활황세를 지속하며 2007년 10월 14,000포인트까지 도달하였다.

서브프라임 모기지 부실사태, 베어스턴스에 이은 리먼브라더스 파산, 구제금융 투입과 국유화, 글로벌 경기침체 등의 과정을 거치면서 2009년 다우존스는 6,000포인트대까지 떨어졌지만 그가 말한 때와는 상당한 간격이 존재한다. 첨부하자면 리만브러더스 채권매입으로 그 자신도 상당한 손실을 입은 것으로 알려진다.

조지소로스와 함께 퀀텀펀드를 창시한 상품투자 귀재 짐로저스는 2007년, 2008년 중국증시에 대한 긍정적 전망을 줄기차게 내놓았다. 하지만 상하이종합지수는 폭락을 거듭한 끝에 6,000포인트 선에서 2,000포인트대 이하로 주저앉았으며 홍콩H지수는 20,000포인트에서 6,000포인트대까지 떨어졌다. 줄기차게 한 우물만 파다 보면 언제가 한 번쯤은 맞을 것이고 그럼 미래를 통찰한 예언가가 되는 것인가? 오마하의 현인으로 불리는 워렌 버핏마저 비난은 피해 갈 수 없다. 워렌 버핏은 2008년 10월 뉴욕타임스에 "미국을 사라. 나도 사고 있다."라는 기고문에서 지금은 미국주식을 살 수 있는 좋은 기회라고 말하였다.

하지만 CNBC '매드머니' 프로그램 진행자인 크레이머는 2008년 4분기 주식변동 현황을 분석하면서 버크셔 해서웨이가 실제로는 프록터 앤드 갬블P&G), 존슨 앤드 존슨, 코코노필립스 등과 같은 경기방어주를 매도하였다고 의문을 제기했다.

또한 2009년 3월 블룸버그와의 인터뷰에서 워렌 버핏은 "현재 미국 매물은 저가이고 경쟁자도 줄어들었다."라며 미국에 투자할 것을 다시 한 번 강조하였다. 인터뷰에서 그는 버크셔 해서웨이가 더 이상 해외 인수합병(M&A)에 중점을 둘 필요가 없어졌다는 말을 던졌는데, "2008년 10월 미국을 사라."와 겹쳐지면서 묘한 여운을 남긴다.

그가 운영하는 버크셔 해서웨이는 2009년 1분기 15.3억 달러의 손실을 기록하였다. 미 경기국면을 공식 판정하는 미 기업경제학회(NABE)가 2009년 9월 경제가 회복세에 들어섰음을 공개적으로 전망하였다. 9.8%라는 26년 이래 최고의 실업률을 앞에 둔 결론치고는 왠지 섣부른 예단처럼 여겨진다. 또한 실제 실업률 수치는 근 20%에 육박할 것이라는 것이 공공연한 사실이다. 회복세 옆자리에 '지지부진한' 이라는 조심스러운 전제를 깔았지만 그런 전망조차 1929년 대공황 당시의 재현이 되지 않을까 염려스러운 것이 사실이다. 낙관이 현실적 비극으로 이어진 과거의 재현말이다.

최근 경제지표는 개선 시그널을 보내고 있으며 증시도 반등세를 타고 있다. 하지만 그것이 인위적 회계기준 변경과 정부보조금, 각국의 통화, 재정 확대를 통한 펌프질이었음을 우리는 인식하고 있다. 또한 진정한 위기는 이제 끝이라고 샴페인을 터뜨리는 순간 찾아옴을 과거 경험은 알려주고 있다.

이제 본서를 마무리하고자 한다. 헨리조지는 인간은 퇴보가 아닌 진보하는 존재라는 뜻을 다음과 같은 짤막한 글로 요약하고 있다. "인간과 짐승 사이에 놓인 큰 간격을 인류가 어떻게 지나쳐 왔는지는 미지수이다. 하지만 최저 수준의 미개인이라도 최고 수준의 짐승과는 본질적 차이가 있음을 우리는 알고 있다. 이는 단순한 정도가 아닌 질적인 차이이다. 인간이 가진 일부 특징은 다른 동물들에서도 종종 관찰된다. 그러나 인간이라면 설혹 그 대상이 미개인일지라도 반드시 보유한 것을 다른 동물은 전혀 소유하지 않은 요소가 존재한다. 이 요소는 분명하게 인식되지만 확실하게 정의되기 어려운 그 무엇이며 그로 인해 인간은 진보하는 동물이 되는 것이다.”

설혹 미개인이라도 반드시 보유하지만 동물에게는 없는 것, 그건 아마 과거의 교훈에서 무엇인가를 배우고 한 걸음 앞으로 나아가고자 하는 의지일 것이다. 주식투자자는 정체된 동물이 아닌 진보하는 인간이라고 굳게 믿는다. 낙관 속에서 현실을 찾고 비관 속에서 진보를 찾길 바라며….

초판인쇄 | 2010년 2월 15일
초판발행 | 2010년 2월 15일

지은이 | 김태일
펴낸이 | 채종준
기 획 | 강태우
디자인 | 이효정 양은정
마케팅 | 김봉환

펴낸곳 | 한국학술정보㈜
주 소 | 경기도 파주시 교하읍 문발리 파주출판문화정보산업단지 513-5
전 화 | 031) 908-3181(대표)
팩 스 | 031) 908-3189
홈페이지 | http://www.kstudy.com
E-mail | 출판사업부 publish@kstudy.com
등 록 | 제일산-115호(2000. 6. 19)

ISBN   978-89-268-0802-3   14320(Paper Book)
        978-89-268-0803-0   18320(e-Book)
        978-89-268-0800-9   14320(Paper Set)
        978-89-268-0801-6   18320(e-Book Set)

이담 Books 는 한국학술정보(주)의 지식실용서 브랜드입니다.